Das Mittelalter

Sabine Buttinger

DAS MITTELALTER

THEISS WISSENKOMPAKT

THEISS

Inhalt

▪ Fremdes, faszinierendes Mittelalter

8   Name und Periodisierung
9   Mittelalterbild im Wandel
11 *Exkurs: Von der Pfeilspitze bis zum Rechnungsbuch*

▪ Eine dynamische Zeit: 1000 Jahre Mittelalter

13 Unruhige Zeiten und wandernde Völker: Das Abendland im Umbruch
21 *Exkurs: Eine neue Religion: Die Geburt des Islam*
23 Das Reich der Karolinger
33 *Exkurs: Buch und Buchherstellung*
34 Der Griff nach der Kaiserkrone unter den Ottonen
42 *Exkurs: Wie funktioniert eine Königsherrschaft?*
44 Krisen und Wandel in der Zeit der Salier und Staufer
56 *Exkurs: Das normannische England und das angevinische Reich*
57 Krisen und neuer Aufbruch im Spätmittelalter
69 *Exkurs: Hundertsechzehn Jahre Krieg*

Ein Panorama des Mittelalters

- 71 Die mittelalterliche Gesellschaft
- 78 *Exkurs: Feudalismus und Lehnswesen*

- 81 Burgen, Ritter und höfisches Leben
- 89 *Exkurs: Fehde und Konflikt*

- 91 Bauern und Landleben
- 99 *Exkurs: Grundherrschaft*

- 101 Mönche, Orden, Klöster
- 110 *Exkurs: Die Mönchsregel des hl. Benedikt*

- 112 Aufstieg der Städte und des Handels
- 121 *Exkurs: Die Hanse*

- 122 Christentum und Religiosität
- 130 *Exkurs: Die Inquisition*

- 133 Vom Nachfolger Petri zum Stellvertreter Christi: Das Papsttum im Mittelalter
- 141 *Exkurs: Universitäten im Mittelalter*

- 143 Krieg im Namen Gottes: Die Kreuzzüge
- 153 *Exkurs: Der Kinderkreuzzug von 1212*

- 154 Die fremden Anderen: Muslime und Byzantiner
- 164 *Exkurs: Die Reise des Marco Polo*

- 166 Die eigenen Anderen: Randgruppen im Mittelalter
- 173 *Exkurs: Ketzer*

- 175 Aufbruch und Kontinuität

- 184 Literaturhinweise
- 188 Glossar

hgeneratio

Fremdes, faszinierendes Mittelalter

Das Mittelalter zählt zu den beliebtesten und gleichzeitig umstrittensten Zeitaltern der Weltgeschichte, das seinen Namen der Neuzeit verdankt. Jenseits seines Rufs als »finsteres Mittelalter« erfreut es sich in der Forschung und in der öffentlichen Wahrnehmung immer größerer Beliebtheit.

Unser Verhältnis zum Mittelalter ist merkwürdig janusköpfig. Wann immer ein Missstand angeprangert wird, wann immer etwas als barbarisch, archaisch und rückwärts gewandt bezeichnet werden soll, wird gerne das Bild vom »finsteren Mittelalter« bemüht. Damit wird eine Sache unmissverständlich als unvereinbar mit einer modernen, aufgeklärten und rationalistischen Gesellschaft deklassiert. Das Mittelalter steht im Gegensatz zu allem, was als »liberal« gilt: Die Epoche scheint bestimmt von mordenden Kreuzrittern, brennenden Scheiterhaufen, tyrannischen Kaisern und machtlüsternen Päpsten, verschwenderischen Fürsten und darbenden Bauern, von Armut, Gewalt und Intoleranz. Das Image des Mittelalters ist immerhin schlecht genug, dass ihm der zeitgenössische Sensationsjournalismus scheinbar glaubhaft die Fälschung Kaiser Karls des Großen und 300 Jahre Frühmittelalter andichten konnte. Und dennoch übt diese vermeintlich so finstere Zeit einen eigentümlichen Reiz auf den Menschen heutiger Tage aus. Ausstellungen zeigen kunstvolle Handschriften aus Klöstern und liturgische Gerätschaften aus Gold und Edelsteinen und ziehen damit Besucher in großen Scharen an. So mancher erliegt der Faszination des Rittertums und des höfischen Lebens, übt sich bei Live-Rollenspielen und Reenactment-Events im Umgang mit Lanze und Schwert oder besucht eines der in wachsender Anzahl ausgetragenen Turniere, Rittermähler oder Mittelalterkonzerte.

Das im 8. Jahrhundert in Irland entstandene »Book of Kells« zieht bis heute Scharen von Besuchern an. Hier eine Seite mit dem Christusmonogram Chi-Rho. Dublin, Trinity College.

■ Name und Periodisierung

Seinen Namen verdankt das Mittelalter den italienischen Humanisten des 15. Jahrhunderts, die in Bezug auf Kunst und Kultur die vorangegangenen Jahrhunderte von der Antike und ihrer eigenen Gegenwart abgrenzen wollten. »Mittlere Zeit« *(medium tempus)* nannten sie abschätzig das Zeitalter des Übergangs, das aus ihrer Sicht so gar nichts von der Reinheit der Antike besessen hatte. Als Epochenbegriff wurde das Mittelalter jedoch erst 1688 in der »*Historia tripartita*« des Hallenser Gelehrten Christoph Cellarius verwendet. Konkret meinte er damit die Zeit vom Herrschaftsbeginn Kaiser Konstantins 306 bis zur Eroberung Konstantinopels im Jahr 1453. An die Stelle von Weltaltern, die der Vorstellung nach auf das Jüngste Gericht zusteuerten, setzte er die Einteilung der Weltgeschichte in Altertum, Mittelalter und Neuzeit.

Wie der Epochenbegriff selbst ist auch die Periodisierung des Mittelalters ein Kunstprodukt und höchst wandelbar. Je nach Blickwinkel und Forschungsinteresse wird sein Beginn auch mit dem Toleranzedikt Konstantins I. 313 oder mit dem Untergang des Weströmischen Reiches 476 in Verbindung gebracht. Auf gleiche Weise endet die Epoche mit dem Reformationsjahr 1517, mit der Entdeckung Amerikas 1492 oder der Eroberung Konstantinopels durch die Türken 1453. Wenn das Mittelalter daher häufig zwischen die Jahre 500 und 1500 eingebettet wird, ist dies ein Kompromiss. Ein solcher konnte für die noch schwierigere Einteilung des Mittelalters in ein Früh-, Hoch- und Spätmittelalter allerdings nicht gefunden werden, zu groß sind allein die nationalen Unterschiede. Während die deutsche Geschichtsforschung das Frühmittelalter mehrheitlich von der Zeit der Völkerwanderung bis zum Ende der Karolingerherrschaft kurz nach 900 andauern lässt, endet es für englische Mediävisten erst mit der Eroberung Englands durch die Normannen im Jahr 1066. Der Beginn des Hochmittelalters in Deutschland ist eng an den Tod des letzten ostfränkischen Karolingers 911, sein Ende an den Beginn des so genannten *Interregnums* im Jahr 1250/54 geknüpft. In Frankreich dagegen beginnt das Hochmittelalter erst mit der Herrschaft der Kapetinger 987. Überhaupt dauert das Mittelalter dort länger als anderswo: Die Vertreter des so genannten »langen Mittelalters« (u. a. Jacques LeGoff) plädieren für einen Epochenwechsel, der erst 1789 mit der Französischen Revolution stattgefunden habe. In dieser Hinsicht befreiend wirkte die Erkenntnis, dass Geschichte nicht aus bloßen Daten verständlich wird, sondern jedes Ereignis in längere Entwicklungslinien eingebettet ist. Starre, von nationalen Befindlichkeiten geprägte Epochengrenzen wurden so allmählich aufgeweicht und gaben Raum für breite Übergänge, die der Frage nach Wandel und Veränderung Rechnung trugen.

■ Mittelalterbild im Wandel

Mit Beginn des 18. Jahrhunderts wurde die Epoche »Mittelalter« fest etabliert und sogleich mit dem Etikett »finster« versehen, das bis heute noch fest an ihr haftet. Gerade die Aufklärung sah im Mittelalter eine Periode der Unfreiheit und wetterte gegen die Unterdrückung durch die Kirche. Vom »eingeschränkten, düstern Pfaffenschauplatz des medii aevi« schrieb etwa der antikebegeisterte Johann Wolfgang von Goethe 1772. Wer indes die rasanten Entwicklungen der Moderne mit Unsicherheit, Auflösung der sozialen Ordnung und gesellschaftlichen Krisen verband, sehnte sich nach der scheinbar sicheren, überschaubaren Welt des Mittelalters, in der vermeintlich jeder wusste, wohin er gehörte. Der Nationalismus des 19. Jahrhunderts tat schließlich ein Übriges, insbesondere die nationale Vorgeschichte der Deutschen zur Ritterromantik zu verklären. Das Mittelalter war nun entweder »finster« oder die Epoche eines starken, strahlenden deutschen Kaisertums. Beide Perspektiven führten zu einer intensiven wissenschaftlichen Beschäftigung mit der Vergangenheit: Die Mediävistik, die Erforschung des Mittelalters, wurde zur eigenständigen historischen Disziplin. Dem Bemühen ihrer frühen Vertreter des 19. und frühen 20. Jahrhunderts um eine präzise Aufarbeitung dessen, was uns aus der Vergangenheit überliefert wurde, verdankt die moderne Forschung nicht nur etliche noch immer als mustergültig geltende textkritische Druckausgaben *(Editionen)* mittelalterlicher Chroniken, Annalenwerke, Urkunden oder Briefe. Auf dem festen Fundament dessen, was damals mit bewundernswerter Genauigkeit an Daten und Ereignissen aus den Quellen heraus bereitgestellt wurde, kann die moderne Forschung neue Fragestellungen und Perspektiven entwickeln, die über eine bloße Ereignisgeschichte hinausgehen und sich aktuellen kultur- und sozialwissenschaftlichen Forschungstrends anschließen. Im Zentrum der Mediävistik steht heute etwa die Frage nach der Funktionsweise von Kommunikation durch Zeichen und Rituale in der nichtschriftlichen Gesellschaft des Mittelalters. Wie wurden Konflikte gelöst? Wie bedeutsam waren Rang und Ehre für das Handeln des mittelalterlichen Menschen? Wie funktionierte Königsherrschaft ohne »Verfassung«? Reagierte der König situationsbezogen oder gab es doch so etwas wie eine Grundidee, die sein Handeln bestimmte? Gibt es ein kollektives Gedächtnis jener Zeit, das sich in den Quellen niedergeschlagen hat? Die Fragen, die sich an die Vergangenheit stellen lassen, sind schier unerschöpflich. Etablierte Sichtweisen konnten so um neue Aspekte bereichert, zum Teil sogar völlig revidiert und durch Neues ersetzt werden. Nicht nur auf Ritterspielen und Märkten, sondern gerade in der historischen Forschung ist das Mittelalter lebendiger als je zuvor!

Das vorliegende Buch kann nicht den Anspruch erheben, die Epoche des Mittelalters in all ihren Facetten erschöpfend darzustellen. Vielmehr will es einen Einblick und Überblick über fast 1000 Jahre bewegter, spannender Geschichte geben und zur Weiterbeschäftigung animieren. Obgleich der Hauptschwerpunkt der Darstellung auf der Geschichte des römisch-deutschen Reiches liegt, soll der Blick auch auf das mittelalterliche England, Frankreich sowie Byzanz und das Heilige Land fallen. Gerne wird das Mittelalter als »Wiege Europas« bezeichnet, ein Bild, das den Mediävisten vor große Probleme stellt. Eine unkritische Verwendung des modernen Europabegriffs für die mittelalterliche Welt würde suggerieren, dass die Zeitgenossen im Bewusstsein lebten, Teil einer großen politischen oder kulturellen Einheit zu sein. Ein Empfinden, das über die bloße Sippen- und Stammeszugehörigkeit der Menschen hinausgegangen wäre, war dem mittelalterlichen Menschen jedoch fremd. Lediglich das Christentum vermochte als geistige Klammer zunächst Langobarden, Franken, Bayern, Alemannen, Thüringer, Sachsen, Friesen, Angeln, Jüten und erst Jahrhunderte später Deutsche, Franzosen, Engländer oder Spanier zu verknüpfen. »Europa« steht im Folgenden also synonym für das christliche Abendland, das *Imperium Christianum*.

Der Leser ist eingeladen, zunächst in einem Streifzug durch einige Überblickskapitel wesentliche Grundzüge der politischen Geschichte von der Völkerwanderungszeit bis zum Ende des Spätmittelalters kennen zu lernen. Anschließend sollen sich ihm im zweiten Teil des Buches einige der vielen mittelalterlichen Lebenswelten eröffnen. Eigene Kapitel sind unter anderem der mittelalterlichen Gesellschaftsordnung, dem Leben der Bauern, der Christianisierung Europas, dem Mönchtum, der Welt der Ritter und Burgen, den Kreuzzügen und den Städten gewidmet.

Vielleicht ist das Mittelalter anschließend nicht mehr nur finster oder romantisch, sondern schlicht eine in ihrer eigentümlichen Fremdheit faszinierende Epoche.

VON DER PFEILSPITZE BIS ZUM RECHNUNGSBUCH

Mit dem Zusammenbruch des Römischen Reiches erlosch auch die Schriftlichkeit im Abendland beinahe vollständig. Nur wenige schriftliche Aufzeichnungen, unter ihnen die »Gotengeschichte« des Jordanes oder die »Geschichte der Franken« des Gregor von Tours sind uns überliefert. Die meisten Erkenntnisse aus den Jahren der Völkerwanderungszeit müssen daher von Archäologen dem Erdboden abgerungen werden. Siedlungsspuren, Grabbeigaben, wie etwa das prunkvolle Grab des Frankenkönigs Childerich oder das Schiffsgrab von Sutton-Hoo, sowie Schatzfunde und Münzdepots geben wertvolle Aufschlüsse über Wanderungsbewegungen, die Stellung des Königs oder die soziale Zusammensetzung verschiedener Stammesgruppen der Völkerwanderungszeit. Bis weit in die Neuzeit erzählen Gebrauchsgegenstände wie Gefäße, Werkzeuge, Spielzeug oder Kleidungsreste vom alltäglichen Leben im Mittelalter. Die Jahrhunderte seit 800 brachten eine stete Zunahme der Schriftlichkeit. In den Schreibstuben der Klöster, an den Königshöfen oder an der Kurie entstanden unter anderem Jahrbücher *(Annalen)*, Chroniken, Tatenberichte *(Gesten)*, theologische Traktate, Urkunden, Rechtsaufzeichnungen, Briefe und Sterbebücher *(Nekrologien)*. Auch literarische Werke, etwa die höfische Dichtung des späten 12. und 13. Jahrhunderts, haben längst ihren festen Platz unter den Quellen zur mittelalterlichen Geschichte, während die Interpretation von Bildquellen unter historischer Fragestellung noch vergleichsweise jung ist. Aber auch Grenzverläufe, die Sprache in ihrer Entwicklung oder Sprichwörter und Redensarten finden heute Berücksichtigung. Sehr sorgfältig muss der Mediävist all diese historischen Zeugnisse zu den vielfältigen Aspekten ihrer Entstehung, Überlieferung und Darstellungsabsicht befragen. Je nach Fragestellung werden sie ihm unterschiedliche Antworten liefern. Diese wiederum können nicht den Anspruch erheben, »wahr« oder objektiv zu sein, sondern stellen nur ein Steinchen mehr dar im großen, unendlichen Mosaik des Mittelalters.

Angelsächsischer Helm um 600–650 aus einem 1939 bei Sutton Hoo in Suffolk entdeckten Schiffsgrab.

Eine dynamische Zeit: 1000 Jahre Mittelalter

Zwischen dem Zerfall des Römischen Reiches und dem Vorabend der Reformation lagen tausend lange, bewegte Jahre: Alte Reiche zerfielen, neue wurden gegründet, Kaiser wurden gekrönt und abgesetzt und lagen in Streit mit Fürsten, Päpsten und anderen gekrönten Häuptern.

Unruhige Zeiten und wandernde Völker: Das Abendland im Umbruch

Gut tausend Jahre nach seiner sagenhaften Entstehung 753 v. Chr. begann der langsame innere und äußere Zerfall des Römischen Reiches. Sein politisches Zentrum hatte sich von Rom nach Konstantinopel verlagert. Während sich aus diesem »Ostrom« allmählich das strahlende Byzantinische Reich entwickeln sollte, versank das weströmische Imperium im Chaos. Es folgte ein langer Prozess, in dem sich aus den Trümmern des sterbenden Weltreiches langsam das christliche Abendland erhob.

Seit um 100 v. Chr. Kimbern und Teutonen erstmals Fuß auf römischen Boden gesetzt und in Gallien und Italien eingefallen waren, hatten die Römer ihre germanischen Nachbarn mit großem Argwohn beobachtet. Ursprünglich waren diese nur als Kleinstämme (*gentes*) in Erscheinung getreten, die sich allenfalls in Form von ad-hoc-Bündnissen gegen die römischen Invasoren gewandt hatten. Seit dem 3. Jahrhundert jedoch hatten sich mehrere von ihnen zu Großgemeinschaften zusammengefunden, die zwar ethnisch keineswegs homogen waren, sich aber auf eine gemeinsame Abstammung beriefen. Trotz mehrfacher Versuche, die Germanen durch Foederatenverträge, Soldzahlungen und Landverleihungen an Rom zu binden, blieben sie eine latente Bedrohung für die Grenzen des Weströmischen Reiches.

Die Reichsinsignien mit Heiliger Lanze, Kaiserkrone, Reichsschwert, Reichskreuz und Reichsapfel wurden im Mittelalter u. a. auf der Burg Trifels und von 1427 bis 1796 in Nürnberg aufbewahrt. Heute sind sie in der Schatzkammer der Wiener Hofburg zu sehen.

300 Jahre lang, vom 4. bis zum ausgehenden 6. Jahrhundert, kam es zu ausgedehnten Wanderbewegungen etlicher germanischer Großverbände von Nordosteuropa nach Süden und Südwesten. Für viele von ihnen war das Römische Reich mit seinem wärmeren Klima, seiner höher entwickelten Wirtschaft, seinen reichen Städten und fruchtbaren Landstrichen ein interessantes und attraktives Ziel. Viele Gruppierungen wie Rugier und Gepiden traten nur kurz ans Licht der Geschichte, bevor sie auf ihrer Wanderschaft von anderen Stämmen aufgesogen wurden oder sich selbst unter Aufnahme neuer Gruppierungen neu formierten. Alemannen, Ost- und Westgoten, Burgunder, Vandalen, Langobarden, Angeln, Sachsen und Franken gehören zu jenen Stämmen, die sich in jener bewegten Zeit am erfolgreichsten behaupten konnten und die Geschicke Europas bestimmten.

> Der **römische Historiker Tacitus** über die Germanen: »Die Germanen selbst sind, möchte ich meinen, Ureinwohner und von Zuwanderung und gastlicher Aufnahme fremder Völker gänzlich unberührt. (...) Wer hätte auch (...) Germanien aufsuchen wollen, landschaftlich ohne Reiz, rau im Klima, trostlos für den Bebauer wie für den Beschauer, es müsste denn seine Heimat sein?«

Die Gründe, die so zahlreiche Germanenstämme nach und nach in Bewegung setzten, sind vielfältig und noch nicht restlos geklärt. Klimatische Veränderungen und Nahrungsmittelknappheit in einigen Gebieten gehören sicherlich mit zu den wesentlichen Ursachen der Völkerwanderung. Den eigentlichen Anstoß gab aber wohl das gefürchtete Reitervolk aus der asiatischen Steppe: die Hunnen.

Der Stein kommt ins Rollen: Die Hunnen kommen!

So etwas wie die Hunnen hatte man noch nie gesehen. Schreckliche, wilde Reiter, die, so glaubte man, sogar im Sattel zu schlafen vermochten. Der Geschichtsschreiber Jordanes berichtete, den männlichen Hunnen würde im Kindesalter das Gesicht zerschnitten, um den Bartwuchs zu verhindern. Ihre wulstigen Narben hätten sie außerdem der Schwarzerde zu verdanken, die sie in ihre Kampfwunden schmierten.

Von den Steppen Innerasiens aus waren die Hunnen im 4. Jahrhundert über die Wolga nach Westen vorgedrungen. Mit ihrer Reittechnik und ihrem geschickten Umgang mit Kurzschwert, Pfeil und dem gefürchteten Reflexbogen waren die Hunnen den Germanen und Römern kampftechnisch überlegen. 375 überrannten sie die am Schwarzen Meer beheimateten Ostgoten. Während die einen im Hagel hunnischer Pfeile fielen und sich die anderen den Siegern unterwarfen, richtete sich Gotenkönig Ermanarich selbst. Bis zur Mitte des 5. Jahrhunderts konnten sich die Hunnen Pannonien sowie Herrschaftsgebiete zwischen Donau und Theiß sichern.

Konstantinopel leistete hohe Zahlungen, um das gefürchtete Reitervolk von weiteren Eroberungen abzuhalten.

Zum endgültigen Schrecken wurden die Hunnen allerdings erst, als sich 444/45 Attila zum Alleinherrscher über die Hunnen aufschwang. Klein und gedrungen soll er gewesen sein, mit flacher Brust, einer flachen Nase und schmalen Augen, schreibt Jordanes in seiner »Gotengeschichte«. Attalus Priscius indes schildert uns in einem historisch nicht unumstrittenen Bericht den Hunnenkönig als vornehmen, bescheidenen und kultivierten Gastgeber. Militärisch aber verbreitete er Angst und Schrecken, wurde zur sprichwörtlichen »Geißel Gottes«. Seit 451 richteten sich Attilas Ambitionen auf den westlichen Teil des maroden Imperiums, und dort zunächst auf Gallien. Von Koblenz über Metz, Reims und Paris bis Orléans zog sich eine Schneise der Verwüstung, bis sich Attila und der weströmische Feldherr Aetius auf den Katalaunischen Feldern zwischen Troyes und Châlons-sur-Marne gegenüberstanden. An Attilas Seite kämpften verbündete Ostgoten und Franken. Aetius wartete mit einem gemischten Heer aus Westgoten, Franken, Bretonen und Angehörigen anderer gallischer Foederaten auf. Einen Sieger gab es zwar nicht bei dieser für beide Seiten verlustreichen Schlacht, doch war der Mythos der Unbesiegbarkeit der Hunnen dahin. Attilas folgender Italienzug blieb Episode. Eine Seuche zwang die Hunnen zur Rückkehr nach Pannonien. 453 starb Attila an den Folgen eines Blutsturzes in einer seiner Hochzeitsnächte.

Obgleich das Reich der Hunnen nur kurze Zeit später zerfiel, hatte der »Sturm über Europa«, wie die Völkerwanderung rückblickend oft bezeichnet wurde, noch gar nicht richtig begonnen. Denn der Hunneneinfall hatte eine Kettenreaktion von Wanderungsbewegungen germanischer Großverbände zur Folge, die wie eine Lawine das spätantike Europa überrollte.

In einem fränkischen Fürstengrab bei Krefeld-Gellep wurde neben reichen Grabbeigaben auch ein vergoldeter Helm entdeckt.

Von der Donau bis nach Spanien: Die Westgoten

Zu den ersten Opfern des Hunnensturms gehörten neben den Ostgoten die Westgoten. Nachdem die Hunnen das Ostgotische Reich mit seinem Zentrum in der heutigen Ukraine zerschlagen hatten, setzten sie ihren Zug weiter nach Westen fort. 376 vertrieben sie die Westgoten aus ihrer Heimat in der Gegend des heutigen Siebenbürgen. Diese flohen unter der Führung Alavivs und Fritigerns über die Donau und baten um Aufnahme ins Römische Reich. Kaiser Valens wies ihnen Gebiete in Thrakien zu. Er verlor aber bald die Kontrolle über sie, als sie begannen, sich gegen das Reich zu erheben. Mit 40.000 Mann, nahezu der gesamten Kampfkraft des Römischen Reiches, zog der Kaiser im Jahr 378 gegen die Westgoten und ihre Verbündeten. Bei Adrianopel kam es zur vernichtenden Niederlage des römischen Heeres. Kaiser Valens und der Großteil seiner Soldaten fanden den Tod auf dem Schlachtfeld. Valens' Nachfolger Theodosius änderte nun die Politik gegenüber den »Barbaren«. Er siedelte die Westgoten als Foederaten auf römischem Boden an und gestattete ihnen die Bildung eigener Reiche. Dennoch kam es immer wieder zu schweren Spannungen zwischen dem Kaiser und dem Gotenkönig Alarich. Über den Balkan zogen die Westgoten bis nach Italien. Das Jahr 410 wurde zum Schicksalsjahr für das Weströmische Reich: Die Westgoten plünderten Rom. Ihre neue Heimat fanden sie schließlich in Südgallien, wo sie das sogenannte Tolosanische Reich mit der Hauptstadt Toulouse gründeten. 507 wurden sie von den Franken besiegt und über die Pyrenäen auf die Iberische Halbinsel abgedrängt. 711 fand das dortige Toledanische Reich (Hauptstadt: Toledo) der Westgoten durch den Sieg der Araber sein Ende.

Die Eroberung Roms durch die Germanen hatte die Zeitgenossen traumatisiert. Die stolze Stadt, über 800 Jahre unbesiegt, war der Zerstörung und Plünderung durch die Barbaren ausgesetzt worden. Hatte das Christentum das Reich so geschwächt, dass es dem Ansturm der Germanen nicht mehr standhalten konnte? In seinem bedeutenden Werk vom »Gottesstaat« *(De civitate Dei)* trat der Kirchenvater Augustinus entschieden derlei Vorwürfen entgegen. Die Krisenstimmung aber blieb. Konstantinopel interessierte sich kaum mehr für die Belange des Westens. Westrom und Ostrom, seit 395 faktisch getrennt, gingen eigene Wege.

Das Vandalenreich in Nordafrika

Während die Westgoten um 400 erstmals italienischen Boden betraten, machten sich im fernen Gebiet um Schlesien die Vandalen auf, die Grenze zum Römischen Reich zu überqueren. Aus einiger zeitlicher Entfernung schildert der Geschichtsschreiber Isidor von Sevilla in einem doch recht einseitigen Bericht, wie sie plündernd und brandschatzend nach Gallien zogen und schließlich über das römische Spanien herfielen. Die Iberische Halbinsel wurde den Vandalen alsbald zu eng, es lockte das reiche Nordafrika, die Kornkammer des Römischen Reiches. Dem Geschichtsschreiber Prokop zufolge suchten gut 80.000 Männer, Frauen und Kinder unter ihrem König Geiserich ihre neue Heimat jenseits des Mittelmeeres. Im Jahr 435 eroberten sie die Bischofsstadt *Hippo Regius*, in der der Kirchenvater Augustinus bis zu seinem Tod 430 gewirkt hatte. Vier Jahre später gelang schließlich die Einnahme Neu-Karthagos. Kaiser Valentinian III. zeigte sich besorgt über die Entwicklungen und bot Geiserich 442 einen Friedensvertrag an, der die Teilung Afrikas und die Gründung eines eigenen Reiches beinhaltete. Im Gebiet um das heutige Tunesien, in den reichen Provinzen Byzacena und Proconsularis, errichteten die Vandalen ihr Königreich. Mit Hilfe einer starken Flotte eroberten sie überdies die Balearen, Sardinien und Korsika. Eine Heirat zwischen Geiserichs Sohn Hunerich und Valentinians Tochter Eudokia hätte das Bündnis zwischen Kaiser und Vandalen eigentlich bekräftigen sollen. Als die Verlobung jedoch mit der Ermordung Valentinians III. zu platzen drohte, bestiegen Geiserich und sein Heer erneut ihre Schiffe: Ihr Ziel war diesmal Rom selbst, das sie im Juni 455 überrannten. Der Vandalenkönig, dem spätere Historiker reine Habgier attestierten, gab die Stadt zur Plünderung frei. Zwar erkannte der oströmische Kaiser Zenon das Vandalenreich in Nordafrika 474 offiziell an, doch kam es unter den Nachfolgern Geiserichs zu innenpolitischen Spannungen und zur Schwächung des Reiches nach außen. 534 unterlag der letzte Vandalenkönig Gelimer den Truppen Belisars, der auf Befehl Kaiser Justinians I. einen Feldzug gegen sein Reich unternommen hatte. Die Vandalen verschwanden so von der politischen Landkarte der Völkerwanderungszeit. Das Gebiet ihres ehemaligen Reiches wurde gegen Ende des 6. Jahrhunderts als Verwaltungsdistrikt *(Exarchat)* ins Byzantinische Reich eingegliedert. Geblieben ist lediglich das Bild der Vandalen als plündernde Barbaren schlechthin: Erstmals im späten 18. Jahrhundert wurden sie pauschal mit blinder Zerstörungswut in Verbindung gebracht: Der »Vandalismus« war geboren und damit der schlechte Ruf, der den Vandalen noch heute sprichwörtlich anhaftet.

Die Ostgoten
Die Ostgoten machten sich erst relativ spät auf die Wanderschaft. Nach dem Niedergang des Hunnenreichs hatten sie sich als Foederaten des

Römischen Reiches in Pannonien niedergelassen. Ihr weiteres Schicksal ist eng mit Theoderich aus der Familie der Amaler verbunden. Als Faustpfand des geschlossenen Friedens zwischen Ostgoten und Römern hatte er seine Kindheit als Geisel in Byzanz verbracht und war erst 469 in seine Heimat zurückgekehrt. 474 wurde er zum König erhoben. Die tatkräftige Unterstützung, die er dem aus Konstantinopel vertriebenen Kaiser Zenon gewährte, ließ ihn die Karriereleiter im Staat weit emporklettern: Bis 484 erlangte Theoderich nicht nur das römische Bürgerrecht, sondern auch die Ämter und Titel eines Heerführers, Patricius und gar Konsuls. Seit 476 der Skire Odoaker den weströmischen Kaiser Romulus Augustulus vertrieben hatte und nun als Patricius das Weströmische Reich regierte, hatte sich Ostrom zunächst still verhalten. Erst als Odoaker das im heutigen Niederösterreich gelegene Königreich der Rugier angriff, reagierte Kaiser Zenon mit der Entsendung Theoderichs. 488 zogen die Ostgoten nach Italien. Da sich Ravenna als uneinnehmbar erwies, stimmte Theoderich 493 in Verhandlungen mit Odoaker der Vereinbarung zu, sich die Herrschaft über Italien mit ihm zu teilen. Theoderich aber war nicht zu trauen: Nur zehn Tage später zog er mit seinem Heer in Ravenna ein und tötete seinen Rivalen. »Nicht mal Knochen hat das Scheusal«, soll er gerufen haben, als er dem Skiren sein Schwert in den Leib stieß. Nun war Theoderich unter Duldung Ostroms faktisch Alleinherrscher über Italien. Ravenna wurde glanzvoller Mittelpunkt von Theoderichs neuem Reich. Vorbild für Verwaltung,

Ostgotenkönig Theoderichs monumentales Mausoleum in Ravenna unterstreicht die Stärke und den Glanz seines Königtums.

Wirtschaft und Gesetzgebung waren Strukturen, die Theoderich in seiner Jugend in Konstantinopel kennen gelernt hatte. Eine geschickte Heiratspolitik mit den anderen hegemonialen Kräften des Westens wie den Burgunden, Vandalen und Franken half, Theoderichs Stellung zu sichern und sein Reich zu festigen. Er selbst setzte sich mit seinem steinernen, von einer gewaltigen Kuppel überragten Mausoleum ein eindrucksvolles Denkmal. Als der sagenhafte »Dietrich von Bern« des Nibelungenliedes und anderer Heldenepik ist Theoderich insbesondere den Deutschen im Gedächtnis geblieben. Sein Tod im Jahr 526 läutete allerdings den Verfall des Ostgotenreiches in Italien ein. Kaiser Justinian sah die Chance, Italien wieder unter die Kontrolle Ostroms zu bringen. Nachdem sein Feldherr Belisar, der 534 bereits das Vandalenreich zerschlagen hatte, keine endgültige Entscheidung herbeiführen konnte, gelang seinem Nachfolger Narses der Sieg über den letzten Ostgotenkönig Totila.

Die innere Einheit Italiens war nicht zuletzt an einer Glaubensfrage gescheitert. Die Mehrheit der einheimischen Bevölkerung orientierte sich an der römischen Kirche und war demnach katholisch, die Ostgoten waren jedoch wie die meisten Ostgermanenstämme der Völkerwanderungszeit Arianer. Für sie war Jesus als Sohn Gottes Gott nicht wesens*gleich*, sondern nur wesens*ähnlich*. Auch Westgoten, Langobarden und Vandalen folgten diesem Bekenntnis, das bereits 325 als Häresie verdammt worden war. In keinem Fall war eine dauerhafte kulturelle und politische Verschmelzung der neuen Stämme mit der katholischen Bevölkerung auf römischem Boden gelungen. So blieb es allein den Franken vorbehalten, den bunten Flickenteppich aus germanischen Kleinstämmen zu einem großen Reich unter christlichem Banner zu formen und den Weg von der Spätantike ins Mittelalter zu weisen.

Die Franken: Lotsen ins Mittelalter
Die Franken siedelten ursprünglich entlang des Rheins. Das Gebiet um das heutige Mainz und Köln bildete das Zentrum ihrer Herrschaft. Um 420 aber begann sich der Stamm der Franken zu teilen. Während die so genannten Rheinfranken (auch Ripuarier) in ihren angestammten Gebieten verblieben, zogen die Salfranken über den Rhein nach Westen. Die Gründe für ihre Wanderung sind unklar. Möglicherweise hatten Konflikte mit den expandierenden Sachsen den Anstoß gegeben. Aus diesen Salfranken erwuchs das Königsgeschlecht der Merowinger, das dieser Epoche der fränkischen Geschichte seinen Namen und sein Gepräge gab. Diese erlebte einen ersten Höhepunkt bereits unter Chlodwig I. Schon sein Vater Childerich hatte sich

Die reichen Grabbeigaben des fränkischen Königs Childerich I. (c. 457–482), gefunden in Tournai, lassen noch keinen christlichen Einfluss erkennen.

an der Seite des römischen Feldherrn Aegidius bei Orléans und Angers im Kampf gegen die Westgoten bewährt und gute Beziehungen zu den in Gallien verbliebenen römischen Machthabern aufgebaut. Chlodwig, der 482 den fränkischen Thron bestieg, setzte die expansive Politik seines Vaters zügig fort. Im Jahr 486 wandte er sich gegen Syagrius, den »letzten Römer« in Gallien, und konnte sein Reich bis nördlich der Loire ausdehnen. Der Geschichtsschreiber Gregor von Tours berichtet, wie Chlodwig nach und nach nicht nur Alemannen, Westgoten und kleinere benachbarte Stämme bekriegte, sondern auch seine eigenen Verwandten aus dem Lauf der Geschichte tilgte. Gregor überliefert auch, wie der Frankenkönig 497 nach seinem Sieg über die Alemannen bei Zülpich das Gelübde tat, sich und sein Volk christlich taufen zu lassen, nachdem seine burgundische Frau Chrodechilde ihm den Weg zum Christentum gewiesen hatte. Feierlich hätte er zusammen mit tausenden Franken in Reims von Bischof Remigius das Taufsakrament empfangen. Gregors Bericht wirft noch immer Fragen auf. Fand Chlodwigs Taufe 497, 498, 499 oder gar erst 507 statt, nach seinem endgültigen Sieg über die Alemannen? Verlockte Chlodwig die Aussicht, als christlicher König im Himmel zu herrschen? Baute er auf die Hoffnung, im Kampf fortan Gott an seiner und seines Volkes Seite zu wissen? Oder

Recht der Salfranken (Lex Salica), Prolog: »Der Franken erlauchtes Volk von Gott selbst geschaffen, tapfer in den Waffen, fest im Friedensbunde, tiefgründig im Rat, (…) zum katholischen Glauben bekehrt, frei von Ketzerei.«

EINE NEUE RELIGION: DIE GEBURT DES ISLAM

Nachdem die Taufe Chlodwigs um 500 den Startschuss für die Christianisierung des Abendlandes gegeben hatte und der Arianismus immer weiter zurückgedrängt wurde, feierte gut 120 Jahre später im fernen Morgenland eine neue Religion ihre Geburtsstunde. Die meisten der auf der arabischen Halbinsel lebenden Beduinen und Bauern beteten zu Naturgöttern. Mohammed, etwa 570 geboren und Angehöriger der Kaufmannssippe (Koreischiten) in Mekka, hatte in Prophezeiungen durch den Erzengel Gabriel das Wort Allahs vernommen. In seiner Heimatstadt verkündete er die neue Lehre der »Ergebung in den Willen Gottes« (Islam), in die auch christliche und jüdische Elemente mit eingeflossen sind. Auf Druck der Anhänger des alten Glaubens musste er seine Heimatstadt jedoch verlassen. Im Jahr 622, das den Beginn islamischer Zeitrechnung markiert, zog er nach Medina. Rasch konnte er dort Anhänger um sich scharen und den Islam in Arabien durchsetzen. Seine Offenbarungen hatte er in den 114 Suren des Korans niedergeschrieben.

Blick auf Mekka und die Ströme gläubiger Pilger. Handschrift, undatiert.

Das Christentum betrachtete die neue Religion umso besorgter, je schneller sie sich ausbreitete. Über Syrien und Ägypten zogen die Sarazenen, wie die Muslime im christlichen Abendland genannt wurden, nach Palästina und von dort weiter Richtung Westen. 638 geriet Jerusalem unter arabische Herrschaft; es folgten Armenien, Marokko, und im 8. und 9. Jahrhundert schließlich Spanien und Sizilien. Die islamische Expansion kostete das frühmittelalterliche Byzantinische Reich fast zwei Drittel seines Herrschaftsgebietes. Für die nächsten Jahrhunderte war es erklärtes Ziel der Christenheit in West und Ost, die Muslime aus den eroberten Gebieten zurückzudrängen und zu vertreiben. *Reconquista* und Kreuzzüge sollten die heiligen Stätten der Christen von der Herrschaft des Halbmonds befreien. Am Ende waren es jedoch die muslimischen Türken, die 1453 Konstantinopel eroberten und das stolze Byzantinische Reich zu Fall brachten.

geschah die Hinwendung zur römischen Staatsreligion vor allem aus politischen Motiven? Die Annahme des Christentums im Frankenreich hatte nicht nur eine Signalwirkung für die arianischen Nachbarn. Chlodwig konnte nun auch auf die Unterstützung der gallofränkischen Bischöfe hoffen, die nach dem Zusammenbruch des Römischen Reiches bedeutende administrative Aufgaben übernommen hatten. Auf Reichskonzilien unter seinem Vorsitz demonstrierte er die neue Art der Zusammenarbeit mit der Kirche. Bewusst griff Chlodwig auf bewährte römische Strukturen in Verwaltung und Kirchenorganisation zurück.

Vom Rhein bis zu den Pyrenäen, vom Atlantik bis zur Provence reichte das Frankenreich Chlodwigs, das nun, zu Beginn des 6. Jahrhunderts, auch von Ostrom anerkannt wurde. Nach seinem Tod 511 wurde es nach fränkischer Praxis unter seinen Söhnen und wiederum unter seinen Enkeln geteilt. Es entstanden die Reichsteile Austrien, Neustrien und Burgund, die, obgleich der Gedanke an ein großes Frankenreich lebendig blieb, politisch und kulturell immer weiter auseinander drifteten. Nach Jahrzehnten der Verwandtenkriege und schwerer politischer Wirren konnte König Chlothar II. 613 noch einmal das gesamte Frankenreich unter seiner Herrschaft vereinen. Jeder der drei fränkischen Reichsteile erhielt jedoch einen eigenen Hausmeier. Ursprünglich Verwalter eines Hauses oder Hofs, wirkte ein Hausmeier (*maior domus*) als Reichsverweser, als oberster Amtsträger am merowingischen Königshof. Der Einfluss und die Machtposition, die mit diesem Amt verbunden waren, begünstigten den Aufstieg der Pippiniden, jener fränkischen Familie, die später Karl den Großen hervorbringen sollte. Die kurze Epoche wieder erstarkten merowingischen Königtums, das mit der Herrschaft Dagoberts I. einherging, konnte nicht darüber hinwegtäuschen, dass sich die Machtverhältnisse im Frankenreich zu den Hausmeiern hin verlagerten. Auch wenn der Pippinide Grimoald vergeblich versuchte, den merowingischen Königsthron zu usurpieren und der weitere Aufstieg seiner Familie für einige Zeit ins Stocken geriet: Die

Die Taufe des Frankenkönigs Chlodwig um 500 war der Beginn für die Christianisierung der Franken.

Merowinger waren nur noch Schattenkönige. Einzig ihr Königsheil, jene besondere Heiligkeit, die ihrer Dynastie seit den Tagen Childerichs und Chlodwigs die Aura der Unbesiegbarkeit verlieh, sicherte ihnen noch den Thron. Schließlich bereitete der pippinidische Hausmeier Karl Martell, der bis 741 faktisch allein über das Frankenreich herrschte, den Dynastiewechsel vor: Sein Sohn Pippin der Jüngere war der erste Karolinger auf dem fränkischen Königsthron.

Das Reich der Franken hatte dennoch Bestand. Von all den Herrschaftsgründungen, die seit dem 4. Jahrhundert auf ehemals römischem Boden entstanden waren, hatte es die stabilsten Fundamente. Hunnen, Westgoten, Ostgoten, Alemannen, Burgunder und Vandalen haben das Abendland verändert und ihre großen und kleinen Spuren hinterlassen, bevor sie im Dunkel der Geschichte verschwanden. Die Taufe Chlodwigs und die damit eingeleitete Christianisierung hatten dem Frankenreich jedoch nach innen wie außen Stabilität verliehen. Die Frankenkönige Pippin und Karl der Große suchten ganz bewusst die Anbindung an das Papsttum, die Karl schließlich die Kaiserkrone bringen sollte. Das Zeitalter der Karolinger hatte begonnen.

■ Das Reich der Karolinger

Karl der Große, so berichtet uns sein Biograf Einhard, war »von breitem und kräftigem Körperbau« und »hochragendem Wuchs. [...] Sein Schädel war rund, seine Augen sehr groß und lebendig, die Nase ging etwas über das Mittelmaß, er hatte schönes weißes Haar und ein freundliches, heiteres Antlitz. [...] Er hatte einen festen Gang und eine durchaus männliche Haltung des Körpers.« Zweifellos, nach dieser Schilderung ähnelte Karl der Große verdächtig dem Idealbild eines Kaisers, das die Antike einst entworfen hatte. Authentischer sind sicherlich jene Abschnitte in Einhards Beschreibung des Frankenkönigs, die nicht literarischen Vorlagen entlehnt sind. Denen zufolge war Karl der Große wirklich groß, »denn seine Länge betrug sieben seiner Füße.« Allerdings sprach er mit einer Fistelstimme, hinkte in seinen letzten Lebensjahren, hatte einen leichten Bauch und einen zu kurzen Nacken.

Karl der Große steht als einer der bekanntesten Herrscher des Mittelalters unweigerlich im Zentrum einer jeden Darstellung über die Karolinger. Im nationalen Überschwang von Franzosen und Deutschen gleichermaßen vereinnahmt, galt er lange Zeit nicht nur als »Vater Europas«, sondern auch als Begründer eines deutschen oder französischen Nationalkönigtums.

Doch Karl der Große war weder Franzose noch Deutscher. Er war Franke, und Europa ein Konstrukt der fernen Zukunft. Ihren Namen verdanken die Karolinger auch nicht ihm, sondern seinem Großvater Karl Martell, der die Schwäche der letzten merowingischen Könige zu seinen Gunsten genutzt hatte und vom Hausmeier zum faktischen Alleinherrscher über das Frankenreich aufgestiegen war.

Der »Hammer« unter den Karolingern

Zum »Hammer« (lat. *martellus*), wie ihn das 9. Jahrhundert später nannte, wurde Karl Martell wegen der Entschlossenheit, mit der er seine politischen Gegner ausschaltete und sich an die Spitze des Frankenreiches setzte. Bei Poitiers errang er 732 einen legendären Sieg über die Araber, die Aquitanien und das Frankenreich bedroht hatten. Diese »Rettung des Abendlandes« wurde später aufgrund eines Zahlenfehlers in den Quellen zwar weit überschätzt, nichtsdestoweniger konnte er den Vormarsch des Islam nach Westen aufhalten. Auch gegen die Friesen, Thüringer, Bayern, Alemannen, in Burgund und in der Provence verbuchte er militärische Erfolge und vermochte das Frankenreich weiter auszudehnen. Dass Karl Martell, der ein großer Förderer der christlichen Missionierung des Frankenreiches gewesen war, seine Kriegszüge auch mit der Vergabe von Kirchengut an seine Getreuen finanzierte, brachte ihm an einigen Orten posthum allerdings den Ruf eines Kirchenschänders ein. Dennoch bot ihm Papst Gregor III. die Schutzherrschaft über Rom an. Karl weigerte sich allerdings, ihm gegen die Langobarden zu Hilfe zu kommen. Im späten 6. Jahrhundert waren diese arianischen »Langbärte« von Pannonien aus nach Italien gezogen. Ihr neues Reich umfasste Norditalien mit der Hauptstadt Pavia sowie Teile Mittel- und Süditaliens. Karl Martell hatte mit ihrer Hilfe bei Poitiers gegen die Araber gekämpft und weigerte sich nun, sich auf Zuruf des Papstes gegen den ihm verbündeten Langobardenkönig Liutprand zu wenden.

Nach seinem Tod 741 ließ sich der Hausmeier Karl in der Abteikirche von St. Denis vor den Toren von Paris beisetzen, die der Merowingerkönig Dagobert einst erbauen ließ. Damit unterstrich Karl nicht nur seine königsgleiche Herrschaft, sondern begründete zukunftsweisend die bedeutendste Grablege der Karolinger und der französischen Könige.

> Einhard, **Das Leben Karls des Großen**, c. 1. über die merowingischen Schattenkönige: »Die wirkliche Macht und Autorität im Königreich hatten die Hofmeister des Palastes, die so genannten Hausmeier, die an der Spitze der Regierung standen. Dem König blieb nichts anderes übrig, als (...) auf dem Thron zu sitzen und König zu spielen.«

Der erste karolingische König: Pippin der Jüngere

Nach dem Tod ihres Vaters teilten seine Söhne Karlmann und Pippin der Jüngere das Frankenreich untereinander auf. Ihren jüngeren Halbbruder Grifo hatten sie im Kloster untergebracht. Bis 747 arbeiteten die beiden Hausmeier brüderlich zusammen, kämpften gemeinsam gegen die aufständischen Alemannen, Aquitanier und Bayern und trieben den kirchlichen Ausbau des Frankenreiches weiter voran. Doch dann legte Karlmann sein Hausmeieramt plötzlich nieder und zog sich ins Kloster zurück – aus religiösen Gründen, wie es hieß. Als faktischer Alleinherrscher über das gesamte Frankenreich hatte Pippin nun freie Hand, ehrgeizigere Ziele zu verfolgen. Er wandte sich mit einer Frage nach Rom: »Wegen der Könige in der Francia, die keine Macht als Könige hätten, ob das gut sei oder nicht.« Papst Zacharias ließ ihm übermitteln: »Es ist besser, den als König zu bezeichnen, der die Macht hat.« Pippin setzte daraufhin den letzten merowingischen Schattenkönig Childerich ab und ließ sich 751 in Soissons zum König erheben. Dass er sich nach alttestamentarischem Vorbild und nach altfränkischer Tradition mit heiligem Öl salben ließ, lässt sich als Ersatz für das den Karolingern bislang fehlende Königsheil deuten. Nun war tatsächlich wieder derjenige König, der auch die »Macht« in Händen hielt!

Anders als sein Vater Karl Martell setzte Pippin sofort auf eine enge Zusammenarbeit mit dem Papsttum. 754 empfing er den von den Langobarden bedrängten Papst Stephan II. in Ponthion und ließ sich von ihm mitsamt seinen Söhnen Karl und Karlmann in St. Denis erneut salben. Pippin erhielt den Ehrentitel eines *patricius Romanorum*, eines Schutzherrn der Römer. Sein Königtum war damit von der höchsten Instanz der Christenheit legitimiert worden. Im Gegenzug wandte sich Pippin nun militärisch gegen den Langobardenkönig Aistulf und zwang diesen, die fränkische Oberhoheit anzuerkennen. Die Gebiete in Mittelitalien, die er ihm abgenommen hatte, übertrug er nun der römischen

Den Großteil seines Lebens verbrachte er im Sattel: Reiterbildnis Karls des Großen, um 870.

Kirche. Diese »Pippinische Schenkung« begründete jenes Herrschaftsgebiet, aus dem später der Kirchenstaat erwachsen sollte. Auch in Südfrankreich war Pippins Politik von Erfolg gekrönt. Seit den Tagen Karl Martells stand das Herzogtum Aquitanien zwar unter fränkischer Oberherrschaft, die endgültige Unterwerfung und Eingliederung ins Frankenreich blieb 768 jedoch dem ersten Karolingerkönig überlassen.

Karl der Große, König der Franken und Langobarden, Sieger über die Awaren und Sachsen

Als Pippin der Jüngere 768 starb, waren seine Söhne Karl und Karlmann zwanzig und siebzehn Jahre alt. Er hatte sie schon zu Lebzeiten auf ihre künftige Aufgabe als Könige vorbereitet und ihnen vor allem eine sorgfältige militärische Erziehung angedeihen lassen. Kurz nach Pippins Beisetzung im Königskloster St. Denis wurden Karl und Karlmann zu Königen erhoben, doch kam es bald danach zu Rivalitäten zwischen den Brüdern. Diese betrafen nicht nur die Herrschaft über Aquitanien, sondern auch die Vorrangstellung, die jeder der beiden für sich beanspruchte. Wahrscheinlich verhinderte nur Karlmanns plötzlicher Tod im Jahr 771 eine bewaffnete Auseinandersetzung zwischen den beiden Frankenkönigen.

Karl war nun Alleinherrscher über weite Teile des christlichen Abendlandes. Nur Langobardenkönig Desiderius verfügte über eine starke Machtposition vor den Toren Roms und stand seinen Ambitionen hinderlich im Wege. Ihn zu beseitigen und sein Reich zu zerschlagen, gelang Karl erst nach einem langen Feldzug und der zermürbenden Belagerung Pavias 774. Mit dem Königsschatz übernahm er formlos die langobardische Königswürde. Fränkische Königsboten und Amtsträger sollten fortan helfen, Oberitalien fest ans Frankenreich zu knüpfen.

Schon vor seinem Italienzug hatte sich Karls Aufmerksamkeit nach Nordosten gewandt. Bereits sein Vater Pippin hatte Strafexpeditionen gegen die heidnischen Sachsen ausgeführt, und Karl der Große setzte diese offensive Politik der Grenzsicherung fort. Im Jahr 772 zerstörte er die sächsische Kultstätte Irminsul. Blutig schlugen die Sachsen zurück und ließen den König nun seine Strategie ändern. Verbissen wollte er sie so lange »mit Krieg überziehen und so lange durchhalten, bis sie besiegt und der christlichen Religion unterworfen oder aber gänzlich ausgerottet sind«.

Das Monogramm Karls des Großen von einer Urkunde aus dem Jahr 794.

Karl der Große predigte das Christentum in der Tat mit »eiserner Zunge«: Bei Verden an der Aller entlud sich seine maßlose Wut gegen die Sachsen in einer grausamen Strafaktion: 4500 Gefangene sollen auf seinen Befehl dort enthauptet worden sein. Eine Wende im Sachsenkrieg bedeutete erst die Unterwerfung des Sachsenherzogs Widukind und seine Zwangstaufe in Karls Anwesenheit im Jahr 785. Eine eigene Gesetzgebung und die Schaffung einer kirchlichen Infrastruktur sollten die Einbindung der Sachsen ins Frankenreich und ihre Christianisierung erleichtern. Doch erst 804, nach 32 Jahren, waren auch die letzten Aufständischen unterworfen.

Das Frankenreich wächst weiter

Karl der Große war rastlos, was die Ausweitung seines Reiches, die Christianisierung anderer Völker und die Sicherung der Reichsgrenzen betraf. Fast jedes Jahr zog er mit seinem Heer in den Krieg. So kam er 778 sogar dem muslimischen Statthalter von Saragossa gegen den Emir von Cordoba zu Hilfe. Auf dem Rückweg aus Spanien jedoch erlitt sein Heer eine bittere Niederlage, und diese ausgerechnet gegen baskische Christen. Der bretonische Graf Hruotland, der dabei sein Leben verlor, wurde später als Held des »Rolandsliedes« verewigt.

In Bayern gab Herzog Tassilo III., ein Vetter Karls, Anlass zu Kritik. Dass dieser königsgleich in seinem Herzogtum herrschte, dort Klöster gründete, missionierend tätig wurde und Kontakte zu den Langobarden und zum Papst pflegte, missfiel dem Frankenkönig zunehmend. In einem spektakulären Schauprozess wurde Tassilo wegen einer längst verjährten Heerflucht (althochdeutsch: *harisliz*) zu lebenslanger Klosterhaft verurteilt und all seiner Titel und Besitzungen enthoben. Bayern fiel an Karl den Großen und wurde seiner Herrschaft unterworfen. Damit hatten die Franken aber auch neue Nachbarn im Osten bekommen, die heidnischen Awaren. Karl konnte einen vollständigen Sieg gegen das Reitervolk erringen, den er mit der Errichtung der Awarenmark als Pufferzone zwischen Frankenreich und heidnischem Umland absicherte.

So besessen ging er mitunter gegen seine Gegner vor, dass man im fernen England an seinem Verstand zu zweifeln begann. Zur Unterwerfung der Awaren schwebte ihm sogar der Bau eines Kanals zwischen Rhein, Main und Donau vor. Die Realisierung dieses ehrgeizigen Projektes scheiterte an den logistischen Schwierigkeiten und blieb somit der Neuzeit überlassen. Bis zum Ende seiner Herrschaft hatte Karl der Große ein Reich geschaffen, das von der Nordsee bis nach Italien und von den Pyrenäen bis an die Elbe reichte: Karl hatte das Erbe seines Vaters Pippin fast verdoppelt.

Karl der Große, Kaiser der Römer

Um 800 war Karl der Große längst der mächtigste Herrscher im christlichen Abendland. Sein Reich besaß die größte Ausdehnung, er selbst hatte sich in der Missionierung der Heiden hervorgetan, trug den Titel eines *Patricius Romanorum*. Byzanz dagegen war weit weg. Warum also hätte sich Papst Leo III., als er 799 so vom römischen Stadtadel bedrängt wurde, dass er um sein Leben fürchtete, nach Ostrom wenden sollen? Karl der Große empfing Leo III. in Paderborn und versprach ihm Hilfe. Im Sommer 800 zog der Frankenkönig über die Alpen, um mit ordnender Hand in Rom einzugreifen. Am Weihnachtstag des Jahres 800 krönte der Papst ihn im Gegenzug für seine Unterstützung zum römischen Kaiser. Er trug fortan den Titel »allergnädigster erhabener, von Gott gekrönter, großer, Frieden stiftender Kaiser, das Römische Reich regierend, durch die Gnade Gottes auch König der Franken und Langobarden«. Glaubt man seinem Biografen Einhard, so war Karl von der Kaiserkrönung geradezu überrumpelt worden. Andere Quellenberichte geben jedoch Hinweise auf eine Synode, auf der Karls Kaiserkrönung möglicherweise genau geplant wurde. Wichtiger als ihr Zustandekommen ist daher vielleicht die historische Bedeutung dieser Krönung: Karl der Große war nun oberster Schutzherr der Kirche und der Christenheit und über alle weltlichen Machthaber des Abendlandes erhaben. Byzanz reagierte irritiert. Seit Odoaker im Jahr 476 Romulus Augustulus abgesetzt hatte, hatte es im Weströmischen Reich keinen Kaiser mehr gegeben. Die byzantinischen Kaiser fühlten sich entsprechend als einzige legitime Träger des Kaisertums. Karl der Große aber erhob nun den Anspruch, direkter Nachfolger der antiken Imperatoren und dem byzantinischen Basileus mindestens gleichrangig zu sein. Zwölf Jahre lang kam es zu immer neuen Gesandtschaften von und nach Konstantinopel, bis Karl endlich die Anerkennung seines Kaisertums durch Ostrom erlangte.

Äußeres Zeichen seiner imperialen Würde wurde die Königspfalz in Aachen. Dort, so liest man, hielt Karl sich am liebsten auf. Von allen Stationen seines rastlosen Herrscherdaseins war diese seine bevorzugte. Aachen war für den fränkischen Kaiser das »zweite Rom«.

Das Frankenreich im Innern

Aber Karl konnte sich nicht so oft in Aachen aufhalten, wie ihm beliebte. Ein König im Mittelalter war stets auf Reisen, musste ständig seine Präsenz zeigen, Reichsversammlungen und Synoden abhalten, zu Gericht sitzen. Quiérzy, Attigny, Frankfurt, Ingelheim, Diedenhofen und Paderborn gehörten neben Aachen zu den wichtigsten Königspfalzen jener Tage. Doch

Das Reich der Karolinger

wäre das Frankenreich um 800 zu groß gewesen, als dass es jemals von einer Person allein vollständig hätte bereist werden können. Bei der Verwaltung und herrschaftlichen Durchdringung seines Reiches setzte Karl der Große daher auf die Erzbischöfe und Bischöfe, die in ihren Sprengeln seine Weisungen *(Kapitularien)* ausführten. Daneben setzte er Grafen ein. Diese sollten in ihren Herrschaftsbereichen als seine Stellvertreter über das Heeresaufgebot befehligen und den Vorsitz bei Gericht führen. Königsboten *(missi dominici)*, jeweils ein weltlicher Adliger und ein Bischof, bereisten jährlich bestimmte Grafschaften und Bistümer und kontrollierten die Amtsführung der lokalen Machthaber. Umzusetzen und zu korrigieren gab es viel, denn Karl der Große erstrebte eine Berichtigung *(correctio)* in etlichen Bereichen. Er ließ Maße und Gewichte normieren, vereinheitlichte die Schrift, richtete Schreibschulen ein und beauftragte Gelehrte, die Bibel und das Kirchenrecht von Fehlern zu bereinigen. Auch der Liturgie sollte eine gründliche Überarbeitung und anschließende Vereinheitlichung zuteil werden. Die Volksrechte etwa der Thüringer, Friesen und Sachsen wurden auf Karls Befehl hin überarbeitet.

An seinem Hof versammelte Karl der Große die bedeutendsten Gelehrten des Abendlandes. Zu ihnen gehörte der Angelsachse Alkuin genauso

Rechter Bildausschnitt: Christus segnet Papst Leo III. und Kaiser Karl den Großen.

wie die Langobarden Paulus Diaconus und Paulinus von Aquileja sowie der Westgote Theodulf von Orléans. Maßgebend für alle Reformen wurden die römische Liturgie und das römische Kirchenrecht. Karls des Großen römisches Kaisertum und seine enge Zusammenarbeit mit dem Papsttum duldeten keine andere Autorität in Fragen der religiösen Unterweisung und der Bildung. Er selbst tat sich damit aber schwer. Mühsam lernte er zwar, einzelne Buchstaben zu entziffern, das Schreiben aber sollte seiner im Schwertkampf geübten Hand nicht mehr gelingen.

Reichsteilungen und neue Wege

Karl der Große starb am 28. Januar 814 im Alter von 66 Jahren. Er wurde in der Aachener Pfalzkapelle beigesetzt. Seine Nachfolge war gut geregelt, denn er hatte seinen einzigen überlebenden Sohn Ludwig, seit 781 König von Aquitanien, ein Jahr vor seinem Tod zum Mitkaiser erheben lassen.

Ludwig trat in vielem in die Fußstapfen seines Vaters. Zwar verzichtete er auf eine weitere Expansion des ohnehin bereits riesigen Frankenreiches, doch setzte er auf dessen Konsolidierung nach innen. Er bemühte sich weiterhin um die Durchsetzung der von seinem Vater begonnenen Reformen, erließ zahlreiche Kapitularien und sandte Königsboten durchs Land. Besonders aber engagierte er sich für eine Reform der Klöster im Frankenreich, die zu bedeutenden Trägern der karolingischen Kultur wurden. Mit Hilfe seines Vertrauten Abt Benedikt von Aniane setzte er bis 816 die Benediktregel als einzig gültige Lebensnorm für alle Mönche im Frankenreich durch. Ludwigs Herrschaft wurde vor allem von dem Konflikt mit seinen Söhnen bestimmt. Lothar, Ludwig und Karl der Kahle erhoben sich gegen

> **Kaiser Lothar I.** zur Reichsteilung von 843: »Nachdem wir untereinander brüderlich ein Freundschaftsbündnis geschlossen haben, wurde unser Reich in drei gleiche Teile geteilt, bzw. unterschieden.«

ihn, da sie mit der Teilung des Frankenreiches, wie ihr Vater sie im Falle seines Todes vorgesehen hatte, nicht einverstanden waren. Ludwig der Fromme starb, von seinen Söhnen bekriegt und ohne eine Lösung des Konfliktes erreicht zu haben, im Jahr 840. Die Söhne einigten sich untereinander: Im Vertrag von Verdun 843 teilten sie das Frankenreich in drei Teile: Lothar I. als der Älteste erhielt das so genannte »Mittelreich« samt Aachen und Italien, außerdem die Kaiserwürde. Karl der Kahle regierte fortan das Westfränkische Reich, sein Bruder Ludwig der Deutsche entsprechend das Ostfränkische Reich. Eindringlich beschwor man weiterhin den Gedanken an ein einheitliches Frankenreich, das auch nach der Teilung in Einzelreiche noch immer Bestand habe. Um dies zu erreichen, wollten

Der Thron Karls des Großen in der Aachener Pfalzkapelle war über Jahrhunderte Sinnbild christlichen Königtums im Abendland.

die Söhne Ludwigs des Frommen daher brüderlich und in Eintracht zusammenarbeiten.

Tatsächlich aber wechselten in den folgenden Jahrzehnten Phasen echter Einmütigkeit mit Episoden der Zwietracht und der militärischen Auseinandersetzungen einander ab. Besonders das Mittelreich wurde nach dem Tod Lothars I. immer mehr zum Zankapfel zwischen Ost und West. Wer hätte nicht gerne Lotharingien, wie es nach Lothars I. gleichnamigem Sohn genannt wurde, mit seinen bedeutenden Bischofsstädten besessen, und vor allem Aachen, Erinnerungsort des Großen Karl? Trotz aller Bemühungen sollte die Einheit des Frankenreichs nie wieder dauerhaft hergestellt werden können. In den Verträgen von Mersen 870 und Ribémont 880 wurde die Teilung sogar noch bekräftigt. Lotharingien wurde aufgeteilt, Aachen fiel an das Ostfränkische Reich. Beide Reiche drifteten fortan immer weiter auseinander. Ludwigs des Deutschen Beiname verrät zwar, dass frühere Historikergenerationen in der Teilung von Verdun schon die Geburtsstunde Deutschlands und Frankreichs sehen wollten. Es sollten aber noch Jahrhunderte vergehen, bis sich die Menschen im Ost- und Westfrankenreich ihrer Gemeinsamkeiten jenseits von Stammesgrenzen bewusst wurden.

Inzwischen steuerten immer öfter normannische Drachenboote auf die Küsten des Frankenreiches zu und brachten Plünderungen, Feuer und Verwüstung über Dörfer und Klöster. Die verheerenden Raubzüge der Wikinger ließ die Macht und militärische Schlagkraft der karolingischen Könige immer schwächer werden. Umso stärker begannen sich nun Adelsfamilien im Ostfrankenreich hervorzutun. Um den Zerfall des Ostfränkischen Reiches nach dem Tod Kaiser Arnulfs von Kärnten zu verhindern, wählten diese Großen 900 noch einmal einen Karolinger, den erst sechsjährigen Ludwig IV. das Kind. Denn noch glaubte man an das Sieg bringende Königsheil, das dem Geschlecht der Karolinger innewohnte. Doch »die Schwäche des Kindes, das den Namen des Königs führt, hat uns schon lange des Herrschers beraubt«, klagten die Zeitgenossen. Unter dem Namen des unmündigen Königs wurden zwar mehrere Reichsversammlungen abgehalten und Urkunden ausgefertigt, die Fäden der Herrschaft aber hielten längst andere in der Hand. Im Westfrankenreich konnten sich die Karolinger noch bis 978 behaupten, im Osten aber erlosch 911 die Linie der Erben Karls des Großen. Dort waren mit den sächsischen Liudolfingern und den fränkischen Konradinern mächtige Adelsfamilien erstarkt, die bald die Zukunft des Reiches bestimmen sollten.

BUCHKUNST UND BUCHHERSTELLUNG

Es ist kein Wunder, dass Karl der Große sich so schwer tat, das Schreiben zu erlernen. Es war ein mühsames Unterfangen, mit einem Gänsekiel Worte, Ornamente und Bilder aufs Pergament zu zaubern. »Drei Finger schreiben, der ganze Körper leidet«, ließ uns ein frühmittelalterlicher Mönch von seinen Qualen wissen. Doch schon die Herstellung von Pergament und Tinte erforderte einiges an Geduld. Die Haut von Ziegen, Schafen und Rindern wurde zunächst in ein Kalkbad gelegt, um die Haare zu entfernen. Anschließend konnte man sie zum Trocknen in einen Rahmen spannen und mit dem Schabeisen vorsichtig glätten. Mehrere zugeschnittene Pergamentblätter wurden nun übereinander gelegt und in der Mitte zu einer Lage gefaltet. Jetzt erst konnte sich der Mönch im Skriptorium an die Arbeit machen. An seinem Schreibpult befanden sich mehrere Rinderhörner zur Aufbewahrung der Tinte und Farben sowie ein Messerchen zum Schärfen des Gänsekiels und zum Ausradieren von Fehlern. Die Tinte, gewöhnlich von rotbrauner Farbe, wurde aus der Rinde von Schlehenzweigen gewonnen. Die einzelnen Farben jedoch waren komplizierter herzustellen. Lapislazuli, Ocker, rotes Harz, Karmin und Grünspan zählen zu den zahlreichen Stoffen, die ein leuchtendes Blau, Gelb, Rot oder Grün hervorbrachten. Besonders kostbar sind jene Handschriften, die mit Blattgold oder Silber illuminiert wurden.

Der Schreiber zog nun penibel genau dünne Hilfslinien, den Platz für Überschriften und Initialen sparte er dabei aus. Sehr sorgfältig schrieb er sodann Buchstaben für Buchstaben seines Textes auf das Pergament, bevor *Rubrikator* und *Illuminator* anschließend jene farbigen Überschriften und prächtigen Initialen und Ornamente schufen, die den Betrachter noch heute faszinieren.

Die beschriebenen Lagen wurden nun zusammengebunden und in den Holzeinband eingeheftet, bevor dieser mit Leder überzogen und verziert wurde. Die allmähliche Einführung des Papiers seit dem 13. Jahrhundert machte nicht nur das Schreiben leichter. Es war auch billiger: Für eine große Handschrift benötigte man nicht selten bis zu 300 Schafshäute.

Es bedurfte großer Kunstfertigkeit, solch meisterhafte Miniaturen aufs Pergament zu zaubern. Die Verkündigung an die Hirten, kurz nach 1000. Aus dem Perikopenbuch Heinrichs II.

■ Der Griff nach der Kaiserkrone unter den Ottonen

»Konrad folgte auf dem Königsthron nach, da das königliche Geschlecht ausgestorben ist«, berichtet eine Chronik in dürren Worten von den Ereignissen vom November 911. Dabei war die Wahl Konrads I. 911 in Forchheim ein bedeutender Einschnitt in der Geschichte des Ostfränkischen Reiches. Denn die Großen hätten die Krone nach dem Tod Ludwigs des Kindes auch dem westfränkischen König und direkten Nachfolger Karls des Großen Karl dem Einfältigen antragen können. Sie entschieden sich aber nicht für den Karolinger, sondern für Konrad aus dem Haus der fränkischen Konradiner. Neben den sächsischen Liudolfingern waren die Konradiner diejenigen, die über den stärksten Einfluss und die größten materiellen Grundlagen verfügten und während der Regentschaft für den minderjährigen Ludwig aktiv die Geschicke des Reiches mitbestimmt hatten. Konrad wurde indes ein glückloser König. Seine Herrschaft war geprägt von Ungarneinfällen und Adelsaufständen. Lotharingien fiel zurück ans Westfrankenreich und Konrads Herrschaftsbereich schrumpfte immer mehr auf seine fränkischen Stammlande zusammen. Eine eigene Dynastie konnte er nicht begründen. Auf dem Sterbebett soll er angeblich den Liudolfinger Heinrich, den Herzog der Sachsen, als neuen König designiert haben.

»Herr Heinrich saß am Vogelherd ...«

Inwieweit Heinrich I. tatsächlich designiert wurde, lässt sich nicht mehr klären. In der Tat aber wurde er im Mai 919 auf einer Fürstenversammlung in Fritzlar von Franken und Sachsen zum König gewählt. Das liest sich geradezu nüchtern im Vergleich zu dem, wie sich die romantische Dichtung des 19. Jahrhunderts Heinrichs Wahl vorstellte. »Am Vogelherd« sitzend, sei der bürgerlich-bescheidene Sachsenherzog Heinrich von einer Reiterschar überrascht worden, die ihm nach »deutschen Reiches Will« die Krone und damit die hoffnungsvolle Zukunft des ganzen Volkes angetragen habe.

Ausgerechnet ein Angehöriger des Stammes der aufständischen Sachsen, die Karl dem Großen so lange erbitterten Widerstand geleistet hatten und das Christentum nur widerwillig angenommen hatten, war nun König des christlichen Ostfrankenreiches! Irritiert versagten Thüringer, Alemannen und Bayern dem neuen Herrscher die Huldigung, die sich Heinrich I. erst durch militärischen Druck einfordern musste. Dabei kam ihm ein gegenüber seinen karolingischen Vorgängern gewandeltes Herrschaftsverständnis entgegen. Bewusst verzichtete Heinrich auf eine Salbung, die ihn zum autoritativen Herrscher über die Herzöge, Grafen und Bischöfe erhoben hätte. Als *Primus inter pares* setzte er vielmehr auf Freundschaftsbünde und Gebetsverbrüderungen mit den Großen seines Reiches. Das personale Netz, das der König auf diese Weise aufbaute, erwies sich als tragfähig. Das war umso wichtiger, als insbesondere die immer wiederkehrenden Ungarneinfälle das Reich zur Eintracht zwangen. 933 konnte Heinrich mit einem Heer, das sich aus Mitgliedern aller Stämme des Ostfrankenreiches zusammensetzte, an der Unstrut einen bedeutenden Sieg über die Ungarn erringen. Davor schon hatte er das umkämpfte Lotharingien wieder ins Reich eingliedern und Siege gegen die Dänen und Elbslawen verzeichnen können.

Als Heinrich schließlich daran ging, seine Nachfolge zu regeln, wandte er sich ganz bewusst gegen die karolingische Teilungstradition. Es war ihm gelungen, das vom inneren und äußeren Zerfall bedrohte Ostfrankenreich zu festigen, zu stabilisieren und in seinem Umfang zu erweitern. Bayern, Alemannen, Franken, Thüringer, Sachsen, Friesen und nun auch Lothringer hatte der König zu einer tragfähigen Einheit zusammengeschmiedet. Eine Aufteilung des Reiches unter seinen Söhnen nach karolingischem

Die Stiftskirche St. Servatius zu Quedlinburg war ein wichtiges geistig-politisches Zentrum und Erinnerungsort der ottonischen Königsfamilie.

Vorbild hätte dieses Gebilde zerstört. Sein ältester Sohn Otto sollte daher mit Zustimmung der Großen Königtum und Reich ungeteilt übernehmen.

935 erlitt Heinrich I. bei der Jagd einen Schlaganfall, an dessen Folgen er ein Jahr später starb. Die Königsherrschaft ging zwar reibungslos auf Otto über, sein Herrschaftsantritt wirbelte aber dennoch unerwartet viel Staub auf.

Ein schwieriger Anfang für Otto I.

Der neue König wollte nämlich höher hinaus und brach gleich zu Beginn seiner Herrschaft mit den politischen Maximen seines Vaters. Einem nicht unumstrittenen Bericht des Chronisten Widukind zufolge, ließ sich Otto I. in einer prachtvollen Inszenierung in Aachen zum König krönen und salben. Beim anschließenden Krönungsmahl fungierten die Herzöge als Kämmerer, Mundschenk und Truchsess. Doch die Harmonie zwischen König und Fürsten, die dabei demonstriert wurde, hielt nicht lange an. Anders als sein Vater, der als *Primus inter pares* zusammen mit den Großen herrschen wollte, plante Otto von Anfang an die Errichtung einer starken königlichen Zentralgewalt. Doch waren die Stammesherzöge keineswegs bereit, sich dem neuen König unterzuordnen. Sie fanden Unterstützung bei Mitgliedern des ottonischen Königshauses, die sich bei der Thronfolge übergangen fühlten. Ottos Halbbruder Thankmar, sein jüngerer Bruder Heinrich sowie mehrere sächsische Große und die Herzöge von Franken und Lothringen beteiligten sich an Aufständen gegen den König. Eine Lösung des Konfliktes sah Otto darin, seine Verwandten in höherem Maße in das Reichsregiment einzubinden. 941 belehnte er seinen Bruder Heinrich mit dem Herzogtum Bayern, 949 erhielt sein Sohn Liudolf das Herzogtum Schwaben. Doch erhoben sich gerade Liudolf und Ottos Schwiegersohn Konrad von Lothringen erneut gegen den König. Erst 954 fand das Reich im Angesicht äußerer Gefahren wieder seine Ruhe im Innern. Nur ein knappes Jahr blieb Otto I. Zeit, seine Kräfte erneut zu sammeln. Anfang 955 waren die Ungarn erneut plündernd ins Reichsgebiet vorgedrungen, hatten Bayern verwüstet und bedrohten nun Augsburg. Auf dem Lechfeld trafen sie auf das Heer Ottos I. und wurden vernichtend geschlagen. Die heilige Lanze, die wohl wichtigste Reliquie des Reiches, die Otto als Symbol seines christlichen Königtums bei sich geführt hatte, hatte ihm zum Sieg verholfen! Schon 933 hatte Heinrich I. die

> **Thietmar von Merseburg** über die Lechfeldschlacht 955: »Darauf erhob sich der König, und ergriff alsbald (...) die heilige Lanze und den Schild, und brach, vor seinen Kriegern her gegen den Feind anstürmend, zuerst hinein in die Reihen des widerstehenden, verfolgte dann den flüchtigen bis zum Abend, und vernichtete ihn.«

Flügellanze, in die ein Nagel vom Kreuz Christi eingearbeitet war, siegreich gegen die Ungarn vorangetragen.

Der Triumph auf dem Lechfeld jedoch war größer: Fast schlagartig wurde das Reich von den Plünderungen der Ungarn befreit. Noch auf dem Schlachtfeld wurde Otto I. von seinem Heer zum *Imperator* ausgerufen und als »Vater des Vaterlandes« bejubelt.

Otto wird Kaiser

Schon damals muss er in Hoffnung auf die Kaiserkrone nach Rom geschielt haben. Die Voraussetzungen dazu waren vielversprechend: 951 hatte er Adelheid, die Witwe des italischen Königs Lothar geheiratet und hatte sich in Pavia zum *»König der Franken und Langobarden«* krönen lassen. Die Krönung mit der eisernen Krone der Langobarden und die Herrschaft über »Reichsitalien« sollte über Jahrhunderte eine wichtige Voraussetzung für die Anwartschaft auf die Kaiserkrone bleiben. Otto I. folgte prompt, als ihn Papst Johannes XII. gegen Markgraf Berengar von Ivrea zu Hilfe rief, der die Macht in Italien an sich zu reißen drohte und dem Herrschaftsbereich des Papstes gefährlich nahe kam. Ohne auf Widerstand zu treffen, zog der König 962 in die Ewige Stadt ein, wo er am 2. Februar zum römischen Kaiser gekrönt wurde. Die neue Titulatur machte Otto zum obersten Schutzherrn des Papstes und der römischen Kirche. Eine faktische Oberhoheit über die anderen gekrönten Häupter des Abendlandes konnte der Kaiser allerdings nicht für sich verbuchen. Es waren sein Ansehen und seine Würde, die ihn alle anderen Könige überragen ließen. Ohne es zu wissen, begründete Otto I. eine folgenschwere Tradition. Formell bis 1806 sind seit 962 nur ostfränkische bzw. deutsche Könige zum Kaiser gekrönt worden. Die Exklusivität dieser Würde wirkte nachhaltig auf das Selbstverständnis der ostfränkisch-deutschen Könige. Mehr als alle anderen gekrönten Häupter besannen sie sich auf den göttlichen Ursprung ihres Amtes und ihre Aufgaben als Verteidiger der Christenheit. Schon vor seiner Kaiserkrönung hatte sich Otto I. für den Schutz des Reiches vor plündernden Heiden eingesetzt. Durch die gezielte Errichtung von Marken an der Mittel- und Niederelbe erhoffte er sich eine Sicherung und Stabilisierung der Reichsgrenzen. Gleichzeitig jedoch galt sein Interesse der Missionierung der östlich von Sachsen lebenden Slawenstämme, die er in sein christliches Reich einzugliedern gedachte. Dazu hatte er schon 948 die Bistümer Brandenburg und Havelberg gegründet. Ihnen folgte 968 schließlich die Gründung des Erzbistums Magdeburg als Zentrum der Slawenmission, dem Brandenburg, Havelberg, Meißen, Merseburg und Zeitz als Suffraganbistümer untergeordnet wurden. Gerade Magdeburg förderte er in den wenigen Jahren bis zu seinem Tod besonders intensiv. Dort fand Otto I. 973 auch seine letzte Ruhestätte.

Der Glücklose: Otto II.

Otto I. hatte sein Haus gut bestellt. Schon 961 hatte er seinen gleichnamigen Sohn zum König, 967 dann auch zum Mitkaiser erheben lassen. Der Kaiser hatte sich auch nach einer Braut für den erst zwölfjährigen Jüngling umgesehen. Um die hegemonialen Ansprüche des sächsischen Kaiserhauses zu unterstreichen und seine Gleichrangigkeit mit den oströmischen Herrschern zu demonstrieren, hatte er eine Gesandtschaft nach Konstantinopel geschickt. Sein Sohn sollte eine Tochter des byzantinischen Kaisers heiraten! Ottos II. Braut Theophanu war zwar keine »im Purpur«, also als Tochter eines amtierenden Kaisers geborene Prinzessin, doch war sie außerordentlich schön und gebildet. Vor allem brachte sie byzantinisches Flair ins Ostfrankenreich und gab der kulturellen Entwicklung des rauen Landes auf Jahrzehnte hin wertvolle Impulse.

Im Innern des Reiches hatte Otto I. seinem Sohn einige ungelöste Probleme hinterlassen. Die Durchsetzung des Individualkönigtums und der anschließende Aufbau einer zentralen Königsmacht hatten die Ansprüche anderer nicht einfach vom Tisch wischen können. Vor allem im Herzogtum Bayern begann es zu rumoren. Herzog Heinrich der Zänker, Sohn von Ottos I. Bruder Heinrich, trachtete nach der Königskrone. Er mochte sich nicht damit abfinden, dass sein Vater bei der Thronfolge 936 leer ausgegangen war und lediglich Bayern als Entschädigung erhalten hatte. Es kostete Otto II. einige Mühe, die gefährliche Rebellion des »Zänkers« niederzuschlagen und den Aufständischen in Haft zu nehmen. Zum Konflikt kam es auch mit dem westfränkischen König Lothar. Der nämlich hatte die Ansprüche seines Hauses auf Lothringen noch nicht aufgegeben und rückte im Juni 978 gegen Aachen vor, wo sich Otto II. und seine schwangere Gemahlin Theophanu aufhielten. Boten hatten dem Kaiser zugetragen, König Lothar plane seine Gefangennahme und wolle sich mit ihm als Pfand Lothringens bemächtigen. Durch eine überstürzte Flucht konnten sich Kaiser und Kaiserin nach Köln retten, Lothar mußte seine Niederlage eingestehen.

Ottos II. Freude über die Geburt seines gleichnamigen Thronfolgers im Jahr 980 trübte sich alsbald durch Unruhen in Italien. Mit mehreren tausend Panzerreitern aus allen Teilen des Reiches wollte der Kaiser die Sarazenen aus dem süditalienischen Kalabrien vertreiben. Seinen militärischen

Einsatz bezahlte er fast mit dem Leben. Sein Heer geriet bei Cotrone in einen Hinterhalt und wurde fast komplett aufgerieben. Des Kaisers Italienzug endete im Desaster. Gottes segnende Hand schien ihn und sein Heer verlassen zu haben und Otto II. war weiter vom Glanz seines Vaters entfernt als je zuvor. Auch im Nordosten des Reiches braute sich bereits neues Unheil zusammen: Die Liutizen begannen sich gegen die ottonische Herrschaft zu erheben. Angesichts seines militärischen Scheiterns war es für Otto II. nun umso dringlicher, seine Nachfolge zu regeln. Die vom Kaiser veranlasste Wahl und Krönung des erst dreijährigen Otto III. im Jahr 983 kam daher keinen Moment zu früh: Noch in die Krönungsfeierlichkeiten in Aachen platzte die Nachricht, dass der erst 28-jährige Otto II. im fernen Rom bereits Wochen zuvor an einer Durchfallerkrankung verstorben war.

Zwei Kaiserinnen

»Weh Dir Land, dessen König ein Kind ist!«, warnte schon der Prediger Salomon im Alten Testament. Nach dem Tod Ottos II. im Moment der Krise des Reiches war es nun eine Aufgabe von höchster Wichtigkeit, dem minderjährigen König die Herrschaft und damit den Fortbestand des Reiches zu sichern. Zwar hatte Otto III. Weihe und Salbung empfangen und war daher von Gott gekrönter Herrscher. Aber da war noch Herzog Heinrich der Zänker, der mit dem Tod Ottos II. aus der Haft entlassen wurde und noch immer Ambitionen auf die Königswürde hegte. Als Vormund Ottos III. nahm er den Knaben umgehend an sich und zog mit ihm nach Sachsen. In Quedlinburg, dem ehrwürdigen Zentrum des ottonischen Königshauses, hielt er 984 prachtvoll Hof. Doch Heinrich fehlten die Anhänger: Auf Druck der Fürsten musste

Otto III., umgeben von den Evangelisten, auf dem Thron der Welt. Aus dem Evangeliar Ottos III., Aachen, Domschatz.

er den kleinen Otto seiner Mutter Theophanu und Großmutter Adelheid übergeben und war damit erneut gescheitert.

Beide Kaiserinnen verfügten über ausreichend Autorität und materielle Grundlagen, um das Reich im Interesse des jugendlichen Königs zu führen und Salomos düstere Prophezeiung Lügen zu strafen. Schon vorher hatten sie an der Seite ihrer Männer rege politische Tätigkeiten entfaltet. Allerdings kam es bald zum Zerwürfnis der beiden selbstbewussten Damen. Theophanu warf ihrer Schwiegermutter vor, sie würde sinnlos Reichsgut verschleudern, und konnte durchsetzen, fortan alleine die Regentschaft für ihren Sohn zu übernehmen. Erst nach Theophanus Tod 991 fiel für die wenigen Jahre bis zu Ottos Mündigkeit 995 die Verantwortung noch einmal an Kaiserin Adelheid.

Der junge König indes hörte nur mehr selten auf den Rat seiner Großmutter. Zu den wichtigsten Persönlichkeiten in seiner Umgebung gehörten nun Bischof Bernward von Hildesheim und der Gelehrte Gerbert von Aurillac. Kaum mündig, zog Otto III. bereits das erste Mal nach Italien. Schon 996, im Alter von 16 Jahren, empfing er die Kaiserkrone aus den Händen Papst Gregors V.

Otto III. – Wunder der Welt

Otto III. irritierte Zeitgenossen wie Historiker gleichermaßen. Nie zuvor hatte ein König seine Sakralität, den göttlichen Ursprung der Königsherrschaft, so betont wie der dritte der Ottonen. Und keiner hatte auch seine imperiale Würde so ins Zentrum seiner Herrschaftsrepräsentation gerückt: Rätselhaft bleibt jenes Siegel Ottos III. mit der Devise »Erneuerung des Römischen Reiches« *(Renovatio imperii Romanorum)*, stellt es doch auch grundlegende Fragen an das Kaisertum um das Jahr 1000. War eine Wiedererrichtung des antiken Römerreiches eine Art Leitidee, die Otto III. vorschwebte? Oder missversteht man mittelalterliche Herrschaftspraxis, wenn man ihr solch weitreichende Konzeptionen und Pläne unterstellt? In der Herrschaftsauffassung Ottos III. bündelten sich antike, römische, karolingische und byzantinische Traditionen zu einem neuen, ottonischen Kaisertum christlicher Prägung.

Die Erweiterung seines Imperiums nach Osten in Zusammenarbeit mit dem Papst erhielt dabei besondere Priorität. Als »Knecht Jesu Christi« zog

> **Gerbert von Aurillac,** der spätere Papst Silvester II., zur Bedeutung Roms für die Herrschaft Ottos III.: »Unser, unser ist das Römische Reich! Italien, gesegnet mit Früchten, Gallien und Germanien, gesegnet mit Kriegern! Sie geben uns Kraft, auch die tapferen Länder der Slawen fehlen uns nicht.«

Otto III. im Jahr 1000 ins polnische Gnesen und erhob es zum Erzbistum. Durch die Übergabe von Herrschaftsinsignien erhöhte der Kaiser den Polenherzog Boleslaw Chrobry zu einem »Freund und Verbündeten« des Reiches. Polen und wenig später auch Ungarn wurden ins Imperium eingegliedert und erhielten erste Grundlagen einer Kirchenorganisation. Gemeinsam wollte man gegen Liutizen und Abodriten kämpfen und dem Christentum auch im Osten zum Sieg verhelfen. Von Gnesen führte Ottos Weg nach Aachen. In Begleitung weniger Auserwählter öffnete er dort das Grab Karls des Großen. Es ist nicht unwahrscheinlich, dass er die Heiligsprechung des von ihm als Reichsgründer und Glaubensverbreiter so verehrten Frankenkaisers verwirklichen wollte.

Vor allen Dingen aber zog es ihn nach Rom, der Stätte der antiken Kaiser und der Apostelfürsten Petrus und Paulus. Gut vier Jahre seiner selbständigen Herrschaft verbrachte Otto III. dort – und dort sollte er schließlich scheitern. Zweimal hatte er Aufstände des römischen Patriziers Crescentius niedergeschlagen und Päpsten seiner Wahl auf den Stuhl Petri geholfen. Doch gelang es ihm nicht, die römischen Machteliten in der Stadt dauerhaft zu binden. »Seid ihr nicht meine Römer?«, rief er der aufständischen Menge zu, die ihn gerade aus der Stadt vertrieben hatte. Wenig später, im Januar 1002 starb Otto III. im Alter von nur 21 Jahren vermutlich an der Malaria. Welche großen Pläne und Ideen der jugendliche Kaiser auch immer verfolgt haben mochte, sie blieben nichts als Stückwerk.

Zentralistisches Königtum unter Heinrich II.

Noch schlimmer als ein Kind auf dem Königsthron war der Tod eines kinderlosen Königs. Otto III. hatte keinen Erben hinterlassen. In einer Zeit, in der die Autorität für den Zusammenhalt des Reiches beim König lag, das Reich also nur existierte, wenn es auch einen König gab, bedeutete eine königslose Zeit eine schwere Krise. Heinrich, Herzog von Bayern, reagierte in dieser unübersichtlichen Situation am schnellsten: Am 9. Juli 1002 sicherte er sich vor den anderen Thronprätendenten die Krone des ostfränkischen Reiches, die seinem rebellischen Vater Heinrich dem Zänker zeitlebens versagt geblieben war. Heinrich II. berief sich in besonderem Maße auf seine Abstammung von König Heinrich I., aus der er eine Art Erbanspruch auf den Thron ableitete. Wo Ottos III. langjährige Abwesenheit vom Norden des Reiches gefährliche Lücken aufgerissen hatte,

Das sog. Lotharkreuz wurde um 1000 von Kaiser Otto III. an Aachen geschenkt. Die antike Gemme unterstreicht Ottos Anspruch auf ein christlich-römisches Kaisertum. Aachen, Domschatz.

WIE FUNKTIONIERT EINE KÖNIGSHERRSCHAFT?

Wer als König eine möglichst erfolgreiche Politik entfalten wollte, brauchte zunächst solide materielle Grundlagen. Zum einen verfügte der König über das Hausgut seiner Familie, zum anderen über das Reichsgut. Zu diesem gehörten neben den Ländereien auch die finanziellen Rechte, etwa die Münz- und Zollhoheit, die an das Amt des Königs gebunden waren. Hausgut und Reichsgut vermengten sich allerdings im Lauf der Jahrhunderte. Während ein Großteil des Reichsgutes an Bischöfe und weltliche Vasallen des Königs verlehnt wurde, diente der Rest ausschließlich zum Unterhalt des wandernden Hofes. Über das ganze Reich nördlich und südlich der Alpen verstreut lagen Tafelgüter, von denen der Hof Lebensmittel und Sachgüter bezog. Laut dem aus der Mitte des 12. Jahrhunderts stammenden Tafelgüterverzeichnis hatte beispielsweise der Hof Andernach dem Königshof zwei Dienste (Servitien) von jeweils 40 Schweinen, sieben saugenden Ferkeln, 50 Hühnern, 5 Kühen, 500 Eiern, 10 Gänsen, 5 Pfund Pfeffer, 90 Käsen, 10 Pfund Wachs und 4 großen Fässern Wein zu leisten, sobald der Hof auf seinem Reiseweg vorüberzog.

Die Ottonen hatten außerdem begonnen, die Bischöfe verstärkt in den Dienst des Reiches zu ziehen. Sie belehnten sie nicht nur mit ausgedehnten Ländereien und verliehen ihnen königliche Hoheitsrechte (Regalien). Sie zogen die Bischöfe auch verstärkt als Berater am Königshof heran und betrauten sie mit wichtigen Positionen in der königlichen Kanzlei. Bei seinen Reisen profitierte der königliche Hof im Gegenzug von den Sachgütern und der Unterkunft, die Erzbistümer und Bistümer ihm stellen konnten. Auch viele Kriegszüge wären nicht möglich gewesen ohne die umfangreichen militärischen Kontingente, die von den Bischöfen gestellt wurden.

Diese Herrschaftspraxis der intensiven Einbindung der Reichskirche in die Königsherrschaft ging als »ottonisch-salisches Reichskirchensystem« in die Schul- und Lehrbücher der mittelalterlichen Geschichte ein. Hatte man allerdings früher dem König ein bloßes Interesse der Kontrolle der Bischöfe unterstellt, würdigt man heute die fruchtbare und für das ostfränkische Reich einzigartige Symbiose zwischen König und Reichskirche, die diese Herrschaftspraxis hervorgebracht hat.

Der mittelalterliche König herrschte im Konsens mit den Fürsten.

Heinrich II. empfängt die Königskrone aus den Händen Christi. Buchmalerei, Regensburg, um 1002/14. Aus dem Sakramentar Heinrichs II.

griff Heinrich II. nun mit energisch ordnender Hand ein. Die Kräfte im Reich zu bündeln und auf seine Autorität hin auszurichten, war sein Bestreben. Noch mehr als seine Vorgänger förderte er die Zusammenarbeit mit den Bischöfen des Reiches. Im Jahr 1007 gründete er das Bistum Bamberg. Es wurde nicht nur als Stützpunkt der Heidenmission errichtet, sondern war zugleich als persönliches Vermächtnis des kinderlosen Königs an Gott geplant. Unter Heinrichs Herrschaft erreichte die Sakralität des Königtums einen Höhepunkt. Noch mehr als seine Vorgänger betonte er den göttlichen Ursprung seiner Würde, verwies auf seine Teilhabe an der himmlischen Herrschaft, die ihm einst zukommen werde. Heinrich blieb zwar Laie, die Grenze zwischen weltlicher und geistlicher Sphäre aber war fast zur Unkenntlichkeit verwischt. Der König war der Mittler zwischen Himmel und Erde, ja sogar der Stellvertreter Christi auf Erden *(vicarius Christi)*. Heinrichs Königtum »am Ende der Zeiten« verlieh ihm die Autorität, wie ein alttestamentarischer König den Menschen die Gesetze Gottes zu vermitteln. Dies tat er oft mit solch kompromissloser Härte, dass den Zeitgenossen das Verständnis fehlte. So konnte Heinrich nicht dulden, dass Polenherzog Boleslaw Chrobry sich der Botmäßigkeit des Reiches entziehen wollte. Dass sich Heinrich II. deshalb sogar mit den heidnischen Liutizen gegen ihn, den christlichen König, den »Freund und Verbündeten« Ottos III. zusammenschloss, brachte ihm schwere Kritik ein.

Anders als bei seinem Vorgänger lagen Italien und das Kaisertum lange nicht im Blickfeld des letzten Ottonen, doch schließlich war auch für ihn die Kaiserwürde unabdingbar zur dauerhaften Untermauerung seiner Stellung. Mit seiner Kaiserkrönung 1014 hob er seine von Gott gegebene Herrschaft auf eine imperiale Ebene.

Wie schon sein Vorgänger Otto III. starb Heinrich II. 1024 kinderlos, und wieder drohte das Reich zu zerfallen. In Italien gab es sofort erste Abspaltungsbemühungen, während man nördlich der Alpen zur Besonnenheit mahnte. Es galt also, schnell einen neuen König zu wählen.

■ Krisen und Wandel in der Zeit der Salier und Staufer

Gerade sechs Wochen nach dem Tod Heinrichs II. fanden sich die Fürsten in Kamba ein und wählten Konrad den Älteren aus dem Geschlecht der fränkischen Salier zum neuen ostfränkischen König. Für mehr als hundert Jahre sollten fortan er und seine Nachkommen die Geschicke des Reiches bestimmen. 1024 freilich ahnte noch niemand, dass gerade die Herrschaft der letzten beiden salischen Könige einen entscheidenden Wendepunkt in der Geschichte des mittelalterlichen Königtums markieren sollte.

»Ein heilsamer Schnitt«

Konrad II. habe in das »Staatswesen, das Römische Reich nämlich, einen heilsamen Schnitt getan«, resümierte sein Biograf Wipo rückblickend die Herrschaftsleistung des ersten Saliers. Diesen Schnitt setzte Konrad II. unter anderem im Umgang mit weltlichen und geistlichen Fürsten. Vor allem die großen Adelsfamilien erhofften sich von dem neuen König eine Besei-

Der Bau des Speyrer Doms wurde um 1030 von Kaiser Konrad II. begonnen. Der monumentale romanische Bau ist Grablege der salischen Königsdynastie.

tigung der tiefen Gräben zwischen König und weltlichen Großen, die sein Vorgänger aufgerissen hatte, und ein Ende der Bevorzugung der Reichskirche. Sie wurden nicht enttäuscht. »An Konrads Sattel hängen die Steigbügel Karls«, konstatierte man im Reich und rückte Konrads Herrschaft in die Nähe Karls des Großen. Der erste Salier war in der Tat ein erfolgreicher König. Bereits drei Jahre nach seiner Königskrönung empfing er 1027 in Rom die Kaiserkrone. Konrad II. überragte aus der Sicht der Zeitgenossen alle anderen europäischen »Kleinkönige« (reguli) an Würde, Macht und Ansehen. Seine herausragende Stellung konnte er noch steigern, als er 1033 das Königreich Burgund in sein Imperium eingliederte.

Der Speyerer Dom, den Konrad II. als königliche Grablege für sich, seine Gemahlin Gisela und seinen Sohn Heinrich III. errichten ließ, war noch eine Baustelle, als der Kaiser im Jahr 1039 dort zu Grabe getragen wurde. Der junge Heinrich III. war zu diesem Zeitpunkt mit einer außergewöhnlichen Machtfülle versehen. Er war nicht nur bereits seit elf Jahren König, sondern auch Herzog von Bayern, Schwaben und Kärnten sowie König von Burgund. Sein Vater hatte ihm ein gefestigtes und stabiles Reich zugleich mit der Verpflichtung hinterlassen, das Ererbte zu erhalten und nach Kräften zu mehren.

Welt im Wandel

Wie Heinrich II. betonte Heinrich III. besonders die Gottunmittelbarkeit seiner Herrschaft. Die Königssalbung hatte ihn zu Gottes Stellvertreter auf Erden *(vicarius Christi)* gemacht und alle Menschen seiner Befehlsautorität untergeordnet. Als Mittler zwischen Gott und den Menschen sah er es als seine besondere Aufgabe, der Christenheit den Frieden zu bringen. Aus dieser herausragenden Position leitete er eine beinahe vollständige Verfügungsgewalt über die Reichskirche ab. Wie seine Vorgänger setzte er ganz selbstverständlich Bischöfe und Erzbischöfe ein und verfügte wie ein Eigenherr nicht nur über die Kirchen und Klöster im Reich, sondern sogar über das Papsttum. Im Jahr 1046 wurden von einer Synode bei Sutri auf seine Veranlassung hin drei Päpste, die aus Mehrfachwahlen des konkurrierenden römischen Stadtadels hervorgegangen waren, abgesetzt und der Bamberger Bischof Suidger unter dem Namen Clemens II. als neuer Papst inthronisiert. Im Gegenzug wurde Heinrich III. von ihm zum Kaiser gekrönt. Insgesamt vier deutschen Päpsten verhalf der Salier auf den Stuhl Petri: Heinrich III. hatte den Zenit seiner Herrschaft erreicht. Doch er merkte nicht, wie er von der eigenen Zeit eingeholt wurde. Gerade durch ihren Anspruch, Teilhaber an einer gottgewollten Königsherrschaft zu sein, war das Selbstbewusstsein der Bischöfe seit dem ausgehenden 10. Jahrhundert enorm gestiegen. Viele von ihnen fanden Gefallen an der Idee einer von allen weltlichen Einflüssen befreiten Kirche *(libertas ecclesiae)*, die im Reformkloster Cluny entwickelt und von dort in die Welt hinausgetragen worden war – und die in Heinrich III. und seiner Gemahlin Agnes lange Zeit sogar eifrige Unterstützer gefunden hatte. Die Kritik der Reformer an Bischofseinsetzungen *(Investitur)* durch Laien, Ämterkauf *(Simonie)* und Priesterehe *(Nikolaitismus)* richteten sich zunehmend auch gegen das Reichsoberhaupt. Und auch im Gefüge des Reiches zeigten sich ernsthafte Risse. Je mehr sich Heinrich III. selbst in die Nähe Gottes rückte, desto mehr entfernte er sich von den Menschen auf der Erde. Die wichtigste Aufgabe eines Königs, ein stets offenes Ohr und eine helfende Hand für die Nöte der Armen und Unterdrückten zu haben, hatte Heinrich III. nach Auffassung seiner Zeitgenossen sträflich vernachlässigt. An mehreren Stellen im Reich brachen ungewöhnlich schwere Konflikte aus. Immer mehr weltliche Adlige wandten sich gegen den autokratischen Herrschaftsstil des Kaisers. Nur dessen plötzlicher Tod im Jahr 1056 hat vielleicht einen Bürgerkrieg verhindert.

Freilich konnten die Zeitgenossen nicht wissen, dass die größte Krise zwischen König und Papst, zwischen Kirche und Reich noch vor ihnen lag.

Der »Investiturstreit« zog drohend am Horizont herauf und begann, seinen langen Schatten vorauszuwerfen.

Die Erde bebt

Heinrichs III. erst sechsjähriger Sohn Heinrich IV., seit 1053 König, wuchs zunächst unter der Obhut seiner Mutter Agnes, ab seinem zwölften Lebensjahr dann unter der wechselnden Regentschaft verschiedener Reichsfürsten heran. Der junge König nannte denselben autokratischen, befehlsorientierten Herrschaftsstil wie Heinrich III. sein Eigen. Mit starker Hand ging er daran, die in den Jahren der Regentschaft geschwächte königliche Zentralgewalt wiederherzustellen. Besonders in Thüringen und Sachsen versuchte er durch den Bau mächtiger Höhenburgen ein Zentrum königlicher Herrschaftsgewalt zu errichten. Die Sachsen empfanden diese neue Form des Herrschaftsausbaus als Unterdrückung ihrer angestammten Freiheit und sammelten sich zur militärischen Gegenwehr. Sie konnten dabei mit der Unterstützung jener Reichsfürsten rechnen, die des Königs Regierungsstil gleichfalls als Tyrannei und Willkür empfanden.

> **Lampert von Hersfeld** 1076 zum Herrschaftsstil Heinrichs IV.: »Dadurch unterscheide sich ein König von einem Tyrannen, dass dieser mit Gewalt und Grausamkeit gegen den Willen der Betroffenen Gehorsam erpresse, ein König dagegen nach Recht und Brauch der Vorfahren seine Untertanen mäßige und anordne, was zu tun sei.«

Der Sachsenkrieg, der bis 1075 tobte, wuchs sich zu einem gewaltigen Bürgerkrieg aus, in dem Tausende ihr Leben verloren. Der triumphale Sieg, den König Heinrich IV. 1075 errang, schmeckte jedoch bitter. Nicht nur war ein Großteil der Reichsfürsten überzeugter denn je, in Heinrich keinen König, sondern einen Tyrannen vor sich zu haben. Just zu diesem Zeitpunkt ließ sich der König außerdem zu einem folgenschweren Bruch mit dem Papsttum hinreißen. In Gregor VII. stieß er auf einen Stellvertreter Petri, der neben einer strikten Befreiung der Kirche von weltlichen Einflüssen vor allem die Vormacht der geistlichen vor der weltlichen Gewalt propagierte.

In Heinrichs Streit mit dem Papst ging es also um nichts Geringeres als um die gottgewollte Ordnung der Welt! Wer war die höchste Autorität auf Erden, der König bzw. Kaiser oder der Papst? Gregor VII. entschied diese Frage für sich, indem er Heinrich IV. 1076 exkommunizierte. Die abendländische Welt des 11. Jahrhunderts hielt entsetzt den Atem an. Der gesalbte Stellvertreter Christi auf Erden, Mittler zwischen Gott und den Menschen, war aus der Gemeinschaft der Christen ausgestoßen worden! Im Winter 1076/77 nahm der Gebannte härteste Strapazen auf sich, um sich vom Stigma des Bannes zu befreien. Über die tief verschneiten Alpen zog er in die

Toskana zur Burg Canossa, auf der sich Papst Gregor VII. aufhielt. Drei Tage hintereinander erschien Heinrich barfuß im Büßergewand vor der Burg und warf sich in den Schnee, bis der Papst sich schließlich gezwungen sah, ihn vom Kirchenbann zu lösen. Nördlich der Alpen aber glaubten dennoch viele Reichsfürsten weiterhin, dass das Reich unter Heinrich IV. keine Zukunft mehr habe. Sie erklärten den Salier für abgesetzt und wählten an seiner statt den Schwabenherzog Rudolf von Rheinfelden zum neuen König.

Nicht ohne die Fürsten!

Bis zum Ende seiner Tage kämpfte der ehemalige König (»exrex«), der 1084 von einem Gegenpapst sogar noch die Kaiserkrone erhalten hatte, nicht nur gegen Rudolf und dessen Nachfolger Hermann von Salm, sondern auch weiter gegen den Papst und die Anhänger der Kirchenreform. Erst nach dem Tod Gregors VII. 1085 wurde die Auseinandersetzung zum eigentlichen »Investiturstreit«. Durfte der König als Laie Bischöfe mit den Symbolen Ring und Stab in ihre Ämter einsetzen? Während England und Frankreich in der Investiturfrage relativ schnell zu Kompromisslösungen fanden, zeigte sich Heinrich IV. nicht zum Einlenken bereit. Das römisch-

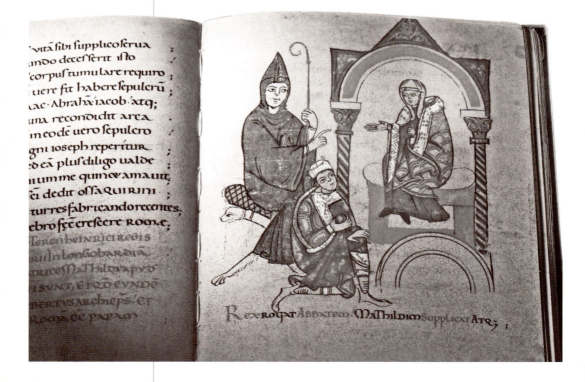

Heinrich IV. in Canossa. Auf dem Thron Markgräfin Mathilde von Tuszien, im Hintergrund Heinrichs Taufpate Abt Hugo von Cluny. Buchmalerei von 1115.

deutsche Reich war zermürbt von den jahrzehntelangen Kämpfen. Immer mehr Fürsten sahen in dem anhaltenden Streit mit der Kirche das Heil des gesamten Reiches gefährdet und sehnten sich nach Frieden. Sie konnten den jungen Heinrich V. daher dazu bringen, seinen Vater Heinrich IV. gewaltsam abzusetzen und die Königsherrschaft selbst an sich zu nehmen. Gemeinsam mit einer Gruppe reformfreudiger junger Adliger wollte der vierte Salierkönig die Einheit zwischen Kirche und Reich wiederherstellen.

Ein entscheidender Durchbruch in der Investiturfrage wäre Heinrich V. beinahe im Jahr 1111 gelungen. Mit dem Papst hatte er eine radikale Lösung erarbeitet: Würde man die Bistümer vollständig von allem weltlichen Besitz befreien, wäre ein Einfluss der Laien ohnehin hinfällig und damit das Investiturproblem gelöst. Der Tumult, der sich damals im Petersdom unter den anwesenden geistlichen Fürsten, die soeben all ihrer Güter und Hoheitsrechte beraubt worden waren, erhoben hatte, war unbeschreiblich. Heinrich musste von diesem unglaublichen Ansinnen zurücktreten. Sein anfangs vielversprechendes Verhältnis zu den Reichsfürsten hatte einen unüberbrückbar tiefen Riss bekommen, und eine Lösung des »Investiturstreits« schien einmal mehr in weite Ferne gerückt. So blieb es den Fürsten vorbehalten, mit dem Papst in Verhandlungen zu treten und 1122 die Bestimmungen des Wormser Konkordats auszuarbeiten. Der Kaiser verzichtete künftig auf die Investitur mit den geistlichen Symbolen Ring und Stab *(Spiritualia)*, sondern nahm nur noch die Belehnung mit den weltlichen Gütern vor *(Temporalia)*. Auch wenn das Wormser Konkordat letztlich nur ein Kompromiss war, konnte es doch Kirche und Reich versöhnen.

Die späten Salier waren an den rasanten gesellschaftlichen Entwicklungen gescheitert, die sich mit einem autokratischen Königtum nicht mehr vereinbaren ließen. Seit der Jahrhundertmitte hatten die Reichsfürsten immer stärker ihren Anteil am Reichsregiment eingefordert. Nicht allein der König, auch die Herzöge, Grafen und Bischöfe trugen die Verantwortung für das Wohlergehen des Reiches. »Die Missachtung der Fürsten ist der Untergang des Reiches«, mahnte der junge Heinrich V. selbst. Sein Großvater und Vater hatten sich diesem Herrschaftsprinzip verschlossen und schwere Konflikte heraufbeschworen. Erst der letzte Salier Heinrich V. hat langsam den Weg zu einer Königsherrschaft im Konsens mit den Fürsten beschritten. Seine Dynastie sollte jedoch mit seinem kinderlosen Tod im Jahr 1125 erlöschen, und so blieb es anderen vorbehalten, den eingeschlagenen Weg weiter zu beschreiten.

Die erstarkten Fürsten wählten 1125 den mächtigen Sachsenherzog Lothar von Supplinburg zu ihrem neuen König. In älteren Darstellungen wurde Lothar III. meist knapp als dem Papst treu ergebener »Pfaffenkönig« abgehandelt. Doch er leistete einen großen Beitrag zur Stabilisierung und Befriedung des Reiches nach den schweren Jahren des »Investiturstreits« und entwickelte auch eine eigenständige Politik gegenüber dem Papsttum. Eine eigene Dynastie konnte er allerdings nicht begründen. Obwohl er seinen Schwiegersohn, den Welfenherzog Heinrich den Stolzen als seinen Nachfolger designierte, konnte sich der Staufer Konrad III. 1138 in einer staatsstreichartigen Königswahl gegen den Welfen durchsetzen. Als Herzöge von Schwaben und Verwandte des salischen Kaiserhauses waren die Staufer seit dem ausgehenden 11. Jahrhundert in die Spitzengruppe der Adelsfamilien im Reich aufgerückt. Insbesondere Konrad war es schon während der letzten Lebensjahre Lothars III. geglückt, viele der Reichsfürsten für sich zu gewinnen. Dennoch war seiner Königsherrschaft wenig Glück beschieden. Zwar gelang ihm ein moderater Ausbau des staufischen Hausgutes, der schier unauflösliche Dauerkonflikt mit den Welfen und eine schwere Krankheit in seinen letzten Lebensjahren mussten seine Herrschaft jedoch nahezu paralysieren. Als er 1151 starb, wählten die Fürsten daher nicht Konrads III. 7-jährigen Sohn, sondern seinen gut 30-jährigen Neffen Friedrich, den Herzog von Schwaben, zum neuen König. Auf die »Zeit des Weinens« sei nun die »Zeit des Lachens«, auf die »Zeit des Krieges« die »Zeit des Friedens« gefolgt, konstatierte Geschichtsschreiber Otto von Freising.

Stauferzeit

Über seine Mutter Judith war Friedrich selbst mit den Welfen verwandt, und so ruhte auf ihm als dem entscheidenden Verbindungsglied zwischen Staufern und Welfen die Hoffnung der Fürsten auf Frieden im Reich. Tatsächlich sollte er die nächsten dreißig Jahre mit seinem Vetter Heinrich dem Löwen, Herzog von Sachsen und Bayern, eng und vertrauensvoll zusammenarbeiten. Aus der späten Salierzeit hatte Friedrich, der wegen seines roten Bartes den Beinamen »Barbarossa« erhielt, schwere politische Hypotheken übernommen. Die Rangfrage zwischen weltlicher und geistlicher Gewalt war im »Investiturstreit« nicht gelöst worden und schwelte als leicht entflammbare Glut weiter.

Für einen Aufruhr sorgte ein Brief, in dem Papst Hadrian IV. das Kaisertum als Lehen bezeichnete, das Barbarossa aus seiner Hand emp-

---

Der englische Bischof **John of Salisbury** zu Friedrich Barbarossas Bemühen, das Papstschisma selbst zu beenden: »Wer hat die Deutschen zu Richtern über die Völker bestellt? Wer hat diesen plumpen und ungehobelten Menschen diesen Einfluss gegeben, dass sie nach Gutdünken den Führer über die Häupter der Menschen bestimmen?«

fangen habe. Die Empörung der königlichen Gefolgsleute über diesen ungeheuerlichen Affront hätte die päpstlichen Gesandten fast das Leben gekostet. Als im Jahr 1159 nach einer Doppelwahl zwei Päpste den Stuhl Petri für sich beanspruchten, sah der Kaiser seine Chance gekommen, die Kirchenspaltung in seinem Sinne zu entscheiden und damit seine kaiserliche Autorität als höchste Instanz auf Erden zu manifestieren.

Friedrichs I. Pläne aber gingen nicht auf. Achtzehn Jahre kämpfte er verbissen und letztlich erfolglos gegen den ihm verhassten Papst Alexander III., während der von ihm favorisierte Viktor IV. und dessen Nachfolger niemals zur allgemeinen Durchsetzung gelangen konnten. Barbarossas Scheitern hatte seine Ursache nicht zuletzt in einem weiteren Konflikt, der sich immer mehr mit dem Alexandrinischen Schisma (*schisma* = Kirchenspaltung) verwob. Mailand und andere reiche oberitalienische Städte verweigerten dem Kaiser die Anerkennung und die Leistung von Abgaben (*regalien*). Obendrein stellten sie sich auf die Seite Papst Alexanders III. und verbündeten sich gegen den Staufer. Sechsmal zog Friedrich nach Italien und rannte gegen die abtrünnigen Städte an. Ihre Unbotmäßigkeit war eine nicht hinzunehmende Verletzung der Ehre (*honor*) des Kaisers und des Reiches! Friedrichs maßlose Wut, mit der er Mailand und Pavia dem Erdboden gleichmachte, machte die »deutsche Raserei« (*furor teutonicus*) sprichwörtlich. Doch am Ende stand Barbarossa als Verlierer da. In Venedig musste er 1177 Papst Alexander III. als höchste Autorität auf Erden anerkennen und 1183 mit den oberitalienischen Städten Frieden schließen. Die Staufer propagierten nun eifrig die Vorstellung eines Kaisergeschlechts (*imperialis prosapia*), das seinen Ursprung in Gott selbst und nicht in der Gunst des Papstes hatte. Der staufische Hof begann, sich in ritterlicher Pracht zu entfalten. Mit der ersehnten Befreiung Jerusalems auf dem dritten Kreuzzug wollte Friedrich I. am Ende seines Lebens noch einmal unsterblichen Ruhm erlangen. Doch blieb ihm das Erreichen des Heiligen Landes versagt. Beim Bad ertrank er 1190 in den Fluten des Flusses Saleph in Kleinasien.

Büste Friedrich Barbarossas um 1160, sog. Cappenberger Barbarossa-Kopf. Cappenberg, kath. Pfarrkirche.

Kampf um den Thron

Mit der Herrschaft von Barbarossas Sohn Heinrich VI. trat das Normannenreich in Sizilien und Unteritalien verstärkt in das Blickfeld des Reiches. Im Jahr 1186 heiratete der junge König Konstanze, eine Tochter des Normannenkönigs Roger II. Als drei Jahre später ihr Neffe Wilhelm II. kinderlos starb, war sie die Erbin Siziliens. Die sizilischen Großen, die befürchteten, Konstanzes Gatte wolle die Herrschaft über das Normannenreich selbst ausüben, reagierten, indem sie Tankred von Lecce, einen illegitimen Enkel Rogers II., auf den sizilischen Thron hoben. Erst dessen Tod machte dem Stauferkaiser Heinrich VI. den Weg nach Sizilien frei. An Weihnachten 1194 ließ er sich zum König Siziliens krönen. Nur einen Tag später wurde ihm sein Sohn Friedrich geboren. Von entscheidender Wichtigkeit wurde es nun für Heinrich VI., dem Knaben nicht nur die sizilische Krone, sondern auch das römisch-deutsche Königtum zu sichern. Den Reichsfürsten machte er das verlockende Angebot, ihre Reichslehen in männlicher wie weiblicher Linie erblich zu machen. Dafür sollte auch das Königtum als Erbkönigtum auf ewig im staufischen Kaisergeschlecht verankert bleiben. Obwohl Heinrichs »Erbreichsplan« letztlich an der Zustimmung der Fürsten scheiterte, die ihr Wahlrecht nicht aufgeben wollten, erreichte der Kaiser 1196 die Krönung seines Sohnes zum römisch-deutschen König. Bevor Heinrich VI. sein Kreuzzugsversprechen einlösen konnte, das er 1195 gegeben hatte, starb er 1197 in Messina.

Die Reichsfürsten setzten in dieser Situation nicht auf den dreijährigen Friedrich II., der sich im fernen Sizilien aufhielt. Während die einen Heinrichs VI. Bruder Philipp von Schwaben zum König ausriefen, erhoben die anderen den Welfen Otto IV. von Braunschweig. Welcher der beiden Könige sich durchsetzen konnte, hing in entscheidendem Maße von der Unterstützung des Papstes ab. Innozenz III., der eine Umklammerung durch die Staufer fürchtete, sollten diese sowohl Sizilien als auch das römisch-deutsche Reich in Händen halten, wandte sich daher dem Welfen Otto IV. zu. Sein Gegner Philipp jedoch hatte seit 1204 unter den Reichsfürsten immer mehr Anhänger gefunden. Gerade als es so aussah, als könne er als Sieger aus dem Thronstreit hervorgehen, wurde Philipp von Schwaben 1208 infolge eines privaten Streites in Bamberg

links: Kaiser Friedrich Barbarossa mit seinen Söhnen. Buchmalerei aus der Historia Welforum, Hessische Landesbibliothek Fulda.

Innozenz III. war einer der mächtigsten Päpste des Mittelalters. Mosaik, 13. Jahrhundert. Fragment aus Alt-St. Peter. Rom, Museo di Roma (Palazzo Braschi).

ermordet. Ein Jahr später wurde Otto IV. von Innozenz III. zum Kaiser gekrönt. Der Papst sollte diesen Schritt bitter bereuen, als Otto sogleich versuchte, nun seinerseits die Herrschaft über Sizilien an sich zu bringen. Sofort wandte sich eine Fürstengruppe dem Staufer Friedrich II. zu, der sich militärisch rasch gegen den Welfen durchsetzen konnte. Mit einer erneuten Königskrönung in Aachen besiegelte er 1215 die politische Niederlage Ottos IV.

Das Staunen der Welt

Dem jungen Stauferkönig schien einfach alles zu gelingen. Für seine Zeitgenossen war Friedrich II. das »Staunen der Welt.« Das Normannenreich in Sizilien war ein Schmelztiegel verschiedenster kultureller und religiöser Traditionen, aus dem Friedrich reichlich schöpfte. Er war hoch gebildet, sprach Italienisch, Altfranzösisch, Latein, Griechisch und Arabisch. Er überraschte die Menschen des 13. Jahrhunderts mit seiner wissenschaftlichen Neugierde und der Akribie, mit der er sein Königreich Sizilien zu einem effektiven »Beamtenstaat« formte. Mit seinem Lehrbuch über die Falkenjagd *(De arte venandi cum avibus)* setzte er sich sogar ein literarisches und naturwissenschaftliches Denkmal.

1220 empfing Friedrich nicht nur die Kaiserkrone, sondern hatte davor schon erreichen können, dass sein Sohn Heinrich (VII.) (sprich: der »Klammersiebte«) zum römisch-deutschen König gewählt wurde. Diese Wahl hatte ihm ein umfangreiches Privileg ermöglicht, in dem

Kaiser Friedrich II. und sein Falkenmeister. Buchmalerei aus Friedrichs Werk »Von der Kunst, mit Vögeln zu jagen«. Rom, Biblioteca Vaticana.

Castel del Monte bei Bari in Apulien. Das Jagdschloss wurde von Kaiser Friedrich II. erbaut.

er den geistlichen Fürsten im Reich bedeutende königliche *Regalien* wie das Münz- oder Zollrecht zugesprochen hatte. Zwölf Jahre später erließ er ein ähnliches Gesetz zugunsten der weltlichen Fürsten. Zwar hatte er dem Papst zugesagt, er wolle eine administrative Trennung des Reiches und Siziliens einhalten, faktisch befand sich der Nachfolger Petri aber genau in der stets gefürchteten staufischen Umklammerung.

Trotzdem hatte Papst Honorius III. der Kaiserkrönung des Staufers wohl deshalb zugestimmt, weil er sich endlich die Erfüllung des Kreuzzugsversprechens erhoffte, das Friedrich nun schon wiederholt geleistet und bislang nie eingelöst hatte. Als der Kaiser 1227 wegen einer Seuche seinen Aufbruch ins Heilige Land erneut verschob, war die Geduld des Papstes erschöpft und er exkommunizierte den Kaiser. Die Wirkung, die der Kirchenbann einst auf Heinrich IV. und seine Zeitgenossen gehabt hatte, war im 13. Jahrhundert längst verpufft. Zum Entsetzen Gregors IX. brach Friedrich 1228 mit einem nur kleinen Heer ins Heilige Land auf. Dass er als Gebannter nicht auf Kreuzzug gehen durfte, schockierte zwar den Papst und Friedrichs politische Gegner, war für ihn selbst aber nicht von Belang. Seit 1225 war er mit Isabella von Kastilien, einer Tochter des verstorbenen Königs Johann von Jerusalem verheiratet und erhob daraus Ansprüche auf die Krone des Kreuzfahrerreiches. Zum Erstaunen aller erreichte Friedrich II. sein Ziel nicht mit Gewalt, sondern allein durch äußerst geschickte

DAS NORMANNISCHE ENGLAND UND DAS ANGEVINISCHE REICH

Als im römisch-deutschen Reich gerade der junge Salier Heinrich IV. seine Mündigkeit erreicht und seine selbständige Herrschaft angetreten hatte, braute sich jenseits des Ärmelkanals gewaltiges Ungemach zusammen. Nach dem Tod des kinderlosen angelsächsischen König Edwards des Bekenners hatte der normannische Herzog Wilhelm Ansprüche auf die englische Krone erhoben. 1066 besiegte er das Heer der Angelsachsen in einer verlustreichen Schlacht bei Hastings und ließ sich zum angelsächsischen König krönen. Unter der Herrschaft Wilhelms und seiner Söhne erfuhr das englische Königreich eine radikale Umgestaltung nach normannisch-französischem Vorbild. Das noch junge anglo-normannische Königtum geriet allerdings in die Krise, als der jüngste Sohn Wilhelms, Heinrich I., 1135 kinderlos starb. Aus dem folgenden Thronstreit zwischen seinem Neffen Stephan von Blois und seiner Tochter Mathilde ging deren Sohn Heinrich II. als Sieger hervor, der 1154 zum englischen König gekrönt wurde. Von seinem Vater hatte Heinrich die Herzogtümer Anjou, Maine und Touraine, von seiner Mutter die Normandie geerbt. Als er 1152 Eleonore von Aquitanien geheiratet hatte, waren ihm noch Aquitanien, die Auvergne und die Gascogne zugefallen. Zusammen mit England bildeten diese Gebiete das gewaltige angevinische Reich. Dort erblühte in den folgenden Jahrzehnten der anglo-normannische Hof in ritterlicher Kultur und Lebensart. Eleonore von Aquitanien und ihr Lieblingssohn Richard Löwenherz wurden zu Ikonen ihrer Zeit und zum Inbegriff ritterlichen Lebens. Die bizarre Situation, dass der englische König auf dem Festland mehr Land hielt als der französische König, jedoch für diese Ländereien Vasall des französischen Königs war, blieb nicht ohne Folgen. Nach schweren Konflikten mit Ludwig IX. von Frankreich verlor Johann Ohneland, Bruder und Nachfolger von Richard Löwenherz, den französischen Festlandsbesitz bis auf wenige Gebiete. Doch machte der englische König noch hundert Jahre später Ansprüche auf die französische Krone geltend, die zum Hundertjährigen Krieg zwischen England und Frankreich führten.

Richard Löwenherz, König von England, war ein Sohn Eleonores von Aquitanien. Grabmal, Ende 12./Anfang 13.Jh., Abteikirche Notre-Dame-de-Fontevraud.

Krisen und Wandel in der Zeit der Salier und Staufer

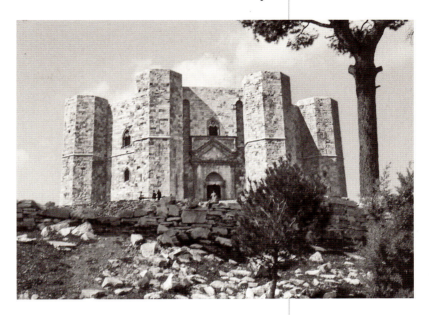

Verhandlungen. Jerusalem sollte mit Ausnahme des Tempelbezirks für die nächsten zehn Jahre christlich werden. Der Staufer triumphierte: 1229 setzte sich Kaiser Friedrich II. in der Grabeskirche selbst die Krone des Königreiches Jerusalem aufs Haupt.

Zu einer dauerhaften Versöhnung mit dem Papst kam es freilich nicht mehr. Im Gegenteil eskalierte die Auseinandersetzung Friedrichs II. mit Gregor IX. und seinem Nachfolger Innozenz IV. zu einem regelrechten »Endkampf« zwischen Kaiser und Papst. Im Jahr 1245 wurde der Staufer von Papst Innozenz für abgesetzt erklärt. Sein Tod 1250 beendete nicht nur die Herrschaft eines Kaisers, die schon zu seinen Lebzeiten mystisch verklärt worden war, sondern ließ das Stauferreich nördlich und südlich der Alpen zusammenbrechen. Eine Ära war zu Ende gegangen, das *Interregnum* hatte begonnen.

■ Krisen und neuer Aufbruch im Spätmittelalter

Als *Interregnum* wird der Zeitraum zwischen dem Tod Friedrichs II. und der Wahl König Rudolfs von Habsburg bezeichnet. Von seinen Ursprüngen her bezeichnet der Begriff eine königslose Zeit und wäre deshalb für die Jahre nach 1250 im Grunde falsch gewählt. Denn woran es dem Reich ganz bestimmt nicht mangelte, war ein König. Im Gegenteil gab es zunächst zu viele davon. Da waren Heinrich Raspe und Wilhelm von Holland, die nach Friedrichs II. Absetzung als Gegenkönige erhoben worden waren. Auch Friedrichs Sohn Konrad IV. kämpfte bis 1254 weiterhin um Anhänger. Doch er konnte sich genauso wenig durchsetzen wie sein Sohn Konradin. Mit der schmachvollen Hinrichtung des erst 17-jährigen auf dem Marktplatz von Neapel erlosch 1268 auch das staufische Herrschergeschlecht. Die Herrschaft im Reich beanspruchten längst andere für sich. Bereits 1256/57 waren nämlich zwei Könige, Alfons X. von Kastilien, der das Reich nie betrat, und Richard von Cornwall, der mehr als Geber reicher Geldmittel denn als Herrscher willkommen war, zum König gewählt worden. Doch sie alle besaßen keine eigentliche Herrschaftsgewalt. Ihnen fehlte die vollständige Anerkennung und so konnten sie kaum eine eigenständige Politik entwickeln und Recht und Frieden im Reich aufrechterhalten. *Interregnum* bezeichnet korrekt also eine Zeit des Machtvakuums, in der sich der entscheidende Wandel im Reich an der Schwelle zum Spätmittelalter offenbarte: Nicht mehr der König, sondern die Fürsten bestimmten nun die Politik. Ehrgeizig bemühten sich diese um den weiteren Ausbau ihrer eigenen Landesherrschaften, die sie gleichsam zu kleinen Königreichen ausgestalteten.

Auch die Könige betreiben eine immer intensiver werdende Hausmachtpolitik. Da sie ihre Königsherrschaft immer weniger auf das Reichsgut stützen konnten, wurde der Aufbau einer starken Hausmacht als materielle Grundlage ihrer Herrschaft immer bedeutsamer. Politik wurde nun außerdem immer mehr in den Städten gemacht, die seit dem 12. Jahrhundert in stetig wachsender Zahl gegründet wurden und bald einen wichtigen Platz im Gefüge der mittelalterlichen Staatlichkeit einnahmen. Die graue Eminenz im Reich war bis zum frühen 14. Jahrhundert der Papst, denn nur dieser verfügte über ausreichende Geld- und Machtmittel, die es ihm erlaubten, die europäische Politik nach seinen Vorstellungen zu steuern. Aus seiner Autorität als Stellvertreter Christi auf Erden leitete er den Anspruch ab, seine Zustimmung zur Wahl eines neuen Königs zu geben.

Papst und Kaiser, die gekrönten Häupter Europas, Territorialfürsten und Städte waren die Figuren auf dem reich besetzten Spielbrett des Spätmittelalters.

»Kleine Könige« und ein Kaiser

Mit der Wahl Rudolfs von Habsburg zum römisch-deutschen König im Jahr 1273 erlangte erstmals das Fürstengeschlecht der Habsburger reichsgeschichtliche Bedeutung. Erklärtes Ziel des 55-jährigen Rudolf war es, das während des Interregnums verloren gegangene Reichsgut wieder der Krone zurückzuführen. Der weitaus mächtigere König Ottokar von Böhmen allerdings weigerte sich, die Wahl Rudolfs anzuerkennen und seine Lehen aus der Hand »des kleinen Grafen« zu empfangen. Als Herzog von Österreich, Steiermark, Krain und Kärnten war er der mächtigste Territorialfürst im Reich. Im Kampf gegen den Habsburger und seine Anhängerschaft aber unterlag er 1278. Seine ehemaligen Reichslehen gingen nun an Rudolfs Söhne Albrecht und Rudolf. Damit legte er im Südosten des Reiches die territoriale Grundlage für die spätere habsburgische Großmacht.

Eifrig bemühte sich Rudolf in Zusammenarbeit mit den Fürsten um die Wiederherstellung des Landfriedens und um die Wiedergewinnung verlorenen Reichsgutes. Doch blieb vor allem der Norden des Reiches seinem herrschaftlichen Zugriff verschlossen. Der Schwerpunkt seiner Herrschaft lag im Südosten, insbesondere in Wien, das sich in Ansätzen zu einer ersten dauerhaften Residenz eines mittelalterlichen Königs entwickelte.

Das kurze Königtum von Rudolfs Nachfolger Adolf von Nassau blieb Episode. Viel zu gering war seine Hausmacht und viel zu hoch waren seine Schulden, die er im Vorfeld der Königswahl angehäuft hatte, als dass er eine eigenständige Politik hätte entwickeln können. Vor allem musste er sich gegen Albrecht von Habsburg zur Wehr setzen, den Sohn König Rudolfs, der sich bei der Wahl der Kurfürsten übergangen fühlte, jetzt aber immer mehr Anhänger um sich scharen konnte. Die folgenden Jahrzehnte waren turbulent. Adolf wurde von den Fürsten 1298 abgesetzt und fiel kurz darauf im Kampf gegen Albrecht, der nun die Königskrone an sich nahm.

Doch Albrecht I. genoss lange Zeit keinen guten Ruf. Der Makel eines »Königsmörders« haftete an ihm. Seine Zeitgenossen warfen ihm außerdem vor, er wolle die Anerkennung des französischen Königs Philipp durch die Abtretung linksrheinischer Gebiete an Frankreich erkaufen. Dabei konnte sich der König im Streit um Zollabgaben durchaus gegen die rheinischen Kurfürsten behaupten und 1303 sogar die Anerkennung durch Papst Bonifaz VIII. erreichen. Doch scheiterte er mit seinen Plänen, ein habsburgisches Erbkönigtum zu errichten, als sein Sohn Rudolf, König von Böhmen, 1307 unerwartet starb. Im Jahr 1308 wurde Albrecht I. von seinem Neffen Johann Parricida hinterrücks erdolcht.

Unter den möglichen Nachfolgern Albrechts konnte sich, nicht zuletzt dank der Hilfe seines Bruders, des Erzbischofs von Trier, überraschend Heinrich VII. aus der Familie der Luxemburger durchsetzen. Im November 1308 wurde er zum römisch-deutschen König gewählt. Neben den Habsburgern waren die Luxemburger nun das zweite Adelsgeschlecht, das die politische Geschichte des Spätmittelalters dominieren sollte. Wie für die Habsburger war auch für Heinrich VII. das Königreich Böhmen von großem Interesse. Nachdem das dort herrschende Geschlecht der Přemysliden erloschen war, gelang es Heinrich, die erbliche böhmische Krone seinem Sohn Johann zu sichern. Böhmen entwickelte sich fortan zur wichtigsten Basis der luxemburgischen Hausmacht. Daneben konnte Heinrich VII. einen Erfolg erzielen, der seit Friedrich II. keinem König mehr zuteil geworden war. Mit einem eher kleinen Heer von nur 5000 Rittern zog er 1310 über die Alpen, im Juni 1312 schließlich wurde er zum Kaiser gekrönt. Das Reich nördlich der Alpen sollte er allerdings nicht mehr wiedersehen. Im August 1313 starb er etwa 35-jährig an der Malaria.

Als die Herrschaft der »kleinen Könige« wird die Zeit von Rudolf von Habsburg bis Heinrich VII. gerne bezeichnet. Die vier Herrscher werden damit als weitgehend machtlos gegenüber den Interessen der Fürsten charakterisiert, als Könige, die sich schwer taten, ihrer Politik Profil zu verleihen. Immerhin konnten Habsburger und Luxemburger sich dank ihres Königtums eine beachtliche Hausmacht auch fern ihrer angestammten Herrschaftssitze im Südwesten bzw. Nordwesten des Reiches aufbauen. Die kraftvolle Wiederbelebung der alten Kaiserwürde, die Heinrich VII.

nach seiner Kaiserkrönung zum Ziel hatte, scheiterte allerdings an seinem frühen Tod.

Ludwig der Bayer im Streit mit dem Papst

Der Nachfolger Heinrichs VII. war Ludwig IV. der Bayer. Er ist als weitaus einprägsamere Kaisergestalt in die Geschichte eingegangen. Zu verdanken ist dies einem bitteren Streit mit dem Papsttum, der sich über Ludwigs gesamte Herrschaft erstreckte und dabei ähnliche Dimensionen wie unter dem Staufer Friedrich II. annahm. Der Wittelsbacher war nämlich nicht der einzige König, der 1314 gewählt wurde. Als weiterer Thronprätendent trat mit Herzog Friedrich dem Schönen von Österreich erneut ein Habsburger auf den Plan. Papst Johannes XXII. verweigerte dem Wittelsbacher deshalb die Anerkennung. Ludwig wiederum wies das Recht des Papstes, den Anspruch eines Kandidaten auf die Krone zu prüfen (*Approbation*), entschieden zurück. Ludwigs Verhältnis zum Papst besserte sich auch nicht, als er seinen Konkurrenten und Gegenkönig Friedrich den Schönen 1322 besiegen konnte und dieser – ein Kuriosum der Reichsgeschichte – 1325 sogar sein Mitregent werden sollte. 1324 belegte Johannes XXII. den Wittelsbacher, den er fortan nur noch verächtlich den »Bayern« nannte, mit dem Kirchenbann. Unbeeindruckt ließ sich Ludwig daraufhin in Rom von Sciarra Colonna, einem weltlichen Adligen und Sprecher des römischen Volkes, zum Kaiser krönen. Gleichzeitig erklärte er Johannes XXII. für abgesetzt und erhob den Gegenpapst Nikolaus V. Der Streit eskalierte, als er immer mehr mit einer theologischen Auseinandersetzung um die Armut Christi verwoben wurde, die der Papst mit den Franziskanern ausfocht. Gegen Ende des 13. Jahrhunderts waren die Päpste zunehmend in die Abhängigkeit des französischen Königs geraten und hatten schließlich sogar ihre Residenz von Rom nach Frankreich verlagert. Johannes XXII. war der zweite Papst, der sein Pontifikat von Avignon aus führte. Die prunkvolle Hofhaltung, die er im dortigen Papstpalast entfaltete, hatten franziskanische Gelehrte der Zeit zum Anlass für heftigen Tadel genommen. Immerhin sei Christus selbst doch zeitlebens arm geblieben! Kaiser Ludwig unterstützte die antipäpstliche Position der Franziskaner um Marsilius von Padua und Wilhelm von Ockham. Die Diskussion, was Christus an Geld und

> **Papst Clemens VI.** bannt und verflucht Kaiser Ludwig den Bayern 1346: »Wir flehen die göttliche Allmacht an, dass sie des erwähnten Ludwigs Raserei zuschanden machen, seinen Hochmut zu Boden werfen, ihn durch die Kraft ihres rechten Armes niederstürzen und ihn den Händen seiner Feinde und Verfolger wehrlos übergeben wolle. Sie lasse ihn in ein verborgenes Netz fallen. Verflucht sei sein Ausgang und Eingang. Der Herr schlage ihn mit Narrheit, Blindheit und Raserei, der Himmel verzehre ihn durch seinen Blitz.«

materiellen Gütern nun wirklich besessen hatte, wurde ebenso wie die kaiserliche Position der Ablehnung der päpstlichen Approbation mit großem wissenschaftlichem Ernst betrieben. Doch Johannes XXII. verurteilte die franziskanische Lehre von der Armut Christi. Eine Versöhnung mit dem Papsttum war auch für Ludwig den Bayern trotz verschiedener Vermittlungs- und Versöhnungsangebote unmöglich.

Mit Unterstützung der Kurie und des französischen Hofes wurde deshalb 1346 der Luxemburger Karl IV. zum Gegenkönig erhoben. Bevor es aber zur militärischen Auseinandersetzung zwischen den beiden gekrönten Häuptern kam, starb der streitbare Ludwig der Bayer 1347 im Kirchenbann. Der letzte große Kampf zwischen Kaiser und Papst war wieder einmal unentschieden geblieben.

Hegemoniales Königtum und Goldene Bulle

Der Regierung Karls IV. hingegen war weitgehend Erfolg beschieden. Von Anfang an konzentrierte er seine Kräfte auf den Ausbau seiner Hausmacht in Böhmen. Das Königreich wuchs zu imposanter Größe heran und bildete

Im Papstpalast von Avignon residierten von 1309–1376 mehr als sieben Päpste.

die Machtgrundlage für die Herrschaft des Luxemburgers im Reich. Karl amtierte in Personalunion als König von Böhmen und römisch-deutscher König zugleich. Während er im Reich nach althergebrachter Praxis von Pfalz zu Pfalz zog, baute er den Prager Burgberg zur prächtigen Residenz aus. Die Stadt an der Moldau förderte er besonders intensiv und machte sie zu einem wichtigen geistig-kulturellen Zentrum in Europa. 1344 ließ er Prag zum Erzbistum erheben, und drei Jahre später gründete er dort die erste Universität im Reich nördlich der Alpen.

Auch seine Reichspolitik gestaltete sich in großen Teilen erfolgreich. Auf einem Italienzug 1355 wurde er zum italischen König und anschließend zum Kaiser gekrönt. Ein Jahr später erließ er jenes Gesetzeswerk, das lange Zeit als »erste Verfassung« des Reiches galt: Die Goldene Bulle. Namensgebend für die 31 Kapitel umfassende Urkunde war die goldene Kapsel, die das kaiserliche Siegel umschloss. In der Goldenen Bulle wurde unter anderem das Wahlrecht der sieben Kurfürsten festgeschrieben. Seit dem 13. Jahrhundert war das Recht der Königswahl von der Gesamtheit der Reichsfürs-

Unter Karl IV. erwuchs Prag zur prächtigen Residenzstadt Böhmens. Der Burgberg (Hradschin) mit dem Veitsdom.

ten auf einen eng begrenzten Wählerkreis von Kurfürsten (*Kur* = Wahl) übergegangen. Allein die Bischöfe von Mainz, Köln und Trier, der Pfalzgraf bei Rhein, der Herzog von Sachsen, der Markgraf von Brandenburg und der König von Böhmen besaßen die Kurwürde und wählten nach einfachem Mehrheitsprinzip das Oberhaupt des römisch-deutschen Reiches. Karl IV. präsentierte sich und den Kreis der Kurfürsten als Haupt und Glieder eines glänzenden hegemonialen Königtums. Der Anspruch des Papstes auf Approbation des Gewählten, den einst schon Ludwig der Bayer abgelehnt hatte, wurde jetzt ein für alle mal zurückgewiesen.

Gezielt begann Karl IV. nun, seiner Familie Reich und Herrschaft zu sichern. Er erkaufte seinem Sohn Sigismund nicht nur die Kurwürde von Brandenburg, sondern konnte die Kurfürsten durch hohe Geldzahlungen auch dazu bewegen, 1376 seinen zweiten Sohn Wenzel zum römischen König und damit zu seinem Nachfolger zu krönen. Dieses Vorgehen brachte Karl in Finanznot. Das Geld, das aus den italienischen Kommunen in seine Truhe floss, reichte alleine nicht aus, um den Ausbau von Karls Herrschaft in Böhmen und im Reich zu finanzieren. Der Luxemburger begann deshalb damit, Reichsgut zu verpfänden. Vor allem die königlichen Städte des Südwestens wehrten sich gegen diese Politik und schlossen sich zu Bündnissen zusammen, die vor allem des Kaisers Nachfolgern noch das Leben schwer machen sollten.

Karl IV. war einer der bedeutendsten Herrscher des Spätmittelalters. Buchmalerei, Nürnberg, 1. Hälfte 15. Jh.

Die Krise des 14. Jahrhunderts

Karl IV. herrschte zu einer Zeit, in der sich der Himmel über Europa bedrohlich verfinstert hatte. Gegen 1300 hatte die Gesamtbevölkerung im christlichen Abendland mit geschätzten 55 Millionen Menschen ihren höchsten Stand erreicht. Land war knapp geworden, der Getreidepreis dagegen unaufhörlich gestiegen. Massive Ertragsrückgänge infolge einer deutlichen

Klimaverschlechterung (»kleine Eiszeit«), die mit kälteren Temperaturen und hohen Niederschlägen einhergegangen war, hatten verheerende Hungersnöte zur Folge. Wer dem Hungertod entkam, war durch Mangelversorgung oft so geschwächt, dass er leichte Beute von Seuchen und Krankheiten wurde. Anfang 1348 dann wurde der Südosten des Reiches von einem katastrophalen Erdbeben heimgesucht, bei dem zehntausende Menschen ums Leben kamen. Allein in der blühenden Handelsstadt Villach in Österreich wurden fast 5000 Menschen unter Trümmern begraben. Andernorts hatten Bergstürze zu schweren Überschwemmungen geführt, während einige Siedlungen ganz vom Erdboden verschwanden. Die Menschen im

Juden waren immer wieder Opfer grausamer Pogrome durch die Christen. Aus Hartmann Schedel, Weltchronik, Nürnberg 1493.

ganzen Reich waren traumatisiert von dieser gewaltigen Naturkatastrophe. Manche hielten Gottes Strafgericht für angebrochen und mahnten zu Umkehr und Buße. Es sollte noch schlimmer kommen. Im selben Jahr schleppten Genueser Seeleute von der Krim die Pest ein, die sich fast explosionsartig über Europa ausbreitete. Oftmals bereits innerhalb eines Tages starben die Infizierten unter grausamen Qualen. Die Menschen waren hilflos und sprachen vom »großen Sterben« und von der »großen Pestilenz«. Die Enge in den Städten und die miserablen hygienischen Verhältnisse begünstigten die Ausbreitung der durch infizierte Ratten übertragenen Krankheit noch. Die erste große Pestwelle 1348–1353 hatte die europäische Bevölkerung fast um ein Drittel dezimiert. Ärzte und Gelehrte der Zeit waren ratlos, keine ihrer bisweilen skurrilen Kuren erzielte irgendeine Wirkung. Bis weit in die Neuzeit kam es daher immer wieder zu kleineren und größeren Ausbrüchen des »Schwarzen Todes«, wie die Pest bald genannt wurde.

> **Giovanni Boccaccio** über die Pest in Florenz 1348: »Tag und Nacht verendeten zahlreiche Menschen auf offener Straße, und viele, die wenigstens in ihren Häusern umkamen, machten erst durch den Gestank ihrer verwesenden Körper die Nachbarn darauf aufmerksam, dass sie tot waren.«

Die Menschen reagierten zum einen mit einer gesteigerten Volksfrömmigkeit auf die unheimliche Bedrohung. Geißlerzüge zogen durch Städte und Dörfer, gemahnten an die menschliche Vergänglichkeit und riefen auf zu Sühne und Reue. Die Furcht der Zeitgenossen schlug allerdings auch um in Fanatismus und Hass gegen diejenigen, denen sie die Schuld an dieser verheerenden Seuche zuschoben. Vor allem die Juden wurden als »Brunnenvergifter« diffamiert und Opfer der schwersten Pogrome, die das Mittelalter je erleben sollte.

Angesichts der gewaltigen Krisen, die die Menschen des 14. Jahrhunderts zu bewältigen hatten, hätten sie vor allem einer starken geistlichen Führung bedurft. Vielen Gläubigen waren die Antworten, die die Kirche auf Hungersnöte und Pest gab, unzureichend, und sie suchten Zuflucht bei Reformgruppierungen. Dass der Papst als Oberhaupt der Kirche als »Gefangener« des französischen Königs in Avignon residierte, führte zu einer weiteren Verunsicherung, die sich noch steigerte, als 1378 ein folgenreiches Papstschisma ausbrach, das das Abendland bis 1417 spalten sollte.

Die Zeit des Großen Abendländischen Schismas

1376 hatte Papst Gregor XI. seinen Amtssitz von Avignon nach Rom zurückverlegt. Als er kurze Zeit später starb, wählten die Kardinäle 1378 mit Urban VI. und Clemens VII. gleich zwei Nachfolger auf den Stuhl Petri. Während sich Clemens erneut nach Avignon zurückzog, residierte Urban in Rom. Die Kirchenspaltung erschütterte nicht nur das Vertrauen der Menschen in die ohnehin bereits schwer angeschlagene Autorität des Papsttums. Auch die politischen Konsequenzen waren weitreichend. Noch vor seinem Tod im November 1378 hatte Karl IV. dem römischen Papst Urban seine Unterstützung zugesichert. Sein Sohn Wenzel und das Reich folgten ihm darin zum größten Teil. Die französische Krone dagegen hielt zu Clemens VII.: Ein tiefer Riss spaltete das Abendland.

Eine Entscheidung im Kirchenstreit konnte König Wenzel, dem schon zu Lebzeiten der Beiname »der Faule« anhaftete, trotz hoher zeitgenössischer Erwartungen nicht herbeiführen. Der Sohn Karls IV. genoss einen denkbar schlechten Ruf. Er besaß weder den Pragmatismus noch das diplomatische Geschick seines Vaters. Immerhin konnte er nach jahrelangen Auseinandersetzungen mit den Städtebünden einen allgemeinen Landfrieden durchsetzen. Doch zog er sich immer mehr aus der Geschäften des

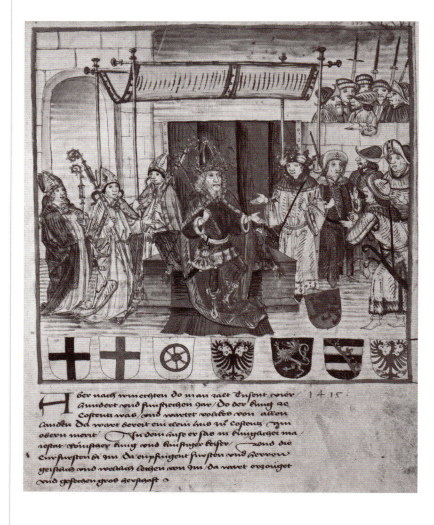

Auf dem Konstanzer Konzil wurde das Abendländische Schisma beendet. Die Szene zeigt Kaiser Sigismund, den höchstrangigen weltlichen Konzilsteilnehmer. Buchmalerei, um 1450.

Reiches zurück und betrieb dafür eine umso stärkere, aber ebenfalls wenig erfolgreiche Hausmachtpolitik in Böhmen. Am 20. August 1400 wurde er schließlich von den rheinischen Kurfürsten in Lahnstein als »unnützer, träger, unachtsamer Entgliederer und unwürdiger Inhaber des Reichs« abgesetzt.

An seine Stelle setzten die Kurfürsten Ruprecht III. von der Pfalz. Dieser bemühte sich von Anfang an redlich, im gesamten Reich Anerkennung als König zu finden und eine Intensivierung der Königsherrschaft zu erreichen. Allein, zu gering waren seine Hausmacht und seine finanziellen Möglichkeiten. Zu groß war andererseits der Widerstand der Kurfürsten gegen innovative Regierungsmaßnahmen, so etwa als er eine zentrale königliche Münzstätte in Frankfurt installieren wollte. In der Frage der Kirchenspaltung sprach er sich zwar strikt für den römischen Papst aus und unterstützte den Gedanken, das Schisma durch ein allgemeines Konzil zu beenden. Die Verwirklichung dieser Idee und die Einberufung eines solchen Konzils blieben ihm jedoch versagt. Alle Hoffnungen ruhten nun auf Sigismund, der 1410 als Sohn Karls IV. und Halbbruder Wenzels zum römisch-deutschen König gewählt wurde. Noch immer war die Kirche gespalten. Seit 1409 gab es nun sogar drei Päpste, die um Anhänger und Anerkennung stritten. Doch der Ruf nach einem Konzil, welches jetzt allein noch die Einheit der Kirche wiederherstellen könne, war immer lauter geworden. Sigismund folgte diesem Ruf eifrig und betrieb die Einberufung einer allgemeinen Kirchenversammlung, die 1414 in Konstanz tatsächlich zusammentrat. Vier Jahre lang sollten Kardinäle, Gesandte und Kleriker dort heftig debattieren und streiten. 1417 wurden schließlich alle drei Päpste für abgesetzt erklärt. Mit Martin V. wurde ein neuer Nachfolger Petri gewählt und inthronisiert, der sein Amt nunmehr von Rom aus führte: Das Abendländische Schisma war beendet, die Kirche hatte zur Einheit zurückgefunden.

Dynamischer Aufbruch

Sigismund hatte sich als Diplomat bewährt. Die Beseitigung des Abendländischen Schismas in Konstanz hatte dem Konzilsgedanken Auftrieb gegeben. Eifrig bemühte man sich in den folgenden Jahrzehnten um eine allgemeine Kirchenreform »an Haupt und Gliedern«, die vor allem den römischen Zentralismus zurückdrängen und Entscheidungen des Konzils zur einzigen Instanz in Glaubensfragen erklären wollte. Die Impulse einer solchen Kirchenreform, die von 1431 bis 1449 auf dem Konzil von Basel heftig diskutiert wurden, schwappten auch auf das Reich über. Auch Sigismund schwebte eine Reform vor, die eine Stärkung der königlichen Zentralgewalt und die Rückgabe königlicher Rechte an die Krone beinhaltet hätte. Vor allem sollte die Regierung des Reiches effizienter werden. Letzteres fand auch die Unterstützung der Kurfürsten, doch sahen sie ihre Aufgabe in der kollegialen Zusammenarbeit mit dem König.

Mit Sigismunds Tod endete 1437 die Ära luxemburgischer Herrscher auf dem römisch-deutschen Thron, den fortan wieder Habsburger Könige und Kaiser innehaben sollten. Seit der erste Luxemburger Heinrich VII. 1308 zum König gekürt worden war, hatte sich das Abendland sehr verändert. Die Menschen hatten Pest und Hungersnöte erlebt und die Spaltung der Kirche hatte sie zutiefst verunsichert. Zwischen England und Frankreich war ein Krieg ausgebrochen, der über hundert lange Jahre währen sollte. 1453 dann der Schock für die Christenheit: Die muslimischen Türken eroberten Konstantinopel und brachten das einst stolze Byzantinische Reich zu Fall.

Angesichts dieser Krisen wurde das Spätmittelalter lange Zeit als »Herbst des Mittelalters«, als eine finstere Zeit des Verfalls betrachtet. Doch war es auch eine Epoche großer Dynamik. In keiner anderen Zeit wurden mehr Städte gegründet. Stolz blickten das Reich und die anderen Länder Europas auf ihre Universitäten. Nach den schrecklichen Jahren der Pest erblühten im 15. Jahrhundert Städte und Handel. Mit der Hanse war ein Kaufmanns- und Städtebund gewachsen, der den gesamten Ostseehandel dominierte. Kaiser Sigismund und seinen Nachfolgern gelang zwar die Wiederherstellung einer starken Königsmacht nicht in dem von ihnen gewünschten Maße, doch konnten sie kleinere Erfolge bei der Befriedung des Reiches verbuchen. Der Königshof wurde allmählich zum Mittelpunkt einer »staatlichen« Verwaltung. Andere zentrale Instanzen des mittelalterlichen Europas steuerten hingegen einer erneuten Krise entgegen: Das Abendländische Schisma und die Prunksucht der Kurie hatten Stimmen laut werden lassen, die offen Kritik an der Lehrautorität der römischen Kirche übten. Eine dieser Stimmen gehörte dem Engländer John Wyclif, der 1383 die erste Bibel in seiner Landessprache veröffentlichte. Er missbilligte den Machtanspruch des Papstes, die Heiligenverehrung und den Priesterzölibat. Seine Lehren gelangten bis nach Böhmen, wo der Reformator Jan Hus sie aufnahm und weiterverbreitete. Auch wenn Hus auf dem Konstanzer Konzil als Ketzer verbrannt wurde, blieb seine Lehre lebendig. Die Zeit der Reformation hatte bereits begonnen.

HUNDERTSECHZEHN JAHRE KRIEG

Als der letzte Kapetinger, Karl IV. von Frankreich, 1328 starb, stellte sich die Frage nach seiner Nachfolge. Mit breiter Unterstützung des Adels bestieg Philipp VI. von Valois den französischen Thron. Doch erhob auch Edward III., König von England und Herzog der Guyenne Ansprüche auf die französische Krone. Obwohl er Philipp für den Festlandsbesitz in der Guyenne den Lehnseid leistete, erklärte er dem französischen König 1339 den Krieg. Edward III. ernannte sich selbst zum französischen König und fiel mit seinen Truppen in Frankreich ein. Über 110 Jahre – mit Unterbrechungen – sollte der Krieg zwischen den beiden Reichen andauern. Bei Azincourt erlitten die zahlenmäßig eigentlich überlegenen Franzosen 1415 eine verheerende Niederlage gegen die Ritter Heinrichs. Auf dem schlammigen Untergrund und in der großen räumlichen Enge des Schlachtfeldes waren die Ritter des französischen Königs den Engländern nicht gewachsen gewesen. Mehrere Aufstände und Kämpfe zwischen verschiedenen Adelshäusern schwächten Frankreich zusätzlich. Der englische Sieg schien zum Greifen nahe: Denn Karl VI. von Frankreich hatte seinen eigenen Sohn enterbt und die französische Krone den Engländern zugesagt. Um Frankreich auch militärisch unter Kontrolle zu bringen, hatten die Engländer Orléans belagert. Neue Hoffnung und das Gefühl der Einheit gab den Franzosen schließlich ein achtzehnjähriges Bauernmädchen: Jeanne d'Arc, beseelt von ihrem göttlichen Auftrag, die Engländer zu vertreiben, verhalf den Franzosen zur Befreiung von Orléans und war als Heldin und Visionärin bald in aller Munde. Doch geriet sie in englische Gefangenschaft und wurde 1431 als Ketzerin verbrannt. Zu dieser Zeit war Englands Stern bereits im Sinken begriffen. Zwar wurde Heinrich VI. doch noch zum König von Frankreich gekrönt, doch war die Niederlage der Engländer unabwendbar. 1453 musste England all seinen verbliebenen Festlandsbesitz an die französische Krone zurückgeben.

Jeanne d'Arc mit Schwert und Banner. Randzeichnung aus dem Register des Pariser Parlaments, 1428–36.

… et iij· manieres de ge[nt]
li philosofe poserent

b[o]ne a[r]e de q[ue]lq[ue] noble[ce]
a philosofe q[ue] loes fure[n]t

Ein Panorama des Mittelalters

Zur bunten mittelalterlichen Lebenswelt gehörten nicht nur Kaiser und Päpste, sondern neben Rittern, Bauern, Mönchen und den Bewohnern der Städte auch Randgruppen und Fremde.

■ Die mittelalterliche Gesellschaft

Vorurteile über das Mittelalter betreffen häufig die Gesellschaft der damaligen Zeit. Es sind die Einteilung der Menschen in verschiedene Stände, die Rolle der Adligen als Herrschende oder die Stellung der Frau, die heute Anlass zu Kritik geben. Ein genauerer Blick auf die mittelalterliche Gesellschaft zeigt aber, dass auch diese sich mitunter mit großer Dynamik verändert hat und in ihren Rollenbildern weit weniger statisch war, als häufig angenommen wird.

Bevölkerung, Raum und Zeit

Während der Zeit der Völkerwanderung lebten im Abendland nur etwa 12 Millionen Menschen. Gerade das Gebiet des heutigen Deutschland war zum großen Teil mit riesigen, fast undurchdringlichen Wäldern bedeckt, die den Aufbau größerer Siedlungsflächen kaum zuließen. Doch vom 9. Jahrhundert bis ins 14. Jahrhundert stieg die Zahl der Bevölkerung um mehr als das Doppelte. Wärmeres Klima ließ die Saat besser gedeihen und technische Fortschritte im Ackerbau bescherten den Menschen höhere Erträge. Die Durchschnittstemperaturen waren nur etwa 1–1,5 Grad höher als in der Gegenwart, doch reichte dies aus, um Weizenanbau auf Island oder Weinanbau in Südschottland zu ermöglichen. Grönland wurde als »grünes Land« in jenen Tagen von den Wikingern besiedelt, die dort Viehzucht betrieben. Dank der günstigen klimatischen Bedingungen wuchs die Bevöl-

»Dreigeteilt ist das Haus Gottes«: Vertreter der drei Stände der Kämpfenden, Betenden und Arbeitenden. Französische Buchmalerei, 2. Hälfte des 13. Jh.

kerung kontinuierlich an, bis sie um 1350 die 55-Millionen-Marke erreichte. So viele Menschen wollten versorgt werden. In großer Zahl wurden daher Moore trockengelegt, Wälder gerodet und auch die höher gelegenen Gebiete urbar gemacht. Doch im frühen 14. Jahrhundert veränderte sich das Klima. Auf die günstige Wärmeperiode folgte die so genannte »Kleine Eiszeit« mit niedrigeren Temperaturen, dafür aber vermehrten Niederschlägen. Ernteausfälle, Hungersnöte und schließlich die Pest ließen die Zahl der europäischen Gesamtbevölkerung auf kaum mehr als 35 Millionen Menschen zurückgehen. Im Durchschnitt erlag ein Drittel der Bewohner des Reiches der verheerenden Seuche, in einigen Regionen war es sogar jeder Zweite. Besonders schlimm hatte es die dicht besiedelten Städte getroffen, die nach den großen Krisen des 14. Jahrhunderts lange brauchten, um ihre damaligen Bevölkerungszahlen wiederzuerlangen.

Doch war der Lebensraum der meisten Menschen des Mittelalters nicht die Stadt, sondern das Dorf. Waren die Dörfer des Frühmittelalters nur kleine Siedlungsinseln inmitten von dichten Wäldern gewesen, so kamen sich die Gemarkungen im 13. Jahrhundert schon bis auf wenige Kilometer nahe. Doch hatte kaum je ein Bauer die Möglichkeit, auf Reisen zu gehen. Seine Lebenswelt blieb meist auf seinen Heimatort und die umliegenden Siedlungen und Märkte beschränkt. Das Reisen war das Metier von Händlern und Kaufleuten, von Pilgern und dem König mitsamt seinem Hof. Und es war beschwerlich genug, auf engen, morastigen Pfaden durch unwegsames Gelände zu reiten, zu gehen oder schwer beladene Karren zu ziehen.

So hatten die einfachen Menschen auch wenig Vorstellung davon, in welchem Jahr sie lebten, selten genug kannten sie ihren eigenen Geburtstag. Chronologie und die philosophisch-theologische Einordnung der Zeitläufte in verschiedene Weltalter waren Sache der Gelehrten. Der einfache Bauer oder Handwerker orientierte sich an den Jahreszeiten, verfolgte den Mondzyklus und den christlichen Festkalender und richtete sich nach dem Lauf der Sonne. Während Mönche schon früh von Wasser-, Sand- und Sonnenuhren mehr oder weniger präzise die Zeit ablesen konnten, wurden Türme von Kirchen und profanen Gebäuden erst seit dem 14. Jahrhundert allmählich mit mechanischen Räderuhren ausgestattet.

Frei und Unfrei

»Es gibt nur Freie und Unfreie«, umschrieb Karl der Große kurz und prägnant die soziale Zusammensetzung der Gesellschaft im Frankenreich. In der Tat waren dies lange Zeit die einzigen Kategorien, in die Menschen eingeteilt wurden und die ihre Rechte und ihren sozialen Status festlegen. Nur

Die exakte Messung der Zeit war lange Zeit Sache der Gelehrten. **Kerzenuhr,** aus dem Automatenbuch des Al Jaziri.

wer frei war, konnte im vollen Umfang über sich und seinen Körper verfügen und beispielsweise auch Reisefreiheit genießen. Jene Freie, die sich aufgrund militärischer Verdienste, ihres Reichtums und Einflusses der besonderen Wertschätzung ihrer Zeitgenossen erfreuten, begannen sich allmählich als »Adlige« von den anderen abzusetzen. Sie waren die »Herren«, besaßen Grund und Boden und übten Herrschaft über andere aus. Ihr herausgehobener Rang und die damit erworbenen Privilegien konnten lange Zeit allein durch Vererbung erworben werden.

Unterhalb der Schicht der Freien befanden sich die Unfreien. Eine allgemeine Definition des Begriffs »Unfreiheit« scheitert an ihren vielfältigen und außerordentlich differenzierten Formen, in denen sie im Mittelalter begegnet. Sie bezeichnete in der Regel einen Hörigen, der einem Grundherrn unterstellt war. Im Frühmittelalter konnte »unfrei« aber auch einen Sklaven meinen, der beispielsweise vor Gericht nicht mehr als Person galt. Welche Form der Abhängigkeit zu seinem Herrn ein Unfreier besaß, hing also tatsächlich vom Einzelfall ab.

Aus dem Status der Freiheit oder Unfreiheit lassen sich indes keine konkreten Rückschlüsse auf den Reichtum einer Person ziehen. Ein Freier konnte über 50 Hofstellen mit Höfen, Vieh und Ländereien verfügen, während viele Hörige als Knechte und Tagelöhner auf einem Fronhof arbeiteten. Umgekehrt bewirtschaftete so mancher Unfreie gegen Abgaben und Frondienst mehrere Höfe selbständig und war wirtschaftlich besser gestellt als ein Freier, der auf einer oder zwei Hofstellen ein karges Dasein fristete.

Gewinner und Verlierer kannte auch das Mittelalter, und so begannen sich bereits im 9. Jahrhundert die beiden Schichten zu durchdringen. Unfreiheit im Dienst eines mächtigen adligen Herrn oder eines Klosters war für viele wirtschaftlich schlechter gestellte Freie eine bisweilen nicht eben unattraktive Lebensform. Zwar hatte der Unfreie für seinen Herrn Abgaben zu erbringen und an bestimmten Tagen seine Arbeitskraft zur Verfügung zu stellen (*Frondienst*). Dafür stand er unter dem Schutz seines Herrn, der, an seiner statt, auch den kostspieligen und langwierigen Kriegsdienst übernahm. Besonders tüchtige Unfreie am Hof des Königs oder eines anderen mächtigen weltlichen oder geistlichen Herrn konnten überdies in ungeahnte Höhen aufsteigen. Dank ihres loyalen Dienstes wurden sie seit dem 11. Jahrhundert bevorzugt zur Verwaltung großer und wichtiger Güter, aber auch zum Dienst als gepanzerte Reiterkrieger herangezogen. Es begann der Aufstieg der Ministerialen, die die ritterliche Kultur des 12. Jahrhunderts ganz entscheidend prägen und in der Zeit Kaiser Heinrichs VI. auch die höchsten Spitzen des Reichsregiments erklimmen sollten. Dem Unmut der Adligen zum Trotz wurde die Standes-

»Du bete demütig, du beschütze uns und du arbeite«: Christus und die drei Stände.

kluft zwischen ihnen und der unfreien Ministerialität immer kleiner. Diese galt schon im 12. Jahrhundert als »so vornehm und kriegerisch, dass sie ohne Zweifel mit dem Stand der Freien verglichen werden könne«, vermerkt eine Chronik der Zeit. Erst seit dem 13. Jahrhundert gab es für einen Ministerialen die Möglichkeit, aufgrund seiner Verdienste seine ständischen Beschränkungen abzustreifen und in den Rang eines Adligen aufzusteigen. Ganz verschwand der Makel der Unfreiheit freilich selten, noch im 16. Jahrhundert heißt es von einer einstmaligen Ministerialenfamilie, sie habe sich unter den Adel gemischt »wie der meusdreck under den pfeffer«.

Eine von Gott gewollte Ordnung: Die drei Stände

Verarmte Freie und reiche und einflussreiche Unfreie sowie Ministerialen, die mehr Ansehen besaßen als so mancher Adlige waren schon im 10. und 11. Jahrhundert nichts Ungewöhnliches mehr. Die Unterscheidung von Menschen in frei oder unfrei wurde deshalb aufgrund der immer tiefer gehenden Vermengung der beiden Schichten obsolet. Menschen unterschied man nun nach dem, was sie taten: Entweder war ein Mann ein Ritter *(miles)* oder ein Bauer *(rusticus)*, egal ob er freier oder unfreier Herkunft war. Die soziale Wirklichkeit wurde nun also in ein Schema gegossen, das jedem seinen Platz in der von Gott eingerichteten Ordnung der Welt zuwies. »Dreigeteilt ist also das Haus Gottes, das man für ein einziges hält. Die einen beten, andere kämpfen und wieder andere arbeiten. Diese drei sind eins, und eine Spaltung ertragen sie nicht. Durch das Wirken des einen funktionieren die beiden anderen, sie unterstützen sich alle in gegenseitigem Wechsel«, umschrieb Bischof Adalbero von Laon die Dreiteilung der mittelalterlichen Gesellschaft. Zum Stand der Kämpfenden zählten sich Adlige und Ministeriale gleichermaßen, den Stand der Betenden bildeten Mönche und Kleriker. Sie alle wurden ernährt vom dritten Stand, der großen Schar der Bauern, Knechte, Tagelöhner und Handwerker.

Dem Bild des harmonischen Zusammenwirkens der drei Stände zum Trotz wuchsen aus der Dreiteilung der mittelalterlichen Gesellschaft schnell Standesgrenzen empor, die allerdings einen sozialen Aufstieg nicht ausschlossen. Die Zugehörigkeit zu einem bestimmten Stand musste durch standesgemäßes Verhalten sichtbar gemacht werden. Kleider- und Luxusverordnungen sollten verhindern, dass sich jemand über seinen Stand erhob. Sozialkritik an der Herrschsucht des Adels und dem Streben der Bauern nach Höherem wurde auch häufig literarisch verarbeitet. »Der Bauer möchte sein ein Knecht, dünkt etwa ihn sein Leben schlecht, der Knecht wär' gerne Bauer, dünkt ihn sein Leben sauer. Der Pfaff wollt' gern als Ritter wesen, verdrießt es ihn, sein Buch zu lesen, sehr gern der Ritter Pfaffe wär', wirft aus dem Sattel ihn der Speer«, spottete Thomasin von Zerklaere über des Menschen Streben nach Veränderung.

Infolge der Abgrenzung der Gruppe der Kämpfenden nach unten und der allmählichen Herausbildung eines eigenen Ritterstandes seit dem 13. Jahrhundert, setzte sich die Vorstellung der Dreiteilung der Gesellschaft in Klerus, Adel und Bauern durch, die bis weit in die Neuzeit lebendig blieb. Das städtische Bürgertum oder die Gelehrten waren in diesem Ständemodell nicht berücksichtigt. Auch Ranggefälle und feine soziale Abstufungen innerhalb eines Standes mit vielfachen Möglichkeiten des Auf- und Abstiegs fanden in dieser Dreiteilung keinen Platz. Dies zeigt, dass die soziale Wirklichkeit des Mittelalters sich mitunter deutlich von einem auf den ersten Blick statischen Ordnungsmodell unterschied.

Familie und Ehe

Egal welchen Standes ein Mensch war, er gehörte einer Familie an. Der Begriff *familia* ist im Mittelalter weiter gefasst als heute und bezeichnet die Gemeinschaft aller in einem Haushalt lebenden Menschen. Ein solcher Haushalt bestand in der Regel aus einer Kernfamilie mit Eheleuten, Kindern und möglicherweise deren Großeltern und anderen Verwandten. Zum Haus und damit zur *familia* gehörten aber auch das Gesinde oder Gäste. Einen besonderen Platz nahmen die Verstorbenen ein, die auch nach dem Tod in der Gemeinschaft der Lebenden stets präsent blieben. Ihrer zu gedenken durfte nicht vernachlässigt werden. Einflussreiche Adelsfamilien pflegten diese *memoria* besonders aufwändig, indem sie umfangreiche Stiftungen tätigten oder eigene Klöster als Familiengrablegen gründeten, wo für das Seelenheil der Verstorbenen besonders gebetet wurde.

Aufgrund der geringen Lebenserwartung war ein Drei-Generationen-Haushalt im Mittelalter eher die Ausnahme. Eine durchschnittliche Kernfamilie umfasste, sofern man die hohe Kindersterblichkeit berücksichtigt, etwa 5–6 Personen. In der Hausgemeinschaft besaß der Familienvater die uneingeschränkte Schutzgewalt *(munt)* über alle dort lebenden Personen. Außerhalb der Hausgemeinschaft stellte die Großfamilie *(Sippe)*, die auch die angeheiratete Verwandtschaft sowie einen Kreis von Freunden und Getreuen umfasste, einen wichtigen Schutz- und Hilfsverband dar. Den Verlust der Sicherheit und Zugehörigkeit, den Hausgemeinschaft und Sippe boten, erfuhr derjenige, über den die Strafe der Acht verhängt wurde. Der Geächtete wurde aus dem Friede- und Rechtsverband seiner Dorfgemeinschaft, aus Sippe und Familie ausgestoßen und musste fortan ein schutzloses Dasein außerhalb von Heimat und Gesellschaft fristen. Die Grundlage für die Familie bildete die Ehe. Mit der Eheschließung ging die Frau aus der *munt* ihres nächsten männlichen Verwandten, ihres Vaters, Onkels oder Bruders in die *munt* ihres Ehemannes über. Erst nach der Einführung kirchenrechtlicher Bestimmungen, die auch die Einwilligung der Braut forderten, wurde die Ehe tatsächlich zwischen den Eheleuten geschlossen und

war kein rein weltliches Geschäft zwischen zwei Sippen mehr. Das durchschnittliche Heiratsalter betrug beim Mann etwa 25 Jahre, bei der Frau 15 Jahre. Nach Kirchenrecht lag das Mindestalter bei 12 Jahren für die Frau und bei 16 Jahren für den Mann. Nach der Werbung und Verlobung und noch bevor die Ehe geschlossen wurde, erhielt die Braut von ihrem zukünftigen Mann das Witwengut *(wittum)*, das ihre Versorgung im Todesfall ihres Mannes sicherstellen sollte. Nach der Trauung vor Zeugen zogen die Brautleute schließlich zum Haus des Mannes. Die »Beschreitung« des Ehebettes vor den Augen der Verwandten bildete dann den symbolischen Abschluss der Zeremonie der Eheschließung. Dass das »Recht der ersten Nacht« *(ius primae noctis)*, das das Recht des Herrn auf den ersten Geschlechtsverkehr mit einer jungvermählten Hörigen bezeichnet, jemals tatsächlich praktiziert wurde, ist kein einziges Mal belegt. Dieses zweifelhafte Privileg gehört fraglos in das Reich der Legende.

Besonders die kirchlichen Bestimmungen schnürten die Ehe in ein enges Korsett aus Vorschriften. Die Kirche regelte, bis zu welchem Verwandtschaftsgrad eine Eheschließung gültig war, belegte Ehebruch mit Strafe

Häusliche Szene: Die Frau am Spinnrad, der Mann wärmt sich die Füße am Feuer. Aus dem Stundenbuch des Charles d´Angulême.

FEUDALISMUS UND LEHNSWESEN

Die Gesellschaftsform des Mittelalters wurde lange Zeit als »feudal« (*feudum* = Lehen) bezeichnet. Das Schema war einfach: Ein adliger Grundherr verfügt über Land, von dem unfreie Bauern gegen Abgaben und Frondienst leben. Er selbst hat das Land als Lehen von seinem Lehnsherrn erhalten, welcher zu Schutz und Unterhalt seines Lehnsnehmers *(Vasall)* verpflichtet war. Beide, Lehnsherr und Vasall, schulden sich gegenseitig Treue, Rat und Hilfe. Der Lehnsherr wiederum ist selbst Vasall eines höher stehenden Adligen. Diese Kette lässt sich bis zum König als dem obersten Lehnsherrn im Reich fortsetzen. Dem Modell zufolge war die mittelalterliche Gesellschaft ein durch das Lehnswesen hierarchischer auf den König ausgerichteter Personenverband. Durch neuere Forschungen ist diese »Lehnspyramide« jedoch beträchtlich ins Wanken geraten. Das Modell missachtet die große Dynamik, mit der sich die Gesellschaft vom 9. Jahrhundert bis ins Spätmittelalter verändert hat.

Szene einer Belehnung. Herzog Ernst von Bayern erhält ein Lehen aus den Händen Kaiser Sigismunds.

Lehnsrechtliche Bindungen waren daher nicht zu allen Zeiten gleich stark ausgeprägt und besaßen nicht immer dieselbe Relevanz für politisches Handeln. Im Karolingerreich des 9. Jahrhunderts sind zwar bereits einige Vasallen nachweisbar, die auch mit Lehen ausgestattet waren, doch war das Lehnswesen zwar eine wichtige, aber sicherlich nicht die entscheidende Stütze der Königsherrschaft. Von einer Feudalisierung der Reichsverfassung lässt sich in der Tat erst seit dem späten 12. Jahrhundert sprechen. Vorher waren es Freundschaftsbündnisse *(amicitiae)*, verwandtschaftliche, nachbarschaftliche und geistig-religiöse Bindungen, die das politische Handeln von Adligen in weit höherem Maße bestimmen konnten als mögliche Lehnsverpflichtungen. Die eigentliche Blütezeit des Lehnswesens war deshalb das Spätmittelalter. Im Sachsenspiegel wurde bereits zwischen 1220 und 1235 erstmals versucht, alle Formen der lehnsrechtlichen Bindungen in Wort und Bild normativ darzulegen. Detaillierte Lehnsurkunden und umfangreiche Quellen zur Belehnungspraxis zeigen, dass das Lehnswesen keinesfalls dem Verfall entgegen schritt, sondern sowohl für den König als auch für die Territorialfürsten ein bedeutendes Instrumentarium war, die eigene Herrschaft auszubauen.

und reglementierte das »wann«, »wie« und »wie oft« des Geschlechtsverkehrs. Obgleich der Bibel zufolge Mann und Frau in der Ehe gleich gestellt waren, stand die Frau doch in der *munt* ihres Mannes und war ihm gegenüber rechtlich erheblich benachteiligt.

Die Stellung der Frau

Im Sachsenspiegel des frühen 13. Jahrhunderts ist in der Tat vermerkt, dass Frauen nur die Hälfte ihrer Männer wert waren: »Jede Frau hat das halbe Wergeld und die halbe Buße wie ihr Gatte. Der Mann ist auch Vormund seiner Frau. Nach des Mannes Tode ist sie ledig von ihrem Recht, das der Mann über sie hat.« Die Benachteiligung der Frau im Mittelalter wurde indes von den Zeitgenossinnen nicht als Diskriminierung, sondern als natürlich empfunden. Frauen schrieb man im Gegensatz zur männlichen Härte und Tüchtigkeit eher Weichheit, Schwäche, aber auch Zärtlichkeit zu. Diese Unterscheidung der Geschlechter wurde als gottgegeben angesehen und zu keinem Zeitpunkt in Frage gestellt. Doch war der Wirkungsbereich der Frau weder klein noch unbedeutend. Auch wenn der Mann die *munt* über die gesamte *familia* innehatte, so war es die Frau, der alle häuslichen Tätigkeiten, Kindererziehung, Krankenpflege und Sorge um das Vieh oblagen. Ehefrauen eines reicheren Grundherrn oder Bürgersgattinnen verrichteten Arbeiten wie Feuer machen und Wasser holen zwar nicht mehr selber, hatten aber das Werk des Gesindes zu überwachen. Haus und Hof waren also die Sphäre der Frau, in der sie recht eigenständig und verantwortungsvoll waltete. Eine besondere soziale Stellung genossen Frauen an der Seite der Könige. Gerade in ottonisch-frühsalischer Zeit besaßen die Königinnen den Rang wichtiger politischer Beraterinnen ihrer Männer. »Teilhaberin an der Königsherrschaft«, nannte etwa Otto I. seine Gemahlin Adelheid.

Auch wenn die Frau sich beispielsweise nicht alleine vor Gericht vertreten durfte, über ihr Witwengut nur zu Teilen selbst bestimmen konnte und aus vielen Bereichen des öffentlichen Lebens ausgeschlossen war, genoss sie die allgemein hohe Achtung und Wertschätzung der Männer. Schon die Volksrechte drohten demjenigen empfindliche Strafen an, der einer Frau zu nahe trat. Eine freie Frau nur am Ellbogen zu berühren, wurde nach alemannischem Recht mit 35 Schilling geahndet. War die Frau verheiratet, fiel die Strafe entsprechend höher aus. Vor allem der Minnesang überhöhte die höfische Dame (*frouwe*) zu einem unerreichbaren Geschöpf voller Schönheit und Anmut. Aber nur in der Dichtung erhielt die verheiratete Frau die Möglichkeit, ungestraft dem Liebeswerben eines Ritters nachzugeben.

Kindheit und Jugend

Auch wenn die höfische Literatur des 12. und 13. Jahrhunderts nicht müde wurde, die Liebe zwischen Mann und Frau in herrlichen Versen zu besingen, so war gegenseitige Zuneigung in vielen Fällen nicht der Beweggrund für eine Ehe. Diese solle sich erst als Folge der Eheschließung entwickeln, lautete die Vorstellung der Kirche. So dienten viele Ehen des Mittelalters vornehmlich der Hervorbringung von Nachwuchs.

Für eine Frau waren Schwangerschaft und Geburt die höchsten Risiken, die sie in ihrem Leben einging. Frauen konnten damit rechnen, 40 bis 44 Jahre alt zu werden. Damit hatten sie eine geringere Lebenserwartung als viele Männer, die in den Krieg zogen. Etwa vier Kinder brachte eine Frau im Mittelalter im Durchschnitt auf die Welt. Viele davon überlebten das erste Lebensjahr nicht, die meisten von ihnen starben bereits in den ersten Lebenstagen. Auf einigen mittelalterlichen Friedhöfen weisen bis zu 50 Prozent der Gräber Skelette von Kindern unter sieben Jahren auf, wobei mit einer erheblich höheren Zahl durch Fehl- und Frühgeburten gerechnet werden muss.

Die hohe Kindersterblichkeit hat zu der Annahme geführt, mittelalterliche Eltern hätten ihren Kindern wenig Liebe entgegengebracht. Schriftzeugnisse voller Trauer und Denkmäler für verstorbene Kinder beweisen zweifellos das Gegenteil. Kinder galten auch nicht als »kleine Erwachsene«,

Kinder beim Ritterpuppenspiel. Herrad von Landsberg, Hortus deliciarum

sondern man sah im Kind ein ganz eigenes Wesen, gleich einer »unbeschriebenen Tafel«, die »formbar war wie weiches Wachs«. Gespielt wurde mit Puppen, Bällen, Reifen oder Steckenpferden. Auch Kinderlieder, Fang- und Versteckspiele gehörten schon im Mittelalter zum kindlichen Zeitvertreib. Jedoch endete die Kindheit *(infantia)* früher als heute. Mit dem Beginn des siebten Lebensjahres begann das »Knabenalter« *(pueritia)*. Adlige Kinder begannen ab diesem Zeitpunkt entweder mit ihrer Ausbildung im Reiten und Schwertkampf oder wurden einem Kloster übertragen. Auch die Mädchen wurden häufig in Damenstiften erzogen. Ihnen galt es, den Umgang mit Sticknadel und Spinnrad beizubringen. Im Bereich des bäuerlichen Lebens wurden Kinder bereits ab diesem Alter zur häuslichen Mithilfe herangezogen.

Etwa um das 15. Lebensjahr wurde die Jugendzeit *(adolescentia)* erreicht. Sie ist gleichzusetzen mit dem Eintritt ins Erwachsenenalter. Für Bauern und Handwerker begann das normale Arbeitsleben, während junge männliche Adlige als Zeichen ihrer Mündigkeit mit dem Schwert umgürtet wurden. An die Jugendzeit schloss sich das »Alter der jungen Männer« *(iuventus)* an, dem das »Alter der würdigen Männer« *(gravitas)* und schließlich das Greisenalter *(senectus)* folgten. Über Letztere ist aus dem Mittelalter relativ wenig überliefert, denn viele Menschen, sofern sie die Kindheit überlebt hatten, wurden kaum älter als 45 Jahre. Wer aber ein hohes Alter erreichte, dem sprach man Reife, Wissen und eine große Autorität zu.

Burgen, Ritter und höfisches Leben

Glänzende Rüstungen, schnaubende Pferde, der tapfere Recke hoch zu Ross, der seinen Gegner im Zweikampf in den Staub wirft: Fraglos rankt sich um die Welt der Ritter eine Vielzahl romantisch-verklärter Mittelalter-Sehnsüchte. Doch bereits in der Vergangenheit machte die Aura von Schwertergeklirr und Waffenruhm den Ritter für Menschen niederen Standes zu einer beinahe überirdischen Erscheinung. Ehrfurchtsvoll sank der junge Parzival auf die Knie, als er das erste Mal einen bewaffneten Reiter in seiner gleißenden Rüstung sah. Stammelnd stellte er die Frage, die auch heute noch einiger Klärung bedarf: »Du nennst dich Ritter, was ist das?«

Was ist ein Ritter?
Die Suche nach dem Ursprung des Rittertums führt zurück in die adlige Welt der Zeit Karls des Großen. Waren die merowingischen und karolingischen Herrscher ursprünglich mit einem aus Freien zusammengesetzten

Fußheer in den Kampf gezogen, wandelte sich die Heeresstruktur seit dem 8. und 9. Jahrhundert einschneidend: Ins Zentrum des Heeresaufgebotes rückten immer mehr schwer bewaffnete Reiterkrieger auf eigens gezüchteten Schlachtrössern. Rüstung und Pferd waren teuer: Den Gegenwert von 45 Kühen und 12 Ackerpferden hatte ein Krieger für Ross und Schutzpanzer zu berappen. Viele Freie waren nicht mehr in der Lage, diese hohen Kosten aufzubringen und begaben sich daher freiwillig als Hörige in die Unfreiheit adliger Grundbesitzer, um dem Kriegsdienst zu entfliehen. Der hohe materielle Aufwand und die Ausbildung, die vonnöten war, den Umgang mit Pferd und Ausrüstung zu erlernen, führten zu einer Professionalisierung der Krieger. Diese rekrutierten sich bald ausschließlich aus der Schicht der adligen Grundbesitzer. Sie bildeten den Stand der Kämpfenden im Sozialmodell des Adalbero von Laon. Der Rest der vor allem bäuerlichen Bevölkerung blieb weiter der Scholle verhaftet und sorgte für den Lebensunterhalt der anderen Stände. Die noble Aufgabe des berittenen Kriegers, mit dem Schwert für den Schutz der Kirche und des Reiches einzutreten, förderte sein adliges Standesbewusstsein und gab seiner Lebensweise entscheidende Legitimation. Seit dem 11. Jahrhundert wurden daneben immer mehr treue und erprobte Hörige von ihren Herren zur Güterverwaltung und zum Kriegsdienst als gepanzerte Reiter herangezogen und der Anspruch des Adels als einziger zum Kriegsdienst berufenen Klasse damit deutlich aufgeweicht. Ihrer Unfreiheit zum Trotz waren diese Ministerialen mit großzügigen Dienstlehen ausgestattet und ließen sich ihre Rechte in einem eigenen Dienstrecht verbriefen. Schnell gelangten sie auf diese Weise zu erstaunlichem Wohlstand. Und bald waren sie es, die den Großteil der bewaffneten Reiter in den Heeren des Königs und der Herzöge stellten, und allerorts waren Burgen, die der Verwaltung eines Territoriums dienten, mit Dienstleuten besetzt.

Adel und Ministeriale stellten also den sozialen Kern dessen dar, was als Rittertum bezeichnet wird. »Nun sieh, wie ich bewaffnet bin, ich bin ein Ritter!«, heißt es im »Iwein« des Hartmann von Aue. Doch ganz so einfach war es dann doch nicht. Zu den höfischen Rittern des Hochmittelalters wurden die Angehörigen dieser Gruppe erst durch die Verinnerlichung und Zurschaustellung eines eigenen christlichen Ritterethos. Zu den Geboten eines Ritters gehörte nicht nur die Treue des Vasallen gegenüber dem Herrn, »sondern zum Wohl der Allgemeinheit bis zum Tode zu kämpfen, Schismatiker und Ketzer zu bekriegen, [und] Arme, Witwen und Waisen zu verteidigen«, lehrt uns der Bischof Bonizo von Sutri. Ein Ritter, um Parzivals Frage vereinfachend zu beantworten, war also ein Panzerreiter, der sich als ein Krieger Christi *(miles christianus)* den Idealen des Christentums verschrieben hatte. Zum Leitbild des hochmittelalterlichen Rittertums entwickelte sich daneben auch die sprichwörtliche »Höfischkeit« *(curialitas)*, die sich an den großen Höfen der europäischen Könige und Fürsten im 12. Jahrhundert zu entfalten begann.

Höfisches Leben

Das Treiben an den Höfen der Fürsten und des Königs war bunt. Die Ritter, die ihnen aus allen Richtungen zuströmten, trafen dort auf die unterschiedlichsten Personengruppen. Am Hof tummelten sich neben der Familie des Hofherrn die Pagen und Knappen, die dort den Umgang mit Schwert und Lanze erlernen sollten, außerdem Schreiber und Gelehrte zumeist geistlichen Standes sowie Bedienstete aller Art. Der Hof war aber nicht nur attraktiv für diejenigen, die bereits etwas vorzuweisen hatten und sich im Glanz ihrer Errungenschaften und der Bewunderung der anderen sonnen wollten. Für die, die sich im Dienst eines fürstlichen Herrn eine Verbesserung ihres Lebensstandards erhofften, war der Hof Dreh- und Angelpunkt ihrer Sehnsüchte.

Das vielfältige Miteinander brachte ständig neue Formen der Unterhaltung hervor. Neben neuen Spielen und Tänzen hielten immer extravagantere Formen der höfischen Kleidermode Einzug in den geselligen Kreis der

Goslar gehörte zu den Pfalzen im Reich, an denen sich der Königshof im Hochmittelalter bevorzugt aufhielt und ein besonders prächtiges höfisches Leben entfaltete.

Vergnügungssüchtigen. Hatte die Oberschicht im 11. Jahrhundert noch weite, fast sackartige Obergewänder getragen, so bekannte man sich seit dem 12. Jahrhundert zu sehr engen, körperbetonten Schnitten. Kleiderschleppen, überlange Ärmel und seit dem 14. Jahrhundert auch Schnabelschuhe gehörten zu den Accessoires, mit denen sich Herr und Dame gerne schmückten.

Doch das Zusammenleben auf dem engen Raum einer Burg forderte Benimmregeln. Die »Höflichkeit« war geboren. Diese betraf unter anderem den Benimm bei Tisch. »Stecke nicht ein so großes Stück in deinen Mund, dass die Krumen rechts und links herausfallen«, heißt es in einer der vielen Tischordnungen der Zeit. Weiter liest man: »Schnäuze nicht in das Tischtuch, benutze den Ärmel« und: »Ziehe vor dem Essen frische Kleider an, damit kein Ungeziefer auf den Tisch kommt«. Auch die altbekannte Ermahnung, nicht mit vollem Mund zu sprechen, hat ihren Ursprung in jenen Tagen, ebenso wie das Gebot, nicht zu nahe an die Tischnachbarin heranzurücken.

Die *minne*

Letzteres berührt eine der wichtigsten höfischen Tugenden, nämlich den respektvollen Umgang mit der höfischen Dame, der *frouwe*, der im Liebeswerben des Ritters (*minne*) seinen höchsten Ausdruck fand. Erst die Anwesenheit der Damen machte aus einem plumpen Haudegen einen echten Ritter. Wollte er um eine Dame werben, so nutzten ihm Schwert und Kampferfahrung wenig. Vielmehr öffneten geschliffenes Benehmen, ein ansprechendes Äußeres und die richtigen Worte die Tür zum Herzen der Angebeteten.

Ein Ritter bemühte sich, die edle Dame durch seine Tugenden wie Beständigkeit und Zuverlässigkeit (*staete*), edle Gesinnung (*hôher muot*), Maßhalten (*mâze*), Treue (*triuwe*) und Freigebigkeit (*milte*) für sich zu gewinnen. Wie in einem Lehnsverhältnis wurde

Eleonore von Aquitanien war der Inbegriff der höfischen Dame. Sie war Gattin König Ludwigs VII. von Frankreich und Heinrichs II. von England. Grabmal, Anfang 13. Jh., Abteikirche Notre-Dame-de-Fontevraud.

Ritter im Kampf. Buchmalerei um 1170, aus Herrad von Landsberg, Hortus deliciarum.

die *frouwe* zur Minneherrin, der Mann zum *eigen man*. Die *hôhe minne* erlaubte die völlige Umkehr der realen sozialen Verhältnisse, in der auch die Edeldame zu jeder Zeit ihrem Mann unterworfen war. Zwischen Ritter und *frouwe* entspann sich nun ein subtiles Spiel des wiederholten Werbens und Zurückweisens. Erst die Hoffnung des Mannes auf den verheißenen Liebeslohn ließ ihn zum gefeierten Helden auf dem Schlachtfeld werden. »Der Mann findet durch seine Geliebte zur Tapferkeit, die Vortrefflichkeit der Frauen gibt dem Mann den hohen Mut«, ist im »Willehalm« des Wolfram von Eschenbach zu lesen. Der *Minnesang* und die höfische Dichtung des 12. und 13. Jahrhunderts sind die literarischen Früchte aus dieser Hochzeit der höfischen Kultur. Begeistert lauschte das ritterliche Publikum den Liedern, die fahrende Sänger wie der Kürnberger oder Walther von der Vogelweide über das Glück und Leid der höfischen Liebe zum Besten gaben. Und atemlos verfolgten sie die Abenteuer der Artusritter Erec und Iwein, bewunderten den Helden Siegfried und beklagten den tragischen Untergang der Nibelungen. Im höfischen Turnier, stets einem wichtigen gesellschaftlichen Ereignis, bekamen sie sodann selbst Gelegenheit, es den tapferen Recken nachzutun und sich im Gruppengefecht *(buhurt)* oder Zweikampf *(tjost)* mit anderen Rittern zu messen und von der Dame des Herzens einen Gunstbeweis zu erheischen.

> Aus dem »Parzival« des **Wolfram von Eschenbach:** »Ihr werdet oft die Rüstung tragen; wenn Ihr sie ausgezogen habt, dann müsst Ihr hinterher gewaschen sein unter den Augen und an den Händen – das müsst Ihr tun, um Dreck und Rost vom Eisen loszuwerden. Dann nämlich werdet ihr wieder höfisch schön: Die Augen der Frauen haben darauf Acht.«

Die Realität sah oft anders aus. Schon im 12. Jahrhundert kritisierte man Ritter, die das Hofleben feist und träge gemacht hatte. »Wenn unsere heutigen Ritter einen Feldzug unternehmen, werden die Pferde nicht mit

Waffen, sondern mit Wein beladen, nicht mit Lanzen, sondern mit Käse, nicht mit Speeren, sondern mit Bratspießen«, wetterte der englische Hofkleriker Peter von Blois über die Verweichlichung der trägen Recken. Peter hatte tiefe Einblicke in das Leben am Hof König Heinrichs II. von England gesammelt und seine Empörung und Abscheu über die dort herrschenden hygienischen Verhältnisse, über Intrigen und Bestechungen der Nachwelt hinterlassen. Letztlich also blieben höfische Kultur und das Ideal des Minneritters ein schöner Schein, an dem sich die deutlich grauere Realität zu messen hatte.

Burgen im Mittelalter

Zwar kannte man schon in karolingischer Zeit befestigte Wehranlagen aus Holz, die der Bevölkerung im Notfall Schutz gewähren konnten. Die adligen Grundherren aber lebten bis ins 11. Jahrhundert auf großen Höfen auf dem Land. Mit den großen sozialen Veränderungen dieser Zeit und der Etablierung einer neuen Gruppe der Kämpfenden begannen sich viele Herren nun immer mehr von den Beherrschten abzuheben. Wer es sich leisten konnte, verließ die Täler und baute sich Burgen auf Hügeln und Anhöhen, von denen aus er über Land und Leute wachte. Die Ministerialen taten es den Adligen nach. Zur Verwaltung ihrer Dienstlehen schütteten sie Erdhügel auf oder nutzten die natürliche Topografie und errichteten auf einer An-

oben: Walther von der Vogelweide war nicht nur der Autor politischer Sangsprüche, sondern auch vieler Minnelieder. Große Heidelberger Liederhandschrift (Codex Manesse). Heidelberg, Universitätsbibliothek.

unten: Ritter beim höfischen Turnier. Große Heidelberger Liederhandschrift (Codex Manesse). Heidelberg, Universitätsbibliothek.

höhe einen hölzernen, befestigten Wohnturm. Dieser recht einfache und vergleichsweise schnell zu errichtende Burgentyp der Motte (*motte* = Erdhügel) wurde jedoch relativ bald durch Wohntürme aus Stein ersetzt, die Feuersbrünsten und Belagerungsgerät wesentlich besser standhalten konnten. Aus ihnen entwickelten sich die massiven Steinburgen. Im römisch-deutschen Reich wurden allein im 12. und 13. Jahrhundert auf Bergsporen, steilen Hängen, aber auch in der Ebene etwa 15.000 Burgen errichtet. Die mächtigen Wehrbauten dienten zwar als Festung sowie gleichermaßen der Zurschaustellung adligen Herrschaftsanspruches und ritterlichen Selbstverständnisses, behaglich aber war es in ihnen nicht.

Allen Burgen gemeinsam ist eine Anlage, die einen potenziellen Angreifer abwehren sollte. Schon im Vorfeld der Burg sollten tiefe Gräben, dorniges Gestrüpp oder zugespitzte Pfähle (*Spanische Reiter*) unliebsame Eindringlinge abhalten. Viele Burgen waren durch einen dicke Mauerring gesichert, in den mehrere Mauertürme integriert sein konnten. Auf der Mauer verliefen hölzerne Wehrgänge mit zusätzlichen Verteidigungsanlagen. Der einzige Zugang zur Burg erfolgte über wohl durchdachte Toranlagen, die verschiedentlich mit Fallgattern oder Zugbrücken gesichert waren.

> **Ulrich von Hutten** über seinen mühevollen Alltag auf der Burg im 15. Jahrhundert: »Sie ist von Mauern und Gräbern umgeben, innen von bedrückender Enge, voll gestopft mit Stallungen für Vieh und Pferde. Reiter kommen und gehen, darunter Räuber, Diebe und Wegelagerer. Jeder Tag bringt Sorge und Plage, ständige Unruhe und dauernden Betrieb. Äcker müssen gepflügt und umgegraben werden, Weinberge müssen bearbeitet, Bäume gepflanzt, Wiesen bewässert werden; man muss eggen, säen, düngen, ernten und dreschen.«

Der *Bergfried* war der Hauptturm der Burg, der sich massiv über alle anderen Gebäude erhob. Der eigentliche Wohnbereich war der *Palas*, das Hauptgebäude der Burg. Über den Wirtschafts- und Vorratsräumen im Erdgeschoss befand sich der Rittersaal, in dem sich das soziale Leben abspielte, Bankette abgehalten und Feste gefeiert wurden. Der *Palas* beherbergte schließlich die *Kemenaten*, die oft einzigen beheizbaren Räume auf der Burg, in denen meist die Schlafgemächer der Frauen untergebracht waren. Reiche Burgherren konnten es sich leisten, Wert auf eine prächtige Innenausstattung zu legen. Doch selbst auf Burgen, deren Fenster bei schlechter Witterung nicht nur mit Holzläden, sondern auch mit Pergament oder sogar Butzenscheiben verschlossen wurden, und die den Luxus von Glutpfannen und Kachelöfen kannten, war es im Winter kalt, feucht und zugig. Die Beleuchtung war aufwändig und kostspielig. Kerzen aus Rindernierenfett oder Hammeltalg wurden in Kron-, Wand-, oder Standleuchter gesteckt. Baden konnte die Familie des Burgherrn in Badezubern, die in die Kemenaten getragen wurden, oder sogar in beheizbaren Badestuben. Die Notdurft allerdings musste draußen verrichtet werden. Entweder verfügte die Burg über Aborterker an den Außenmauern oder Jauchegruben mit darüber errichteten Toilettentürmen.

Doch trotz aller fehlenden Behaglichkeit, trotz aller Enge und schlechter hygienischer Verhältnisse waren die Burg und die Welt der Ritter für viele Knaben – gleich welcher Herkunft – das Ziel ihrer Träume. Einem Bauernjungen jedoch blieb der Aufstieg in den Ritterstand versagt. Nur Sprösslinge adliger Geschlechter oder etablierter Ministerialenfamilien hatten die Chance, einst als Ritter ein höfisches Leben zu führen.

Der Weg zum Ritter

Wer ein Ritter werden wollte, begann seine Ausbildung im Alter von etwa sieben Jahren als Page im Gefolge eines befreundeten Ritters seiner Familie. Als solcher begleitete er seinen Herrn, diente an der Tafel, half beim An- und Ablegen der Rüstung und anderen alltäglichen Verrichtungen. Mit Übungswaffen trainierte er seine Körperkraft, Geschicklichkeit und Ausdauer. Bereits hier zeigte sich, wer überhaupt in der Lage war, einen Kriegszug und eine Schlacht körperlich durchzustehen. Hatte der Page sich bewährt, so wurde er mit etwa 14 Jahren zum Knappen. Nun kämpfte er bereits mit Lanze und Streitkolben und führte einen Schild. Vor allem auf Kriegszügen war es die Aufgabe des Knappen, seinem Ritter mit Leib und Leben zur Seite zu stehen. Jetzt erfuhr der künftige Ritter den Feinschliff in edlem Betragen, lernte die Etikette am Hof kennen und den richtigen Umgang mit der höfischen Gesellschaft,

Auf der Burg Trifels wurden zwischen 1125–1198 nicht nur Reichsschwert, Reichskrone und Zepter des Königs aufbewahrt, in ihr wurde auch der englische König Richard Löwenherz gefangen gehalten.

FEHDE UND KONFLIKT

Jenseits aller Ritterromantik gehört das Bild von brennenden Dörfern und unschuldig leidenden Bauern infolge einer Fehde zu unserer Vorstellung vom finsteren Mittelalter. Dabei war die Fehde ein in der Vergangenheit legitimes Mittel zur Konfliktaustragung. Schon das Frühmittelalter gestand dem Einzelnen das Recht zu, ein Vergehen durch Privatrache an dem Übeltäter zu sühnen. Jede Ehrverletzung, jeder feindliche Übergriff auf Hab und Gut, Leib und Leben eines Ritters galt auch in den folgenden Jahrhunderten als ein massiver Eingriff in die etablierte Ordnung, die durch eine Fehde wieder hergestellt werden sollte. Wie jeder Konflikt unterlag auch die Fehdeführung strengen Regeln: Sie musste ein bis drei Tage vorher durch einen Fehdebrief angekündigt werden, so dass dem Befehdeten Zeit blieb, Bauern und Untertaten zu warnen und seine Burg gegen einen Angriff zu sichern. Gezielt versuchte sodann der Fehdeführer, seinem Gegner einen möglichst großen wirtschaftlichen Schaden zuzufügen. Dies traf vor allem die Bauern: ihre Dörfer wurden niedergebrannt, die Ernte vernichtet, das Vieh vertrieben und sie selbst kamen meist nicht mit dem Leben davon. Ganze Landstriche konnten auf diese Weise entvölkert werden. Dritte versuchten unterdessen bereits, als Vermittler einen Frieden zwischen den beiden Parteien auszuhandeln. Der in einer Fehde Unterlegene hatte dem Sieger einen Fehdeverzicht *(Urfehde)* zu schwören. Die Sühneleistungen, die er dem Geschädigten dabei zu erbringen hatte, wurden ebenfalls durch Vermittler ausgehandelt. Immer häufiger jedoch dienten Fehden nicht mehr allein der Wiedergutmachung erlittenen Unrechts, sondern schlicht dem Macht- und Gewinnstreben einzelner Ritter. Im 11. Jahrhundert war es deshalb zunächst die Kirche, die sich um die Einführung von Fehdeverboten während so genannter »Gottesfrieden« bemühte. Die Recht- und Friedewahrung wurde sodann immer mehr zur wichtigsten Aufgabe des Königs. Die Verkündung von Landfrieden sollte helfen, die vor allem für die ländliche Bevölkerung oft verheerenden Fehden einzudämmen.

Aquamanile (Gießgefäß) in Gestalt eines Ritters, spätes 13. Jh.

vor allem mit den Damen. Nach sechs bis sieben Jahren hatte der Knappe sein Ziel erreicht: in der feierlichen Zeremonie der Schwertleite, die ganz besonders die christliche Dimension des Rittertums unterstrich, erhielt der Knappe, nachdem er einen Eid auf seine Ritterpflichten abgelegt hatte, ein von einem Priester gesegnetes Schwert: »Empfange dieses Schwert, das Dir mit dem Segen Gottes verliehen wird, damit Du stark genug bist, mit der Kraft des Heiligen Geistes allen Deinen Feinden und allen Feinden der heiligen Kirche Gottes zu widerstehen.« Die Schwertleite fand häufig an Heiligenfesten statt und war dem zeremoniellen Ablauf der Königsweihe nachempfunden. Seit dem 13. Jahrhundert entwickelte sich vor allem in Frankreich der Ritterschlag, bei dem der Knappe mit der flachen Hand an Hals oder Schultern berührt wurde. Der Ritterschlag mit der flachen Schwertklinge ist eine spätere Entwicklung.

Das geweihte Schwert war also die wichtigste Waffe nicht nur des christlichen Ritters. Diente es mit seiner langen, zweischneidigen Klinge als Hieb- und Stichwaffe gleichzeitig, so sollte die gut drei Meter lange Lanze den Gegner aus dem Sattel stoßen. Weil gerade die eiserne Lanzenspitze selbst gepanzerten Gegnern ernsthafte Verletzungen zufügen konnte, wurde sie an den besonders langen Turnierlanzen häufig durch eine flache Scheibe ersetzt.

Kleidung und Rüstung des Ritters unterlagen stetem Wandel. Der Ritter des 12. Jahrhunderts schützte seinen Körper zunächst mit dem Kettenhemd, dessen Kapuze auch seinen Kopf und große Teile des Gesichts bedeckte. Darüber trug er einen oval gebogenen Nasalhelm, der besonders die Nase durch einen Eisenkeil schützte. Gegen Ende des 12. Jahrhunderts verbreitete sich der abgeflachte Topfhelm. Dieser bedeckte das Gesicht nun ganz bis auf einige kleine Luftlöcher und schmale Augenschlitze und schützte es daher nahezu vollständig gegen Lanzenstöße und Pfeile. Jetzt begann man auch, immer mehr gefährdete Körperstellen mit separaten Eisenplatten zu schützen. Bis um 1400 entwickelte sich daraus der leichtere Plattenharnisch mit Vollpanzerung. Das Aufkommen von Feuerwaffen machte jedoch Rüstungen aller Art obsolet, drangen doch Kugeln mühelos durch sie hindurch. Die Ritterrüstung verschwand vom Schlachtfeld und diente nur noch als Prunkharnisch im Turnier und in der Waffenkammer.

Wertvollster Besitz des Ritters aber war das Pferd. »O Herrgott, niemals werde ich wie Du eine Eselin besteigen, sondern einfach auf den Bauern reiten, wenn alle Pferde verreckt sind«, soll ein österreichischer Landadliger in ständischem Hochmut ausgerufen haben. Dabei wusste er genau, dass ein Ritter ohne Pferd kein Ritter war. Knochenfunde auf Burgen und

Schlachtfeldern belegen, dass die kräftigen Schlachtrösser nur eine Schulterhöhe von etwa 140 Zentimetern hatten und damit kleiner waren als heutige Kaltblüter. Ein Schlachtross musste stark, ausdauernd und hervorragend trainiert sein, damit es auch im größten Kampfeslärm nicht aus der Ruhe kam. Deshalb war ein solches Pferd bis um das 25-fache teurer als ein gewöhnliches Reitpferd. Neben seinem Schlachtross verfügte der Ritter über mindestens ein Reitpferd und mehrere Packpferde.

Die Kosten für die gesamte Kampfausrüstung überstiegen oft bei weitem das, was die breite Mittel- und Unterschicht der Ritter aufbringen konnten. Vielen weniger Begüterten blieb der Glanz der Feste und Turniere der höfischen Welt verschlossen, während sie auf bescheidenen Burgen oder Landgütern nicht selten ums wirtschaftliche Überleben kämpften. Ihre Sorge galt nicht der neuesten höfischen Mode, sondern den Getreidepreisen und dem Ertrag der Milchkühe. Ihre Lebenswelt kam der der Bauern, über die sie herrschten, nicht selten erstaunlich nahe.

Bauern und Landleben

»Wir sullen den Herrn darumbe dienen, daz sie uns beschirmen. Beschirmen si uns nit, so sind wir inen nicht dienstes schuldig«, beschreibt der Schwabenspiegel des 13. Jahrhunderts das Verhältnis zwischen den Bauern und ihren Herren. Nach der Leitvorstellung der Zeit sollten Bauern und Grundherren in einem Verhältnis auf Gegenseitigkeit leben, das beiden Seiten gleichermaßen Rechte und Pflichten zugestand und auferlegte. »Sie unterstützen sich alle in gegenseitigem Wechsel«, hatte auch Adalbero von Laon das Miteinander der Stände zu beiderseitigem Nutzen und Erhalt propagiert. Doch die historische Realität jenseits von Idealbildern von der christlichen Gesellschaft sah vielerorts ganz anders aus. Zwar waren die Bauern Hörige und keine Sklaven; ihre Grundherren besaßen daher keineswegs eine vollständige Verfügungsgewalt über sie. Dennoch waren die Bauern die Beherrschten und die ritterlichen Ministerialen und Adligen ihre Herren. Träumte so mancher Bauernknecht von der bunten Welt der Ritter, so wusste er gleichzeitig, dass seine Lebenswelt nicht die Burg, sondern das Dorf war.

Dorf, Hof und Bauernhaus

Dörfer konnten im frühen Mittelalter als Gründung eines Herrn um einen Gutshof oder aus dem Zusammenschluss mehrerer Bauernhäuser entstehen. Die meisten von ihnen waren als Haufendörfer unregelmäßig zusam-

Ein mittelalterliches Bauernhaus bestand zumeist nur aus einem Wohnraum, in dem gekocht, gearbeitet und geschlafen wurde.

mengewachsen. Viele Dörfer verdankten ihre Existenz jedoch der intensiven Landerschließung des Hochmittelalters. Vor allem vom 10. bis ins 13. Jahrhundert konnten durch Rodung und Trockenlegung von Sümpfen und Mooren große Flächen neuen Kulturlandes gewonnen werden, auf denen Dörfer nun zumeist an Straßen planvoll angelegt wurden. Die Häuser wurden entweder reihenweise entlang der Straße errichtet (*Straßendorf*) oder um einen freien Platz gruppiert, auf dem man eine Kirche errichtete oder einen Dorfteich anlegte (*Angerdorf*). Das Ackerland (*Flur*) erstreckte sich rings um das Dorf und war in große Feldblöcke (*Gewanne*) eingeteilt, die wiederum in mehrere Streifen untergliedert waren. In jedem *Gewann* besaß ein Bauer einen oder mehrere solcher Streifen. Die rasant wachsende Bevölkerung des hohen Mittelalters bedurfte immer höherer Erträge aus der Landwirtschaft und einer immer intensiveren Nutzung des fruchtbaren Landes. Beides versprach die Praxis der Dreifelderwirtschaft, bei der die Ackerflur gedrittelt wurde: Jeweils zwei Großfelder (*Zelgen*) wurden mit Sommer- und Winterfrucht bebaut, während eines brachlag. Dazu legten die Bauern ihre Anteile an der Flur zur gemeinschaftlichen Bearbeitung zusammen. Der *Flurzwang* verpflichtete sie, zur selben Zeit zu säen und zu ernten oder das Saatfeld einzuzäunen.

Rings um die Ackerflur schloss sich die *Allmende* an, die aus Weideflächen und Wald bestand. Gemeinsam nutzten die Bauern des Dorfes die Weiden für ihr Vieh und den Wald zur Holzgewinnung und Schweinehaltung sowie zum Sammeln von Beeren oder Honig.

Ein Dorf im hohen Mittelalter umfasste meist nicht mehr als 10–12 Höfe mit etwa 70 Einwohnern. Doch sind auch Siedlungen mit mehr als 40 Höfen und 200 Bewohnern bekannt.

Im Frühmittelalter weit verbreitet waren mehrgliedrige Gehöftanlagen, in denen ein Wohnhaus von mehreren Wirtschaftsgebäuden umgeben war. Diese wurden im Hochmittelalter weitgehend vom zweigeteilten Bauernhaus verdrängt, in dem eine Wand den rechteckigen Bau in einen Wohn- und Stallbereich trennte. Hatte man im Frühmittelalter die Pfosten der Häuser noch in den Boden eingegraben, errichtete man im Hochmittelalter Ständerbauten, die auf Fundamentsteinen und Schwellen ruhten und wesentlich beständiger waren als ihre Vorgänger. Die Wände bestanden zumeist aus mit Lehm abgedichtetem Flechtwerk, während das Dach mit Stroh oder Schilf abgedeckt war. Den Boden bildete festgestampfter Lehm, über den Stroh gebreitet wurde.

Unmittelbar an das Haus schloss sich ein Garten an, in dem der Bauer Gemüse ziehen konnte. Das Haus und der Garten waren von einem Zaun aus verflochtenen Holzbrettern oder kreuzweise übereinander gelegten Stangen oder Latten umgeben.

Der Zaun hielt nicht nur unerwünschte Tiere vom Garten fern, er markierte auch den Rechtsbereich eines jeden Hofes. Haus und Hof waren ein Ort der Sicherheit für den mittelalterlichen Menschen. Unter der Dachtraufe begann der Hausfrieden, in dem ausschließlich die *Muntgewalt* des Hausherrn Geltung besaß. Auch in einer rechtmäßig geführten Fehde war es niemandem gestattet, die Schwelle zu übertreten und den Hausfrieden zu brechen.

> Aus dem **Sachsenspiegel** (13. Jh., Landrecht): »Jeder soll seinen Teil des Hofes einzäunen. Wer das nicht tut, und es entsteht daraus ein Schaden, so muss er den bezahlen (...). Wer zäunt, soll die Äste nach seinem Hof kehren. (...) Rankt der Hopfen über den Zaun, so greife der, auf dessen Hof die Wurzeln sind, so weit er kann und ziehe den Hopfen herüber. Was er herauszieht, das gehört ihm. Was auf der anderen Seite bleibt, gehört dem Nachbarn.«

Im einzigen Wohnraum war es finster und stickig. Kleine Luken in den Wänden ließen nur wenig Tageslicht ins Innere des Hauses durch. Spärliches Licht gaben lediglich einige wenige Talgkerzen oder die Glut der offenen Feuerstelle, deren beißender Rauch über das Dach mehr schlecht als recht abgeleitet wurde. Auf Holzbrettern an den Wänden befanden sich das Holz- oder Tongeschirr und andere Hausgeräte. Einfache Holztruhen, Bänke, Schemel und ein Tisch bildeten das spärliche Mobiliar. Da künstliches Licht durch Kerzen oder Kienspäne gerade für arme Bauern sehr teuer war, begann das Tagwerk mit dem Sonnenaufgang und endete bei Sonnenuntergang, so dass ein Arbeitstag im Sommer deutlich länger war als im Winter. Die Jahreszeiten bestimmten also den Ablauf und den Rhythmus der Arbeit.

Der Jahreskreis

Das bäuerliche Jahr begann und endete am Michaelistag, dem 29. September, denn bis zu diesem Tag sollte die letzte Ernte eingebracht sein. Die geernteten Ähren wurden nun gedroschen und die hieraus gewonnenen Getreidekörner in Spreu und Weizen getrennt. Die Spreu diente als Winterfutter für das Vieh, während ein Teil des Weizens gemahlen, der andere als

Zwei Männer beim Dreschen, aus dem Luttrell Psalter, ca. 1300–1340, British Library.

neues Saatgut ausgesät wurde. Gemahlen wurde das Getreide meist in der Mühle des Grundherrn, wofür die Bauern gut ein Sechzehntel ihres Ernteertrages abgeben mussten. Die Bauern sonderten nun außerdem Rinder, Ziegen und Schweine aus und begannen sie zu mästen. Nach dem Schlachten wurde das Fleisch gepökelt, geräuchert und abgehangen, bevor es den Winter über verzehrt wurde. Auch Nüsse und Äpfel wurden im Herbst gesammelt, um in den kommenden kalten Monaten als Nahrung zu dienen. Jetzt war außerdem die Zeit, den Boden zu pflügen und das Wintergetreide auszusäen. Der Herbst stellte für die ländliche Bevölkerung eine Zeit des Absterbens und des Verfalls dar und war keineswegs »golden«. Vielmehr war er eine Jahreszeit der Melancholie, die ganz im Zeichen der Vorbereitungen auf den nahenden Winter stand. Ein Fest wie Allerseelen, das an

Tod und Vergänglichkeit gemahnte, verstärkte die düstere Stimmung noch. War aber die Ernte reich ausgefallen, waren die Scheunen und Vorratskammern gefüllt, die Saat ausgebracht, Haus und Hof instand gesetzt, hatte die Landbevölkerung nun Muße, sich zu Festen und Feiern zusammenzufinden. Der Winter konnte kommen.

»Der Winter zehrt alles auf, was der Sommer erzeugt«, lautete ein mittelenglisches Sprichwort. Für den Theologen Hrabanus Maurus war im 9. Jahrhundert der Winter »in der Tat das Leid oder das Ende des irdischen Lebens.« Auch bei einer guten Ernte waren die Monate von Dezember bis Februar eine Zeit höchster Entbehrungen. Die frierenden Bauern mochte es dabei trösten, dass es den Herren auf Gutshöfen und Burgen kaum besser erging: »Die jungen Pagen weinen draußen in den Wäldern vor Kälte. Und was die Unterkünfte der Höflinge betrifft, Gott weiß, wie kalt sie sind; im großen Saal fröstelt jedermann, Dienern und Knappen ist es nicht gestattet, Umhänge zu tragen«, berichtet Eustache Deschamps über die harten Winter am Hof des französischen Königs im 14. Jahrhundert. Für ihre Grundherren hatten die Bauern nun Holz zu fällen, Zäune und Ställe zu reparieren und insbesondere das Vieh zu versorgen. Auch im Haus fielen etliche Ausbesserungs- und Reparaturarbeiten an. So hatten die Frauen jetzt Zeit zu spinnen und zu nähen, während die Männer Essgeschirr schnitzten oder Körbe flochten. Schon im Februar aber galt es, sich wieder für die Feldarbeit zu wappnen. Nach den kalten, dunklen Monaten des Winters kündigte sich langsam der Frühling an. »Sieh! Der holde und ersehnte Frühling bringt zurück die Freuden! Purpurrot blüht die Wiese, alles macht die Sonne heiter«, jubelten die »Carmina Burana«. Von allen Jahreszeiten galt der mittelalterlichen Literatur der Frühling als die schönste und unbeschwerteste, als die Zeit des Wachstums, Neubeginns und der Liebe. Die Wonnen des Frühlings traten für die Bauern jedoch hinter der Arbeit zurück. Bereits im März wurde der Boden das erste Mal geeggt und gepflügt, bevor die Saat ausgebracht wurde. Einen großen Teil der Woche arbeiteten die Hörigen für ihren Grundherrn, so dass für die Pflege der eigenen Äcker und Gärten nur wenig Zeit blieb. Dort pflanzten sie vor allem Hülsenfrüchte, Lauch, Zwiebeln und Kräuter sowie Obstbäume. Waren Felder und Gärten bestellt, blieb nur noch, auf gutes Wetter und eine gute Ernte zu hoffen.

Im Sommer fürchteten die Menschen daher die Dürre genauso wie lange Regenperioden oder Hagel, der das Getreide zerschlug. Doch auch unabhängig vom Wetter waren die warmen Monate für die Bauern die arbeitsreichste Zeit des Jahres. Bereits die Heuernte im Juni und Juli erforderte die

Mitarbeit der gesamten *familia*. Während die Männer das Gras mit der Sense mähten, wendeten es die Frauen und rechten es zusammen. Stets mussten außerdem die Äcker von Unkraut befreit sowie das Brachland umgepflügt werden. Nun galt es schon wieder, das Getreide und die Erzeugnisse aus den Gärten zu ernten. Mit einer gezahnten Sichel schnitt man den Weizen knapp unterhalb der Ähren ab und bündelte ihn zu handlichen Garben, die leicht zu transportieren waren. Das Ende der Getreideernte war Anlass zu ausgelassenen Festen und Feiern, denn allzu schnell standen wieder Herbst und Winter vor der Tür.

Die bäuerliche Arbeit

Die in Europa vorherrschende Wärmeperiode vom 10. bis zum 13. Jahrhundert erwies sich für die Landwirtschaft zwar als äußerst günstig und ermöglichte Wein- und Weizenanbau auch in bisher kälteren Regionen. Das damit einhergehende Bevölkerungswachstum stellte die Menschen jedoch vor das große Problem, immer mehr Nahrungsmittel von immer knapper werdenden Flächen erwirtschaften zu müssen. Vor diesem Hintergrund gelangte die Dreifelderwirtschaft, die schon im 9. Jahrhundert bekannt war, während des Hochmittelalters zu ihrem allgemeinen Durchbruch. Die Praxis, das Ackerland der Dorfbewohner zu Großfeldern zusammenzulegen, nur zwei mit Sommer- und Winterweizen zu bepflanzen und das dritte Feld ein Jahr brachliegen zu lassen, brachte Ertragssteigerungen von gut 16 Prozent. Die höheren Ernteerträge waren aber auch dem Einsatz des Beetpfluges zu verdanken. Der bislang verwendete Hakenpflug wühlte den Boden zwar auf, wendete ihn aber nicht. Dies ermöglichte erst der neuere Beetpflug, der sich seit dem 11. Jahrhundert in Mitteleuropa zu verbreiten begann. Dieser drang weitaus tiefer in den schweren Boden ein und wendete und lockerte ihn so gründlich, dass dem Bauern das anstrengende und zeitraubende Querpflügen fortan erspart blieb. Allerdings war der Beetpflug deutlich schwerer als der Hakenpflug, der nur für die leichteren, sandigen Böden Südeuropas von Vorteil war. Die Zugtiere hatten daher eine weit höhere Leistung zu erbringen. Der verstärkte Einsatz des bereits seit der Karolingerzeit bekannten Kummets ermöglichte seit dem 12. und 13. Jahrhundert deshalb auch den Einsatz von Pferden als Zugtieren. Dass die leistungsfähigeren und wendigeren Pferde die Ochsen als Zug- und Spanntiere jedoch

> **Berthold von Regensburg** († 1272) über das Los der Bauern: »Ihr habt gelebt so manchen üblen Tag in harter Arbeit früh bis spät und müsst eben alles das arbeiten, dessen die Welt bedarf, und von dem all zusammen wird Euch mit Not nur so viel, dass ihr nicht viel besser esst als eure Schweine.«

nicht verdrängen konnten, lag nicht nur an ihrer höheren Anfälligkeit für Krankheiten. Anders als die genügsameren Rinder, die zudem wertvolle Schlachttiere waren, benötigten Pferde große Mengen an Futtergetreide wie etwa den Hafer.

Doch trotz aller Fortschritte, die die Landwirtschaft im Hochmittelalter durch die fortschreitende Verbesserung der Arbeitsgeräte und -abläufe erringen konnte, war das Tagwerk der Bauern hart und warf kaum je einen größeren Gewinn ab.

Im Durchschnitt betrug das Verhältnis zwischen ausgesätem Korn und Ernte nur 1:2,5. Davon wurde ein Gutteil als Saatgut für das nächste Jahr verwendet, so dass dem Bauern höchstens die anderthalbfache Aussaat zum Verzehr blieb. Während heute ein Hektar gut 75 Doppelzentner Weizen abwirft, waren es im frühen Mittelalter gerade sechs bis acht Doppelzentner. Auch die Kühe waren mit einer Schulterhöhe von nur 1,40 Metern deutlich kleiner als heute. Eine Kuh im Mittelalter gab entsprechend nur etwa 250 Liter Milch im Jahr, während es eine Milchkuh heute auf mehr als 6000 Liter bringt. Kann ein moderner Landwirt 124 Menschen mit seinen Erzeugnissen versorgen, waren im Mittelalter fast 90 Prozent der Erwerbstätigen mit der Nahrungsmittelproduktion beschäftigt. Missernten, Unwetter oder Viehseuchen konnten auf dieser kargen Grundlage schnell verheerende Hungersnöte heraufbeschwören. Auch Frondienste für den Grundherrn, die häufig mit der Erntezeit der Bauern zusammenfielen, sowie Fehden stellten weitere große Belastungen für die Landbevölkerung dar.

Auf den Tisch des einfachen Bauern kamen in der Regel Hülsenfrüchte, Kraut, Rüben und ungewürzter Getreidebrei. Fleisch gab es selten und zumeist nur an besonderen Festtagen. Genau wie die Kleidung war auch das Essen ein Standessymbol: »Man bestimmte ihnen als Leibesnahrung Fleisch, Kraut und Gerstenbrei. Doch ohne Wildbret sollten sie sein. Zum Fastentag durften sie allein Hirse, Linsen und Bohnen genießen. Fisch und Öl ließen sie sein: Das war Herrenspeise«, beschrieb der Sänger

Getreideernte mit einer gezahnten Sichel. Buchmalerei um 1170, aus Herrad von Landsberg, Hortus deliciarum.

Neidhart im 13. Jahrhundert eine freilich fiktive Speiseordnung. Keineswegs erfunden waren hingegen Kleider- und Luxusordnungen, die das Gewand des Bauern auf bestimmte Blau-, Braun- und Grautöne festlegten und ihm teure Stoffe wie Seide und Pelz untersagten.

Herr und Beherrscher

Reichere Bauern, die sich eines höheren Standes berufen fühlten, versuchten freilich oft, die Standesschranken zu ignorieren. »Iss du nur deine Grütze, so will ich das essen, was Brathuhn genannt wird. Das lass ich mir nun nicht mehr verbieten. Auch will ich bis zu meinem Tode nur noch Brot aus hellem Weizenmehl essen. Zu dir passt Hafer«, sprach der nach Ritterruhm strebende Bauernsohn Helmbrecht überheblich zu seinem Vater. Wohlhabende Bauern, die sich die Lockenpracht eines Herrn stehen ließen, sich mit Sporen oder feinen Kleidern ausstaffierten und anfingen, Waffen und Schilde zu tragen, mussten es sich gefallen lassen, von den Rittern als »Heckenreiter« oder »Adel vom Stadel« verlacht zu werden. In der mittelalterlichen Literatur hielten sich Bauernlob und Bauerntadel vielfach die Waage. »Dafür lob ich den Bauersmann, der alle Welt ernähren kann. (...) Was sie am Hofe Vergnügungen sich leisten, das kommt von den Bauersleuten. Sie wollten denn selber pflügen und reuten [roden]. Darum rat ich Dir, Ritter, gut, halte den Bauern in deiner Hut (...)«, wandte sich der Spruchdichter Heinrich der Teichner im 14. Jahrhundert gegen die ständische Überheblichkeit der Herren. »Die Bauern seien verflucht, Unheil und Pest möge sie treffen. Denn sie sind immer falsche Zeugen in ihren groben Kleidern, in denen sie aussehen wie Narren«, werden die Bauern dagegen in einem Vagantengedicht des 15. Jahrhunderts gescholten.

Selbst wenn, wie die Zeitgenossen erinnerten, ein unscheinbarer Bauer auf dem Schachbrett in der Lage war, den König zu schlagen, war es in der Realität doch der Grundherr, der den Bauern überlegen war und nicht selten erbarmungslos Abgaben und Frondienste einforderte. Die Quellen des Mittelalters sind voll von Klagen über brutale Übergriffe von Adligen gegen ihre Hörigen. So bekam im Frankreich des 13. Jahrhunderts der Bauer Durand, der sich der Willkür seines Herrn entziehen wollte, dessen geballte Wut zu spüren: »Es wäre gut, wenn man Euch (...) das Maul stopfen würde, und zwar so sehr, dass Ihr nur noch durch Euer Hinterteil atmen könnt!« Worauf Durand demütig antwortete: »Das dürft Ihr tun, weil Ihr der Herr und Amtmann des Dorfes seid.« Tatsächlich stopfte ihm der Herr daraufhin Dung in den Mund. Rache misshandelter Bauern an ihren Grundherren ist zwar durchaus belegt, fand aber häufiger in der Literatur

GRUNDHERRSCHAFT

Schon seit der Karolingerzeit gab es kaum mehr einen Bauern, der frei von grundherrlichen Bindungen seinen Hof bewirtschaftete. Dort, wo nicht Adlige ursprünglich freie Bauern in die Abhängigkeit gezwungen hatten, waren es oftmals die Bauern selbst, die auf ihre Freiheit verzichteten und sich in die Abhängigkeit eines Herrn begaben. Der Grundherr bewirtschaftete seinen Besitz nicht selbst, sondern mit Hilfe unfreier Bauern, denen er Land *(Hufen)* zur Nutzung überließ. Während sie als Hörige dem Grundherrn nun Abgaben und Frondienst schuldeten, war es dessen Pflicht, seine Hörigen zu schützen und zu beschirmen, innerhalb seiner Grundherr-

Bauern beim Pflügen. Kalenderbild, ca. 1025–1050.

schaft für Frieden zu sorgen sowie im Falle von Hungersnöten materielle Hilfe zu leisten. Den Mittelpunkt der Grundherrschaft bildete der *Fronhof* und der Besitz des Grundherrn, den unfreie Knechte und zu Frondienst verpflichtete Hufenbauern bewirtschafteten. Neben einem Naturalzins in Form von Getreide, Holz, Hühnern oder Eiern hatten viele Bauern einen Geldzins zu leisten. Bei der Hochzeit oder dem Tod eines Hörigen konnten Sonderabgaben anfallen. Die Höhe der einzelnen Abgaben konnte dabei von der Organisation der Grundherrschaft und regionalen Gewohnheiten abhängen, oder einfach individuell geregelt sein. Dasselbe galt für den *Frondienst,* den die meisten Hörigen ihrem Grundherrn zu leisten hatten. Während einige Bauern vereinzelt gar keinen Dienst, dafür höhere Abgaben zu erbringen hatten, verbrachten andere drei Tage in der Woche auf dem Hof und den Feldern des Grundherrn. Seit dem Hochmittelalter gingen die Herren jedoch vielfach dazu über, Abgaben und Leistungen nur mehr in der Form klingender Münze entgegenzunehmen. Die Dörfer begannen, sich zu Dorfgenossenschaften mit eigenen Amtsträgern zu formen, während die adligen Grundherren die Fronhöfe verließen und sich Burgen und Stadthäuser erbauten.

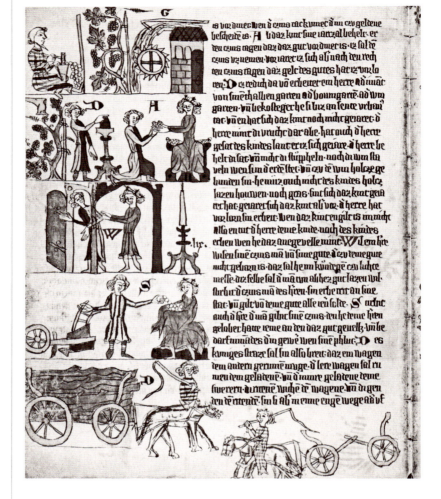

Aus dem Sachsenspiegel, um 1315: **Ein Weingarten mit Mühle.** Eine Lehnserneuerung. Ein Herr weist einen Zinsmann aus dem Gut. Ein Zinsmann bezahlt den Herrn. Begegnung zweier Wagen. Heidelberg, Universitätsbibliothek.

als in der Realität statt. »Die Bauern im ganzen Umkreis erleben alles andere als ihre Freude an mir. (...) Dem drücke ich ein Auge aus, diesen hänge ich in den Rauchfang; diesen werfe ich gefesselt in einen Ameisenhaufen«, hatte die literarische Figur des zum Ritter aufgestiegenen Bauernsohnes Helmbrecht noch getönt, bevor er seinen einstigen Opfern in die Hände fiel. Das eingangs zitierte Gebot aus dem Schwabenspiegel, die Bauern seien ihren Herren nur dann Gehorsam und Abgaben schuldig, wenn diese sie auch beschirmten, blieb allzu oft nur graue Theorie. Dennoch häuften sich seit dem 13. Jahrhundert regionale Zusammenschlüsse von Bauern, die sich gemeinsam gegen diese Tyrannei der Adligen erhoben. Adel und Klerus

Klöster im Frankenreich, die von den Missionsmönchen nach irischem Vorbild gegründet wurden.

Benedikt von Nursia, Vater der Mönche

Als sich Columban der Jüngere aufmachte, seine »Pilgerfahrt in die Fremde« zu unternehmen, war im fernen Italien Benedikt von Nursia schon etwa 30 Jahre tot. Um 530 soll dieser der Überlieferung nach ein Kloster auf dem Monte Cassino gegründet haben. Obgleich uns die Person Benedikts nur in der Heiligenliteratur begegnet und klösterliches Leben nicht nur in Irland, sondern auch in Italien bestanden hatte, gilt er und nicht der hl. Patrick als der »Vater der Mönche«. Während des gesamten Mittelalters wurde er als eigentlicher Begründer des abendländischen Mönchtums verehrt, der mit Kreuz, Buch und Pflug den heidnischen Völkern den Glauben gebracht habe. 1964 wurde er von Papst Paul VI. zum Patron und Schutzherrn Europas erhoben. Sein Wirken hat das klösterliche Leben des Mittelalters bestimmt und geprägt. Seine Verehrung wuchs mit der Verbreitung jenes literarischen Werkes, das der Welt unter seinem Namen überliefert ist: der Benediktregel. In dieses Werk floss vieles aus älteren Mönchsregeln wie denen des Pachomius und Kassian, daneben aber auch aus der Väterliteratur und der Heiligen Schrift ein. Nach Benedikts Tod um 560 und der Zerstörung des Klosters Montecassino im Jahr 577 durch die Langobarden

Von Irland aus breitete sich das Mönchtum im gesamten Abendland aus. Die Abtei Glendalough bei Dublin ist eine der ältesten und bedeutendsten Klosteranlagen Irlands.

erlosch dort das klösterliche Leben zusammen mit der Erinnerung an den Abt und seine Klosterregel. Erst die hagiografische Überhöhung Benedikts zum »Mann Gottes« und Musterheiligen durch Papst Gregor den Großen, Benedikts Biografen, lenkte das Interesse späterer Generationen erstmals auch auf die Benediktregel und holte sie aus der Vergessenheit. Um 620 tauchte sie erstmals in einigen iro-fränkisch geprägten Klöstern in Gallien auf. Zusammen mit dem Regelwerk des hl. Columban wurde die Benediktregel zu einer Mischregel, der *regula mixta*, geformt, die sich in der Folgezeit rasch verbreitete.

Die »eine Regel« setzt sich durch

Allmählich begann sich jedoch die Benediktregel aus den anderen Mönchsregeln hervorzuheben. Immer öfter wurde nun auf Synoden die Empfehlung ausgesprochen, die *regula Benedicti* als einzige Regel in den Klöstern einzuführen. Langsam konnte sich Benedikts Werk im 8. Jahrhundert Autorität verschaffen und allmählich an die erste Stelle der Mönchsregeln treten. Ein Grund dafür war neben den Schriften Gregors des Großen und den unbezweifelbaren inneren Werten der *regula* auch der Umstand, dass man sie wohl für römischen Ursprungs hielt. Insbesondere die angelsächsische Kirche zeichnete sich durch eine ganz besondere Romverbundenheit aus, die die Geistlichen auf der Insel nach allem greifen ließ, was römischer Provenienz schien: Choralbücher, Rechtsaufzeichnungen, das römische Messbuch und nicht zuletzt die Benediktregel. Diese wurde auf der bedeutenden Synode von Whitby im Jahr 664, auf der sich die angelsächsische Kirche bewusst der römischen Observanz anschloss, als alleinige Regel für alle Klöster Britanniens vorgeschrieben. So lebten die angelsächsischen Klöster bereits im späten 7. Jahrhundert ausschließlich nach der Regel Benedikts von Nursia, der mittlerweile zum »römischen Abt« geworden war. Zusammen mit der Romorientierung hatten die angelsächsischen Missionare, die im 8. Jahrhundert im Frankenreich wirkten, auch die Benediktregel im Gepäck, der sie zu immer

Benedikt gründet das Kloster Monte Cassino. Umrisszeichnung nach Buchmalerei im Cod. 175 in Monte Cassino

größerer Autorität verhalfen. Der berühmteste angelsächsische Missionar, Bonifatius, unterstellte nicht nur seine Klostergründung Fulda der *regula Benedicti*. Auf dem *Concilium Germanicum* im Jahr 742 forderte er die Benediktregel als Normregel für alle Mönche und Nonnen im Frankenreich. Dass sie aber zur einen, unangefochtenen Mönchsregel des abendländischen Mittelalters aufstieg, verdankt sie Benedikt von Aniane, einem glühenden Bewunderer Benedikts von Nursia und engsten Vertrauten Kaiser Ludwigs des Frommen. Er, den man auch »Benedikt II.« nannte, war es, der sich erstmals auf die Suche nach der »reinen«, ursprünglichen *regula* machte und auf den Reformsynoden von Aachen in den Jahren 816–819 die endgültige Abschaffung der Mischregel und die Einführung allein der Benediktregel in allen Klöstern des Frankenreiches durchsetzte. Neben die Regel sollten zudem einheitliche Gewohnheiten (*consuetudines*) treten, schriftlich fixierte Regelungen von Details des Klosteralltags, über die die Benediktregel schweigt. Die Devise lautete fortan: »Eine Regel und eine Gewohnheit.«

Streben nach Erneuerung: Die Cluniazenser

In Gemeinschaft lebendes Mönchtum im Abendland war somit bis zur Geburtsstunde der Bettelorden im 13. Jahrhundert nur noch unter der Befolgung der Benediktregel denkbar. Alle Mönche und Nonnen der westlichen Christenheit wussten sich zu gleicher Stunde in Gebet und Arbeit unter der gleichen Regel vereint – und strebten doch oft genug auseinander. Bereits im 10. Jahrhundert wurde im burgundischen Cluny der Ruf nach einer Reform des Mönchtums laut. Längst nämlich hatten die blühenden Klöster des Frankenreichs nichts mehr zu tun mit Benedikts bescheidener Mönchsgemeinde auf dem Monte Cassino. Häufig waren sie von weltlichen Adligen als Eigenklöster gegründet worden und hatten durch Schenkungen riesige Grundherrschaften ausbilden können, die es zu verwalten galt. Zu sehr war alsbald das Leben der Mönche, die doch eigentlich dem Treiben der Welt entsagen wollten, durch den Einfluss von Laien bestimmt, zu sehr lebten sie im Luxus, hatten sich von ihren asketischen Ursprüngen zu weit entfernt. Reform bedeutete also nicht die Schaffung etwas Neuen, sondern die Wiederherstellung des alten, idealen Zustands: Zurück zu Benedikt! Mit Cluny wurde um 910 ein Kloster gegründet, das allein dem Papst unterstellt war und das frei sein

Benedikt von Nursia gilt als Vater des abendländischen Mönchtums. Florenz, S.Miniato al Monte, Sakristei.

wollte von allen laikalen Einflüssen. Vermehrtes Gebet und eine reich ausgestaltete Liturgie standen dabei im Vordergrund. Jene Klöster, die sich von der cluniazensischen Lebensweise begeistern ließen, wurden als *Priorate* in einen stetig wachsenden Reformverband aufgenommen, über den der Abt des Mutterklosters Cluny als Erzabt seine Hand hielt. Cluny überstrahlte als Reformzentrum alle anderen Klöster Frankreichs und des römisch-deutschen Reiches. Mehrere cluniazensische Äbte des 11. Jahrhunderts wurden als Päpste auf den Stuhl Petri erhoben und formten die in Cluny entwickelten Forderungen nach der »Freiheit der Kirche« *(libertas ecclesie)* zur großen Kirchenreform des 11. Jahrhunderts, die in den so genannten »Investiturstreit« mündete. Als längst materieller Luxus und Verweltlichung auch in Cluny Einzug gehalten hatten, waren diese Ideen noch lebendig und waren Nahrung für eine erneute Reformbewegung, die vom Schwarzwaldkloster Hirsau ausging. In Anlehnung an Cluny war Hirsau ein an Rom tradiertes, von weltlichen Einflüssen weitgehend unabhängiges Kloster, dessen Mönche in strenger Disziplin und Askese des Körpers wie des Geistes ein »engelgleiches Leben« zu führen bestrebt waren. In Hirsau versuchte man, den Weg zurück zu Benedikt von Nursia nicht über Gebet und Liturgie, sondern durch eine verstärkte Predigttätigkeit und Einbindung der Laien in das klösterliche Leben zu finden. Insgesamt war kaum eine andere Zeit des Mittelalters religiös so bewegt wie die Jahr-

Cluny war nicht nur ein bedeutendes Zentrum des Mönchtums, seine Klosterkirche war die **größte Kirche des Abendlandes.** Rekonstruktion der dritten Abteikirche (Cluny III., begonnen 1088).

zehnte des ausgehenden 11. und beginnenden 12. Jahrhunderts. Neben vielen Klöstern, die sich begeistert der Hirsauer Reform anschlossen und die neuen Lebensgewohnheiten übernahmen, entstanden auch zahlreiche Regularkanonikerstifte. In diesen führten Kleriker, also Weltgeistliche, ein Leben in klosterähnlicher Gemeinschaft. Ihre Basis war jedoch nicht die Mönchsregel des hl. Benedikt, sondern die Regel des hl. Augustinus. Insbesondere der Südwesten des römisch-deutschen Reiches sowie der bayerisch-österreichische Raum wurden durch zahlreiche Gründungen von Reformklöstern und -stiften in diesen Jahrzehnten nachhaltig verändert.

Neue Wege unter alter Regel: Die Zisterzienser

Den gravierendsten Einschnitt in der Geschichte des benediktinischen Mönchtums im Hochmittelalter bedeutete indes die Gründung des burgundischen Klosters Cîteaux im Jahr 1098. Dort sollte verwirklicht werden, woran es in anderen Klöstern krankte: am asketischen Leben in Demut und Nachfolge Christi. In Cîteaux nun wollten sich Robert von Molesme und seine Brüder einer strengen, ganz an der Benediktregel orientierten Lebensweise in Armut und Abgeschiedenheit von der Welt unterwerfen. Gebet und Handarbeit, dies waren die Ursprünge benediktinischen Mönchtums, die man in Cluny verraten glaubte und die in Cîteaux im Mittelpunkt des klösterlichen Lebens standen. Unerbittlich kritisierte man vor allem die Prunksucht der Cluniazenser, ihren Reichtum, ihre Dekadenz und ihre fehlende Demut vor Gott. Cîteaux wurde schnell zur Keimzelle einer sich rasch ausbreitenden monastischen Bewegung, deren Anhänger sich in Anlehnung an ihren Gründungsort Zisterzienser nannten. Obgleich ihr Leben der Regel des hl. Benedikt folgte, bildeten die Zisterzienser den ersten eigenständigen Mönchsorden neben den Benediktinern. Um sich auch äußerlich von den alten Klöstern zu unterscheiden, legten sie das herkömmliche schwarz-graue Ordenskleid der Benediktiner ab. Zur Arbeit trugen sie fortan einen grauen, zu Gebet und Gottesdienst einen weißen Habit. Als »weiße Mönche« waren sie bald im ganzen Abendland bekannt: Über tausend Klöster gründeten die Zisterzienser bis zum Ausgang des 12. Jahrhunderts.

Fast vier Jahrhunderte lang hatten bis zu diesem Zeitpunkt Mönche und Nonnen ihr Leben ausschließlich an der Klosterregel Benedikts von Nursia ausgerichtet. Sie alle hatten versucht, in ihrer Zeit ihre Vorstellungen vom idealen Mönchtum zu verwirklichen. Von der Benediktregel wollten sie jedoch nicht lassen. Im Gegenteil verband sie alle das Streben nach einem ganz an der reinen Regel ausgerichteten Leben. Allein ihr Mönchskleid, ihre Architektur, ihre Schriften und ihre Gewohnheiten, die das Alltags-

Bernhard von Clairvaux gründete 1119 die Abtei Fontenay (Burgund), die zu den bedeutendsten Zisterzienserklöstern des Mittelalters zählt.

leben in den Bereichen regelten, in denen Benedikt keine Äußerungen getan hatte, zeigten dem Außenstehenden, dass es innerhalb der großen Familie Benedikts von Nursia verschiedene große und kleine Zweige gab, die sich doch alle ihrem Mönchsvater in besonderer Weise verbunden fühlten.

Die Liebe zur Armut: Die Franziskaner

Die rasanten gesellschaftlichen und religiösen Veränderungen des 12. Jahrhunderts hatten jedoch bei vielen Menschen zu großen Verunsicherungen geführt. Kriege, Hungersnöte sowie die zunehmende Verweltlichung der Kirche hatten eine immer stärker werdende Kritik an den etablierten kirchlichen Institutionen zur Folge und ließen viele Menschen radikalere Wege suchen, ein Leben in der Nachfolge Christi zu verwirklichen. Einer von ihnen war der reiche Kaufmannssohn Giovanni Bernardone, genannt Francesco, aus dem italienischen Assisi. Nach ausschweifenden Jugendjahren in Luxus und Verschwendung sagte er sich von seiner Familie und seiner Vergangenheit los und führte fortan ein Wanderleben in völliger Besitzlosigkeit und ausschließlich nach den Gesetzen des Evangeliums. Rastlos predigte er den Menschen das Wort Gottes.

Wichtig war Franziskus vor allem der völlige Verzicht auf weltliche Güter. Ein einfaches, mit einem Strick gegürtetes Wollgewand und bloße Füße sollten genügen. Die wenige Nahrung und Kleider, die er und seine Anhänger benötigten, stammten alleine aus Almosen. Dafür leistete er unermüdliche Seelsorge, Krankenpflege und andere Dienste der Nächstenliebe. Anders als die als Häretiker verfolgten Waldenser, die sich in ihrer religiösen Ausrichtung nicht allzu sehr von Franz von Assisi unterschieden, betonte Letzterer stets seinen Gehorsam gegenüber dem Papsttum und der römischen Kirche. So war es nur konsequent, dass er sich schon früh um die päpstliche Anerkennung seiner rasant wachsenden Glaubensgemeinschaft bemüht hat. Im Jahr 1223 schließlich bestätigte Papst Honorius III. die Regel und damit den Orden der »Minderen Brüder«. Er hoffte damit, die Kritik an der Verweltlichung der Kirche, welche Ketzergruppierungen wie Waldensern und Katharern reichen Zulauf bescherte, zum Verstummen zu bringen. Die offizielle Anerkennung von Franziskus' radikaler Armutsbewegung würde, so hoffte er, genau diese Menschen in den Schoß der Kirche zurückführen.

Die Gründung des Franziskanerordens bedeutete gleichzeitig einen tief greifenden Einschnitt in der Geschichte des Mönchtums. Erstmals seit den Tagen des Benedikt von Aniane lag einer Mönchsbewegung nicht die Regel des hl. Benedikt zugrunde. War ein Mönch bislang an ein bestimmtes Kloster gebunden gewesen, das er nur mit Erlaubnis des Abtes verlassen durfte, war ein Franziskanerbruder nur noch seinem Orden selbst verpflichtet. An dessen Spitze standen der Ordensgeneral sowie die einzelnen Provinzminister. Das Amt des Abtes kannten die Franziskaner nicht mehr, wohl aber noch einige der Klosterämter der traditionellen Klöster. Die umfassende Predigttätigkeit ließ die Bettelmönche nicht wie Benediktiner und Zisterzienser die Stille und Abgeschiedenheit, sondern die Städte suchen, wo sie ihre Klöster bevorzugt errichteten. Hier konnten sie das Wort Gottes predigen, Arme speisen, Kranke versorgen und sich selbst ihren Lebensunterhalt durch Almosen erbetteln. Jetzt schlug auch die große Stunde der Frauenklöster. Um Clara von Assisi, einer glühenden Anhängerin des hl. Franziskus, hatte sich schnell eine Gruppe gleich gesinnter Frauen geschart. Sie bildeten die Keimzelle der Klarissen, dem zweiten Orden, dem weiblichen Zweig der Franziskaner. Auch sie leisteten vor allem in den Städten einen hohen Anteil an der Armen- und Krankenfürsorge. Einzig die Erlaubnis zur Predigt hatte ihnen der Papst nicht zugestehen wollen.

> Aus der Lebensbeschreibung des Franziskus von **Thomas von Celano:** »Als der heilige Franziskus hörte, dass die Jünger Christi nicht Gold oder Silber noch Geld besitzen, noch Beutel, noch Reisetasche, noch Brot, noch einen Stab auf den Weg mitnehmen, noch Schuhe, noch zwei Röcke tragen dürfen, sondern nur das Reich Gottes und Buße predigen sollen, frohlockte er sogleich im Geiste Gottes und sprach: ›Das ist's, was ich will, das ist's was ich suche, das verlange ich aus tiefstem Herzen zu tun!‹«.

DIE MÖNCHSREGEL DES HL. BENEDIKT

Benedikt begreift das Kloster als eine »Schule des Herrendienstes«. An der Spitze der Mönchsgemeinschaft steht der aus ihrer Mitte gewählte Abt *(abbas)*. Innerhalb des Klosters nimmt er die Stellvertretung Christi ein und unterweist die Mönche durch sein gutes Beispiel in allem, »was gut und heilig ist«. Seinem Befehl ist zu aller Zeit mit freudigem Herzen und »ohne Murren« Folge zu leisten. Dem Abt zur Seite stehen Dekane oder ein Stellvertreter, der Propst. Gehorsam, Schweigsamkeit und Demut sind die wichtigsten Eigenschaften, die ein Mönch besitzen soll. »Müßiggang ist der Feind der Seele. Deshalb sollen sich die Brüder zu bestimmten Zeiten mit Handarbeit, zu bestimmten Stunden dagegen mit heiliger Lesung beschäftigen.« Achtmal täglich, zu den nächtlichen Vigilien, zur Matutin, Prim, Terz, Sext, Non, Vesper und Komplet versammeln sich die Mönche zu Gebet und Gottesdienst. Dazwischen liegen Zeiten der Handarbeit, des Studiums und der Ruhe. Auch bei schwerer körperlicher Arbeit sollen im Sommer zwei gekochte Mahlzeiten genügen, im Winter hingegen nur eine. Ein reichlich bemessenes Pfund Brot sowie Obst und Gemüse sind zusätzlich erlaubt. Auf das Fleisch vierfüßiger Tiere sollen die Brüder ebenso verzichten wie auf ein Übermaß an Wein. Während der gemeinsamen Mahlzeiten, die schweigend eingenommen werden, dient die Tischlesung der geistlichen Erbauung der Brüder. Die Brüder dürfen keinerlei Besitz haben, lediglich zwei Tuniken und zwei Kukullen zum Wechseln sowie Schuhe und Strümpfe soll der Mönch an Kleidung vom Abt erhalten. Zum Schlafen sollen dem Mönch eine Matte, ein Laken, eine Decke und ein Kopfkissen genügen. Die Brüder schlafen gemeinsam in einem Raum, und zwar »angekleidet und umgürtet mit einem Gürtel oder Strick«.

Wer Aufnahme in die Mönchsgemeinschaft sucht, soll einer einjährigen Prüfungszeit, dem Noviziat, unterzogen werden. Während dieser Zeit wird der Novize insbesondere mit den Grundforderungen konfrontiert, die Benedikt an das Mönchsleben stellte, und die Gegenstand des dreifachen Mönchsgelübdes sind: Verbleib im Kloster *(stabilitas loci)*, Leben nach der Regel *(conversatio morum)* und Gehorsam *(oboedientia)*.

»Müßiggang ist der Feind der Seele«: Zwei Mönche spalten einen Baumstamm.

Die Predigt als Waffe: Die Dominikaner

Ganz im Zeichen der Verkündigung der christlichen Botschaft stand indes ein weiterer Bettelorden, der von einem Zeitgenossen des hl. Franziskus, dem spanischen Domkanoniker Doménico Guzmán, gegründet wurde. Dominikus hatte es sich zur Aufgabe gemacht, die häretischen Katharer von ihrem religiösen Irrtum zu überzeugen und wieder in den Schoß der Kirche zurückzuführen. Dabei war er überzeugt, dass er nur Erfolg haben könne, wenn er selbst alle weltliche Habe ablege und sich dem Ideal der apostolischen Armut verschreibe. Im Jahr 1216 wurde sein Orden vom Papst anerkannt. Auch er legte seiner Glaubensgemeinschaft nicht mehr die Benediktregel zugrunde, aber anders als Franz von Assisi verfasste er keine eigene, neue Ordensregel. Er griff im Wesentlichen auf die so genannte Augustinusregel zurück, nach der bislang vor allem Kanoniker in ihren Stiften gelebt hatten. Wer Ketzer allein mit der Waffe der Predigt bekehren wollte, bedurfte einer besonders gründlichen Ausbildung. Ein besonderes Gewicht in den rasch anwachsenden dominikanischen Ordenshäusern legte Dominikus deshalb auf das Studium der Bibel und der Kirchenväter sowie auf eine gründliche Ausbildung in Rhetorik. Ihr unermüdlicher Kampf gegen die Katharer und andere Ketzergruppierungen brachte den schwarz-weiß gekleideten Dominikanern alsbald den Ruf ein, sie seien nicht nur wortgewaltige Prediger, sondern bösartige Eiferer und (in Abwandlung ihres Namens) »die Hunde des Herrn« *(domini canes)*. Je mehr sie mit den Tätigkeiten der Inquisition verbunden wurden, desto mehr verschwand dahinter auch ihre umfassende Tätigkeit als Seelsorger in den Städten sowie die Leistungen vieler ihrer Ordensmitglieder als große Gelehrte ihrer Zeit.

Franz von Assisi schlug ein neues Kapitel in der Geschichte des Mönchtums auf. Fresko von Cimabue, um 1280. Assisi, S. Francesco.

Doch auch das Ordensideal der Franziskaner veränderte sich mit der Zeit. Gerade ihre Rolle als wichtige geistige Institutionen in den florierenden Städten führte zur Aufweichung des franziskanischen Armutsideals in vielen Klöstern. Hatte das Hochmittelalter unermüdlich um die »wahre« Benediktregel gerungen, stand das Spätmittelalter ganz im Zeichen des Kampfes um die wahre Armut Christi. Ähnlich wie die Benediktiner des

11. und 12. Jahrhunderts erfuhren nun auch die Bettelorden eine zunehmende Aufspaltung, die sich im späten 13. und 14. Jahrhundert vor allem in der Trennung der Franziskaner in einen gemäßigten *(Konventualen)* und einen radikalen Zweig *(Spiritualen)* ausdrückte. Auch die altehrwürdigen Benediktiner wurden in jener Zeit vom lauten Ruf einer Erneuerung der gesamten Kirche »an Haupt und Gliedern« erfasst. Die Klöster von Melk, Kastl und Bursfelde wurden Ausgangspunkt der letzten großen Klosterreformbewegung des Mittelalters, die wieder nur ein Ziel hatte: Zurück zu Benedikt!

■ Aufstieg der Städte und des Handels

Das abendländische Mittelalter war ganz und gar agrarisch geprägt. Die wenigen Städte römischen Ursprungs wie Trier, Köln, Mainz, Regensburg oder Worms, die die Völkerwanderungszeit überdauert hatten, waren gleichsam Überreste aus der Antike. Einst waren sie bedeutende römische Verwaltungszentren gewesen. Doch die Krise des Reiches in der Spätantike und die Zeit der Völkerwanderung hatten sie zu »Inseln in einer rustikalen Umwelt« (Edith Ennen) werden lassen. Fast 60.000 Einwohner hatte die Kaiserstadt Trier in der Spätantike gezählt, im 6. Jahrhundert hingegen waren es nur noch wenige tausend. Die einst massiven Stadtmauern waren vielerorts dem Verfall preisgegeben oder wurden abgetragen und ihre Steine zum Kirchenbau genutzt. Von der römischen Reichsadministration war wenig geblieben. Dort, wo die römische Infrastruktur völlig zusammengebrochen war, übernahmen nun die Bischöfe zentrale Verwaltungsaufgaben und stiegen schnell zu Stadtherren mit weltlichen Rechten auf. Als Bischofssitze lebten daher die Städte weiter, zwar kleiner und bescheidener als in der Antike, aber mit dem Potenzial zu Wachstum und Aufstieg. »Sie war volkreich, wegen der Stärke ihrer Mauern uneinnehmbar, infolge der Fruchtbarkeit der Umgebung außerordentlich reich und aufs Beste mit allen für einen Krieg notwendigen Vorräten versehen«, beschrieb der Chronist Lampert von Hersfeld zum Jahr 1073 die Vorzüge der Stadt Worms. So wie die Ummauerung waren dichte Besiedelung und die Ansässigkeit von Handel und Gewerbe wichtige Merkmale einer Stadt. Neben den Bischofssitzen, die antike Wurzeln in sich trugen, entstanden vor allem seit dem Hochmittelalter immer mehr Städte aus Siedlungen im Umfeld einer Burg, einer Königspfalz, einer bedeutenden Grundherrschaft, eines Klosters oder eines Marktes. Im späten 11. Jahrhundert begann schließlich eine Welle von Stadtgründungen, die bis ins 13. und 14. Jahrhundert anhielt. Es waren Könige, Herzöge und Bischöfe, die sich als Stadtgründer hervortaten und planvoll mitunter ganz neue Stadtanlagen schufen. Bald aber hatten die aufstrebenden und zunehmend wohlhabenden Städte ein solches Selbstbewusstsein erlangt, dass sie immer mehr nach Eigenständigkeit strebten. Ihr Reichtum, die dortige Bevölkerungskonzentration und ihre starke Befestigung machten sie zum unverzichtbaren Element spätmittelalterlicher Politik und Wirtschaft.

Topografie

Keine zwei Städte des Mittelalters waren gleich. Es gab Städte wie Nürnberg, deren Stadtherr der König selbst war (*Reichsstadt*), andere unterstanden wie Regensburg der Herrschaft eines Bischofs (*Bischofsstadt*) oder wie München der Befehlsgewalt eines weltlichen Adligen (*Herzogstadt*). Unter ihnen gab es dicht besiedelte Städte mit engen Gassen und zahllosen Häusern genauso wie Städte, die mit Wiesen und Weideflächen ihren ursprünglichen ländlichen Charakter bewahrt hatten. Die meisten Städte bargen kaum mehr als 2000 bis 5000 Einwohner, und es gab auch im Spätmittelalter nur wenige Großstädte mit mehr als 10.000 Bewohnern. Die bevölkerungsreichste Stadt des Abendlandes war Paris. 80.000 Menschen lebten dort, während es in vielen italienischen und flandrischen Städten wie Venedig, Genua, Mailand, Brügge oder Gent zumindest über 25.000 waren. Köln war mit 40.000 Einwohnern im Spätmittelalter die größte Stadt im römisch-deutschen Reich.

Doch nicht jeder Einwohner war auch Bürger einer Stadt. Beispielsweise besaßen Geistliche und Juden kein Bürgerrecht, genauso wenig wie viele Angehörige der städtischen Unterschicht. Das Bürgerrecht war in vielen Städten an ein Mindesteinkommen und ein Aufnahmeentgelt geknüpft. Nach Zahlung dieser Summe unterwarf sich der Aufnahmewillige durch Eid dem Recht und Gericht einer Stadt. Der Erwerb der Bürgerrechte setzte daher zumeist den Besitz eines Hauses oder Grundstückes in der Stadt voraus. Nach Eintragung ins Bürgerbuch genoss der Neubürger nun den Schutz und den Frieden einer Stadt. Dafür hatte er Steuern zu entrichten, nächtlichen Wachdienst zu leisten und die Stadt im Notfall mit Waffen zu verteidigen. Doch selbst wer das Bürgerrecht besaß, lebte bisweilen in existenzbedrohender Armut. So bildeten sich in einer Stadt verschiedene soziale Schichten heraus. Die breite Unterschicht, zu der mitunter fast die Hälfte einer Stadtbevölkerung

> **Les Narbonnais,** ein kurz nach 1200 entstandenes Heldenlied, über die Stadt Paris: »An diesem Tag ritten und reisten sie, bis sie Paris sahen, die wunderbare Stadt, mit vielen Kirchen, vielen hohen Kirchtürmen und vornehmen Abteien. Sie sahen die Seine mit ihren tiefen Buchten und zahlreichen Mühlen, sie sahen die Schiffe, die Getreide, Wein, Salz bringen, und großen Reichtum.«

EIN PANORAMA DES MITTELALTERS

zählte, bildeten Knechte, Tagelöhner, Lehrlinge, Dienstboten und das Gesinde der Patrizierhäuser. Viele von ihnen besaßen kein Bürgerrecht und lebten zumeist unter Dach, Schutz und *Munt* ihrer Dienstherren. Auch unehelich Geborene oder Ausübende »unehrlicher Berufe« wie Henker oder Totengräber gehörten der Unterschicht an. Handwerker und Gewerbetreibende bildeten die städtische Mittelschicht, während sich die Oberschicht aus reichen Kaufleuten und Ministerialenfamilien zusammensetzte. Als Bedienstete des Stadtherrn hatten die Ministerialen zunächst wichtige Aufgaben in der Stadtverwaltung übernommen und sich als Kämmerer, Zöllner oder Schultheißen immer größeren Einfluss erarbeitet. Reiche Handwerker hatten es zunächst schwer, in die städtische Oberschicht, das Patriziat, aufzusteigen.

Die städtische Verwaltung

Trotz der vielerorts beklemmenden Armut, trotz der schäbigen Behausungen, finsteren Gassen und schmutzigen Straßen, in denen die Städter leben

Köln, die größte deutsche Stadt des Mittelalters. Holzschnitt, 1531, von Anton Woensam.

mussten, übten die Städte seit dem Hochmittelalter eine starke Anziehungskraft gerade auf die ärmeren Landbewohner aus. Verantwortlich dafür war die Freiheit von grundherrschaftlichen Bindungen innerhalb der Städte sowie Träume von Reichtum und Wohlstand, die sich manch ein armer Tropf in der Stadt zu erfüllen hoffte. »Stadtluft macht frei!« wird schlagwortartig jener Rechtsgrundsatz genannt, der in mancherlei Abwandlung in vielen Städten jenem Hinzugezogenen Freiheit versprach, dessen Grundherr »nach Jahr und Tag« keine Ansprüche auf ihn stellte und ihn dem städtischen Recht und Stadtherrn unterstellte. »Frei« war der Bewohner damit aber nur von den Verpflichtungen innerhalb einer Grundherrschaft. In der Stadt wartete eine Vielzahl neuer Regelungen und Verordnungen auf den Neuankömmling. Das Zusammenleben der Bürger war detailliert in Stadtrechten geregelt und niedergeschrieben, welche in modifizierter Form häufig an andere Städte weitergegeben wurden. Zum Stadtrecht gehörten zum einen die umfangreichen Privilegien des Herrschers oder Stadtherren, die der Bürgerschaft etwa das Recht zusprachen, einen Markt abzuhalten, freien Handel zu betreiben, einen Rat einzurichten oder die Gerichtsbarkeit auszuüben. Zu diesen Rahmensatzungen, die vor allem dem Handel zugute kamen, traten Willkürgesetze, die das Zusammenleben im Einzelnen regelten. Zu den Willküren zählten Kleider- und Luxusordnungen genauso wie Bestimmungen zur nächtlichen Ruhe, der Sauberhaltung der Straßen oder der Pflicht der Bürger, sich an der Bewachung der Stadt zu beteiligen.

> Die **Wormser Annalen** zum Rat der Stadt Worms: »Es gab nämlich in der Stadtgemeinde Worms 40 Ratsherren, die seit hundert Jahren allein und ohne Mitwirkung des Bischofs dem Rat vorstanden, Frieden geboten und die Gesetze und Verordnungen zum Nutzen der Stadt erließen, und dies gemäß den Privilegien, welche ihnen von Kaisern und Königen gewährt worden waren. (...) Die genannten Ratsherren haben auch ein großes und festes Steinhaus (...). Und sie begannen alsbald, dieses Haus zu verschönern und besser herzurichten. Und es wurde das schönste Haus der ganzen Welt. (...) In diesem Haus hielten sie immer ihre Ratssitzungen ab und erachteten ihren Herrn Bischof gleichsam für nichts.«

Über die Einhaltung des Stadtrechts wachte nicht nur der Stadtherr selbst, sondern auch die organisierte Bürgerschaft, die *Gemeinde* oder *Kommune*, die sich seit dem Hochmittelalter zu etablieren begonnen hatte und die Stadtverwaltung immer stärker an sich zog. Eigene Stadtsiegel, die im römisch-deutschen Reich seit der Mitte des 12. Jahrhunderts belegt sind, waren sichtbares Zeichen dafür, wie sehr sich die Bürgerschaft immer mehr zum eigenen Rechtskörper neben und in Konkurrenz zum Stadtherrn entwickelte.

An der obersten Stelle der bürgerlichen Selbstverwaltung und des städtischen Gerichtes standen zunächst ein Schöffenkolleg und ein Verband

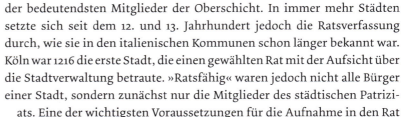

Der Bremer Roland symbolisiert seit 1404 den Stolz und die Unabhängigkeit der Stadt Bremen.

der bedeutendsten Mitglieder der Oberschicht. In immer mehr Städten setzte sich seit dem 12. und 13. Jahrhundert jedoch die Ratsverfassung durch, wie sie in den italienischen Kommunen schon länger bekannt war. Köln war 1216 die erste Stadt, die einen gewählten Rat mit der Aufsicht über die Stadtverwaltung betraute. »Ratsfähig« waren jedoch nicht alle Bürger einer Stadt, sondern zunächst nur die Mitglieder des städtischen Patriziats. Eine der wichtigsten Voraussetzungen für die Aufnahme in den Rat war nämlich Haus- und Grundbesitz, die die ehrenamtliche Tätigkeit erst ermöglichten. Erst im ausgehenden Mittelalter wurden Sitzungs- und Tagegelder und Gehälter als Entschädigung für die Tätigkeit in der Stadtverwaltung eingeführt. Wie oft sich die Ratsherren im Ratshaus zu ihren Versammlungen trafen, unterschied sich von Stadt zu Stadt, in der Regel geschah dies aber mehrmals wöchentlich. Entscheidungen wurden dabei mit einfacher Mehrheit gefällt.

Dass im Laufe des Spätmittelalters auch Vertreter der Mittelschicht wie etwa wohlhabendere Handwerker in die städtischen Ämter drängten, sorgte vielerorts für schwere Konflikte mit den Patriziern, die sich immer stärker nach unten abzugrenzen begannen. Viele Städte reagierten auf das Aufstreben der Mittelschicht, indem sie neben dem »kleinen« oder »inneren« Rat immer öfter einen »großen«, »äußeren Rat« einrichteten, in dem nun auch Handwerker vertreten waren.

Städtischer Alltag

Wer sich im hohen und späten Mittelalter einer städtischen Siedlung näherte, der traf zunächst auf die Stadtmauer, die die meisten Städte ringförmig umgab. Im Spätmittelalter wurden viele dieser Mauerringe zu einer Doppelmauer mit imposanten Tortürmen erweitert. Nach außen wurde dem Besucher damit nicht allein die Wehrhaftigkeit der Stadt vor Augen geführt, sondern auch auf ihren Reichtum und ihr Selbstbewusstsein verwiesen. Die Stadttore waren bewacht und wurden nach Sonnenuntergang geschlossen. Ein Bürger, der außerhalb der Stadt zu tun hatte und noch vor Einbruch der Dunkelheit zurück sein musste, hatte bisweilen allen Grund, in »Torschlusspanik« zu verfallen, wollte er die Nacht nicht vor der Stadtmauer verbringen.

Aufstieg der Städte und des Handels

Von weitem hatte der Besucher der Stadt vielleicht schon hohe Türme gesehen, die stolz in die Höhe ragten. Diese gehörten entweder zu den vielen Kirchen oder waren Geschlechtertürme, die die reichsten unter den Patriziern nach italienischem Vorbild auch nördlich der Alpen errichten ließen. Mehrstöckige Steinhäuser, die in späterer Zeit oft mit prächtigen Fassaden aufwarteten, waren zunächst nur der Oberschicht vorbehalten gewesen. Im Erdgeschoss befand sich zumeist ein Laden, während der erste Stock bewohnt wurde und Keller und Dachgeschoss als Vorratsräume dienten. Mächtig überragten Patrizierhäuser und Geschlechtertürme die einfachen ein- oder zweigeschossigen Ständerbauten aus Holz, die die Straßen und Gassen dominierten. Deren Einrichtung war der des ländlichen Bauernhauses sehr ähnlich. Mehr als einige Holzbänke, eine Truhe sowie Bettgestelle hatten viele der kargen Behausungen nicht aufzuweisen. Dort, wo aus Platzgründen das Obergeschoss über das Erdgeschoss hinausragte, wurden die Gassen noch enger und dunkler. Abfälle wurden von jedermann einfach hinaus auf die verwinkelten Straßen und Gassen aus gestampftem Lehm oder Schotter gekippt. Spuren von Wagenrädern und Pferdehufen hatten sich tief in die Straßen eingegraben, die sich bei Regen schnell in Schlamm und Morast verwandelten. So waren die *Trippen*, Holzleisten, die sich unter die Schuhe schnallen ließen, ein beliebtes und notwendiges Accessoire des Alltags. Straßenpflaster, wie sie in der Antike üblich gewesen waren, waren im Mittelalter die Ausnahme und kamen erst langsam wieder auf. In den Gassen drängten sich Menschen aller sozialer Schichten, Fuhrwerke, Karren sowie das Vieh, das innerhalb der Stadtmauern gehalten wurde. Zum Stadtbild gehörten indes auch mehrere Kirchen und Wirtsstuben, in denen häufig, zum Verdruss der geistlichen und weltlichen Obrigkeit, ausgiebig gezecht und gespielt wurde. Die Städte waren auch die Wirkungsstätte der im

Nur durch streng bewachte Stadttore wie hier in Dinkelsbühl konnten die fest ummauerten Städte des Mittelalters betreten werden.

Zünfte und Gilden

Gerade die vornehmen Patrizierhäuser gruppierten sich bevorzugt um den Markt, der das Zentrum des öffentlichen Lebens bildete und in dessen Nähe alle wichtigen öffentlichen Bauten wie das Rathaus errichtet waren. Einfache Handwerker hingegen hatten ihre Läden zumeist in eigenen Vierteln oder Straßenzügen. So besaß jede Stadt ein Gerber- und Metzgerviertel oder Straßen, in denen bevorzugt Tischler und Schreiner ihre Quartiere und Werkstätten hatten. Schon im 12. Jahrhundert fanden sich die Mitglieder verschiedener Handwerkszweige und Berufsgruppen zu religiösen Bruderschaften zusammen, aus denen im Spätmittelalter die Zünfte und Gilden erwachsen sollten, die auch politisch am Stadtregiment beteiligt waren. Während »Gilde« heute einen Zusammenschluss von Händlern und Kaufleuten bezeichnet und »Zunft« für die Vereinigung von Handwerkern verwendet wird, vermischten sich die Begriffe im Mittelalter und wurden regional nicht selten durch »Innung«, »Amt« oder »Gaffel« ersetzt. Gemeinsam war ihnen, dass sie das Angebot und den Preis der Waren regelten und streng über deren Qualität wachten. Den Zünften oblag die Aus-

Zunftwappen und Zunfttafeln zeigten die Unabhängigkeit und den Stolz der Handwerker auf ihr Gewerbe. Zunfttafel der Seidenweber in Venedig. Gemälde, anonym, 15. Jahrhundert. Venedig, Museo Civico Correr.

bildung der Lehrlinge sowie der Unterhalt ihrer Mitglieder in Notzeiten: Verstarb ein Zunftmitglied, so war es Aufgabe seiner Zunftbrüder, für den Unterhalt der Witwe und der Kinder zu sorgen. Heiratete diese jedoch innerhalb eines Jahres nicht erneut, so konnte sie die Werkstatt ihres Mannes verlieren. Einige Zünfte akzeptierten Frauen als Mitglieder. Zu ihnen gehörten die Garnmacher und die Seidenmacher. Die Mitgliedschaft in einer Zunft konnte durch Kauf oder Vererbung erworben werden. Außerhalb einer Zunft war es in einer Stadt niemandem möglich, Handel oder ein Gewerbe zu betreiben (*Zunftzwang*). Eigene Zunfthäuser, in denen sich die Brüder versammelten, sowie Zunftwappen und -fahnen zeigten den Stolz der Handwerker und Kaufleute auf ihr Gewerbe. Die Lehrzeit begann in der Regel mit 14 oder 15 Jahren und dauerte durchschnittlich zwei bis drei Jahre, während hoch spezialisierte Gewerbe wie die Goldschmiedekunst eine wesentlich längere Ausbildungszeit verlangten. Nach dem Akt der Freisprechung wurden die jungen Männer in den Kreis der Gesellen aufgenommen. Wer ein Meister werden wollte, hatte Unbescholtenheit und Berufserfahrung vorzuweisen und eine hohe Aufnahmegebühr zu entrichten. An der Schwelle zur Neuzeit wurden diese Kriterien teils noch einmal verschärft. Bedingungen zur Erhebung in den Meisterstand waren nun unter anderem eine eheliche Geburt, eine abgeschlossene Lehre, eine Wanderzeit als Geselle sowie die Ableistung einer Probezeit (*Muthzeit*).

Handel und Kaufleute

»Wir brauchen die Kaufleute, denn sie schaffen die Dinge, die wir benötigen, von einem Land ins andere«, predigte Berthold von Regensburg im 13. Jahrhundert. Das waren lobende Worte eines Kirchenmannes für einen Berufszweig, den viele seiner Zeitgenossen mit höchstem Misstrauen betrachteten und für den es auch in der Dreiständegesellschaft keinen Platz zu geben schien. Galten Kaufleute vielerorts als Wucherer, Betrüger oder schlicht als feiste »Pfeffersäcke«, erkannte Berthold auch ihren Nutzen. In Regensburg, der Stadt seines Wirkens, hatte er zweifellos ein anschauliches Bild von Handel und Warenaustausch erhalten. Wie in jeder mittelalterlichen Stadt gehörten auch dort kleine Krämer, die in Läden und Buden ihre Waren verkauften, zum Alltagsbild. Zu ihrem Sortiment gehörten in der Regel Gewürze, Textilien und Kleinwaren aus Holz oder Metall. Doch war die Bischofsstadt an der Donau auch eines der bedeutendsten Fernhandelszentren im Reich. Aus dem Osten wurden Vieh, Pelze, Wachs und Häute nach Regensburg gebracht, aus dem Süden insbesondere teure Seidenstoffe und Gewürze. Tatsächlich war es der Fernhandel, der vielen mittelalterlichen Städten ihr Gepräge gab und der viele Fernhandelskaufleute zu Großverdienern machte. Aus Rechnungsbüchern lässt sich die Gewinnspanne für flandrisches Tuch im 15. Jahrhundert bei durchschnittlich etwa 15–20 Prozent festmachen, wobei in Einzelfällen mit starken Abweichungen in beide Richtungen zu rechnen ist. Mit dem Geld, das sie nicht in neue Waren investierten, erwarben viele Kaufleute Land. Wohl gefüllte Geldtruhen ermöglichten ihnen auch, die ehrenamtlichen Tätigkeiten im Rat der Stadt zu übernehmen. Daneben betätigten sich viele der Kaufleute als Verleger. Sie vermieteten Werkstätten und Werkzeuge an Handwerker, die auf Bestellung Waren fertigten, die wiederum die Kaufleute dem Fernhandel zuführten. Zu den bedeutendsten Kaufmannsfamilien, die aufgrund ihres immensen Reichtums im 15. und frühen 16. Jahrhundert höchsten politischen Einfluss erlangten, gehörten die Fugger aus Augsburg. Dass sie sich wie viele ihrer reichen Berufskollegen – nicht zuletzt um ihres Seelenheils willen – auch karitativ engagierten, zeigt sich an der Fuggerei, der ersten echten Sozialsiedlung Deutschlands, die noch heute bewohnt wird.

Trotz der vielerorts bedrückenden Armut in den Städten und den häufig katastrophalen hygienischen Bedingungen, die die Ausbreitung von Krankheiten wie Pest und Cholera nur noch verstärkten, wirkten die Städte zukunftsweisend für die weitere Entwicklung der Gesellschaft im Abendland. Die Agrargesellschaft des frühen Mittelalters wandelte sich zu einer urbanen Kultur, die bis in die Gegenwart fortwirkt.

In Regensburg errichteten sich reiche Bürger Wohntürme, sog. Patriziertürme, die hoch über die Häuser der Stadt aufragten.

DIE HANSE

Zum Innbegriff reicher, spätmittelalterlicher Städte wurden insbesondere jene, die zum Verbund der Hanse gehörten. Um ihre wirtschaftlichen Interessen vor allem im Ausland besser durchsetzen zu können, hatten sich Kaufmänner bereits im 11. Jahrhundert zu Kaufmannsgenossenschaften zusammengeschlossen. Auch die Hanse (althochdeutsch *hansa = Gruppe*) war zunächst eine Vereinigung von Kaufleuten, in die immer mehr Handelsstädte aufgenommen wurden. Bereits im 13. Jahrhundert war die Hanse ein selbstbewusstes Städtebündnis. Eine Stadt, die von den Vorteilen der Hanse profitieren und Mitglied werden wollte, stellte einen Antrag auf Aufnahme oder ließ sich von einer größeren Stadt aufnehmen. Ein Jahrhundert später war die Hanse eine Großmacht im Nord- und Ostseeraum. Aus dem lockeren Städtebund war 1356 der Bund »van der düdeschen Hanse« unter der Leitung Lübecks geworden. Gut 70 Städte, darunter Hamburg, Köln, Rostock, Stralsund, Visby oder Stockholm, gehörten zu ihrem Kern; weitere 130 Städte waren assoziiert. Die Hanse beherrschte den gesamten Ostseehandel, ihr Einfluss reichte von Flandern bis an den Finnischen Meerbusen und das Schwarze Meer. Ihren großen Erfolg verdankte die Hanse nicht zuletzt dem Einsatz der hochseetauglichen *Koggen*, auf denen Pelze, Getreide, Wachs, Heringe, Holz sowie Tuche, Wolle oder Salz transportiert wurden. Auf Hansetagen, die nach Bedarf von Lübeck einberufen wurden, berieten die Mitgliedsstädte über alle Fragen des Fernhandels und der Beziehungen der Hansestädte und -kaufleute untereinander. In den Hanseniederlassungen *(Kontoren)* in London, Novgorod und Bergen wachten Ombudsmänner peinlich genau darüber, dass die Handelsprivilegien der Hanse nicht beschnitten wurden. Doch mit den aufstrebenden schwedischen und dänischen Kaufleuten erwuchsen der Hanse im Ostseehandel scharfe Konkurrenten. Das Erstarken der Territorialgewalten an der Ostsee sowie die Erschließung überseeischer Handelswege infolge der Entdeckung Amerikas läuteten im 15. Jahrhundert das Ende der Blütezeit der Hanse ein.

Die hochseetaugliche Kogge wurde bald zum Sinnbild des Reichtums und des Einflusses der Hanse.

■ Christentum und Religiosität

Die Geschichte des abendländischen Mittelalters ist zugleich eine Geschichte des Christentums. Erst die Annahme des christlichen Glaubens durch die Franken und ihre Orientierung nach Rom hatte dem Reich Festigkeit und Zukunft zugleich verschafft. In einem langen, mühevollen Prozess wurden die heidnischen Bewohner des Frankenreiches zum neuen Glauben geführt, wurde nach Wegen gesucht, die alten heidnischen Kulte mit christlichen Inhalten zu füllen. Bald war das Leben des Menschen in all seinen Bereichen vom Christentum geprägt. Seine Verdienste um die Zivilisation des Abendlandes sind allerdings zwiespältig. Das im Mittelalter praktizierte Christentum und die Lehre Jesu von Feindes- und Nächstenliebe drifteten häufig da auseinander, wo Herrschaft ausgeübt und legitimiert werden sollte. Während es einerseits die kulturelle Entwicklung ganz entscheidend prägt und der Schriftlichkeit und bildenden Kunst zu einem glänzenden Aufschwung verhalf, wirkte es besonders statisch bei der bewussten Ausgrenzung von Randgruppen oder dem Beharren auf längst überholten Denkmodellen.

Standortbestimmung des Glaubens: Die ökumenischen Konzilien der Spätantike

Der Glaube an Tod und Auferstehung Jesu Christi folgte in den ersten nachchristlichen Jahrhunderten noch keiner verbindlichen und festen Lehre. Für die frühen Christengemeinden gab es viele Wege, den noch jungen Glauben zu praktizieren. Grundlage dafür waren ihnen das Alte Testament, die Evangelien, die Apostelgeschichte und die Briefe des Paulus. Der gegenüber Andersgläubigen geäußerte Anspruch der Christen, im Besitz der göttlichen Wahrheit zu sein, führte schnell zu Streitigkeiten: Wer vertrat denn nun die reine Wahrheit? Die Auseinandersetzungen betrafen Fragen wie das Verhältnis zwischen Gott Vater, Sohn und Heiligem Geist. Und wie genau waren Mensch und Gott in der Person Christi vereint? Der Streit über die rechte Lehre führte zu erbitterten Glaubenskämpfen, zu Beleidigungen und offener Aggression. Um das Christentum wieder zu seinen friedlichen Ursprüngen zurückzuführen, beriefen der römische Kaiser und die Bischöfe Konzilien ein, die der Findung der für alle verbindlichen, wahren Lehre Christi dienen sollte.

Im Jahr 325 berief Kaiser Konstantin das erste ökumenische Konzil in die Stadt Nicäa bei Konstantinopel ein. Etwa 300 Bischöfe und Patriarchen stritten sich dort um die Frage nach dem Ursprung Christi. Die Lehre des

Arius, wonach Gott Vater und Sohn zwei unterschiedliche Wesen waren und Jesus kein Gott, sondern nur das vornehmste aller Geschöpfe, wurde als Irrlehre verdammt. Man einigte sich schließlich darauf, dass Jesus Christus aus dem Vater und dem Heiligen Geist hervorging. Auch am Osterdatum, das in Nicäa für alle Christen festgelegt wurde, hält man noch heute fest: Der Tag der Auferstehung Christi wird seit 325 immer am ersten Sonntag nach dem ersten Frühlingsvollmond gefeiert.

rechter Bildausschnitt: Der angelsächsische Missionar Winfried Bonifatius wird 754 von den Heiden erschlagen. Buchmalerei, Fulda, 975.

Fragen der göttlichen Dreieinigkeit widmete sich auch das Konzil von Konstantinopel im Jahr 381. Ergebnis der Kirchenversammlung war die Feststellung, dass der Heilige Geist aus Gott Vater und Sohn gleichermaßen hervorging. Niederschlag fand diese Lehre im nicäno-konstantinopolitanischen Glaubensbekenntnis, das als »Großes Glaubensbekenntnis« bis heute Gültigkeit besitzt.

Auf den Konzilien in Ephesus im Jahr 431 und Chalcedon im Jahr 451 stand schließlich der Streit um Christi Gottheit und Menschheit im Mittelpunkt. Papst Leo I. formulierte dazu den Lehrsatz: »Der eine und selbe [Christus] ist vollkommen der Gottheit nach und vollkommen der Menschheit nach, wahrer Gott und wahrer Mensch.«

Je eifriger allerdings die insgesamt sieben ökumenischen Konzilien versuchten, die ursprünglich freie christliche Lehre in Dogmen zu fixieren, desto weiter entfernten sie sich von ihrem erklärten Ziel, die Christenheit zur Einheit im Glauben zurückzuführen. Vor allem zwischen Rom und

Konstantinopel wurde die Kluft in Glaubensfragen immer tiefer. Die endgültige Trennung zwischen Ost- und Westkirche im Jahr 1046 war schon Jahrhunderte zuvor vorgezeichnet worden.

Die Missionierung des Frankenreiches

Während Bischöfe und Patriarchen erbittert um die wahre Glaubenslehre rangen, waren weite Teile des Abendlandes noch unberührt vom christlichen Glauben. Wo die Menschen nicht dem arianischen Bekenntnis folgten, wurden vielerorts noch immer Naturgottheiten verehrt, folgten die Menschen heidnischen Riten. Einen wichtigen Impuls zur Christianisierung des Abendlandes gab die Annahme des katholischen, an Rom orientierten Glaubens durch den Frankenkönig Chlodwig um 500. In Zusammenarbeit mit den Bischöfen seines Reiches setzten er und seine Nachfolger sich für die Weiterverbreitung des Glaubens ein. Zum entscheidenden Durchbruch im Frankenreich verhalfen der Lehre Christi aber erst Missionare, die aus Irland und Angelsachsen den Weg in die Fremde gewagt hatten. In Irland hatte es schon im 5. Jahrhundert Ansätze einer kirchlichen Organisation gegeben. Fehlten dort Bischofsstädte gänzlich, so leisteten die Klöster einen wichtigen Beitrag zur Missionierung der Bevölkerung. Von der grünen Insel gelangten das Christentum und die Idee klösterlicher Lebensgemeinschaften auch nach Angelsachsen, wo sich der neue Glauben allerdings nur allmählich ausbreitete. Erst die Entsendung des Missionars Augustinus durch Papst Gregor I. um 600 war der Auslöser für eine umfassende Bekehrung der heidnischen Bevölkerung. Schon im 8. Jahrhundert hatte sich das Christentum auf der Insel so verfestigt, dass man im Auftrag Roms eigene Missionare entsenden konnte, die die Lehre Jesu anderen Völkern verkünden sollten. So hatte Winfrid Bonifatius aus dem angelsächsischen Wessex von Papst Gregor II. den Befehl erhalten, Germanien zu missionieren. Eifrig ging Bonifatius ans Werk. Unter dem Schutz des Hausmeiers Karl Martell predigte er den Menschen des Frankenreiches das Wort Gottes und spendete die Taufe. Rücksichtslos ging er dabei gegen die heidnischen Bräuche und Kultstätten vor: Demonstrativ soll er der Legende nach bei Geismar die Donar-Eiche gefällt und ihr Holz zum Bau einer Kirche verwendet haben. Um 725 erweiterte er sein Missionsgebiet nach Osten und trug den christlichen Glauben bis in die Gebiete östlich des Thüringer Waldes. Bonifatius war rastlos. Ihm lag besonders der Ausbau der Kirchenorganisation im Frankenreich am Herzen. Salzburg, Regensburg, Passau, Freising und Eichstätt gehörten zu den Bistümern, die von Bonifatius gegründet oder neu organisiert wurden. Auch viele Klöster, unter ihnen das bedeutende Fulda, verdankten ihre Existenz seinem Missionseifer. Noch als Achtzigjähriger machte er sich erneut auf, um die Friesen zu bekehren. Bei Dokkum wurde er 754 von heidnischen Räubern überfallen und mit mehreren Schwertstreichen getötet. Dem Christentum, wie es sich im Frankenreich nun immer stärker zu verwurzeln begann, hatte er seinen, einen dezidiert römischen Stempel aufgedrückt. In der Liturgie sollten die Franken den Vorgaben Roms folgen. An dieser Vorgabe sollte vor allem Karl der Große festhalten. Er und seine Nachfolger auf dem fränkischen und römisch-deutschen Thron sorgten sich nicht allein um die innere Festigung des Glaubens im Reich, sondern auch um die Missionierung heidnischer Völker jenseits der Reichsgrenzen. Ungarn, Polen, Böhmen und etliche Slawenstämme östlich der Elbe wurden nach und nach ins christliche Imperium eingegliedert. Im Hochmittelalter schließlich erfuhr der Missionsgedanke infolge der planmäßigen Erschließung Osteuropas neuen Antrieb. Vor allem der Deutsche Orden sollte das Einflussgebiet des Christentums unter Einsatz des Schwertes bis nach Skandinavien erweitern.

Altes und Neues

Dass Bonifatius und seine Missionsbrüder wie Willibrord oder Lul es schwer hatten, den Menschen des Frankenreiches die Inhalte der christlichen Heilslehre zu vermitteln, lag nicht nur an der unnachgiebigen Härte, mit denen die Männer Gottes den Heiden mitunter den Glauben aufzwingen wollten.

Auch die christlichen Inhalte wollten erst einmal verstanden sein. Einem Feind zu verzeihen, ihm gar noch die andere Wange hinzuhalten, war mit der Kriegerethik der Germanen kaum zu vereinbaren. Um einerseits die Annahme der neuen Religion zu erleichtern und andererseits die heidnischen Glaubensinhalte zu verdrängen, hatte die Kirche christliche Feste bewusst in die zeitliche Nähe heidnischer Kultfeste gelegt oder diese ganz ersetzt. War das Weihnachtsfest bereits im 4. Jahrhundert auf den 25. Dezember, den Festtag des »Unbesiegten Sonnengottes« *(sol invictus)*, gelegt worden, so fiel es in Germanien nun mit dem Julfest zusammen, an dem die Menschen die Wiederkunft der Licht und Segen verheißenden Sonne feierte. Der Mittsommer Ende Juni, der mit Sonnwendfeuern began-

Alkuin, der angelsächsische Gelehrte am Hof Karls des Großen, wendet sich gegen die Gewaltbekehrung: »Denn der Glaube ist, wie der heilige Apostel sagt, eine freiwillige Angelegenheit, nicht eine erzwungene. Zum Glauben kann der Mensch wohl gezogen, nicht aber gezwungen werden. Natürlich kann man zur Taufe zwingen, aber das ist kein Gewinn für den Glauben. Ein Mensch im Erwachsenenalter muss für sich selbst antworten, was er glaubt und was er will, und wenn er trügerisch den Glauben bekennt, wird er in Wahrheit nicht das Heil gewinnen.«

gen wurde, über die zu springen Glück bringen sollte, wurde zum Fest Johannes des Täufers, dem zu Ehren vielerorts bis heute Johannesfeuer angezündet werden. Schnell verschmolzen die alten heidnischen Rituale mit den neuen christlichen Kulten zu einer fruchtbaren Symbiose. Der vorchristliche Brauch etwa, mit Masken und wildem Treiben die finsteren Dämonen des Winters zu vertreiben, wurde im Mittelalter der Auftakt zur 40-tägigen Fastenzeit. Auch die Bräuche, Weihnachten mit immergrünen Pflanzen wie Tannen- oder Eibenzweigen zu begehen, rühren von heidnischen Vorstellungen von Fruchtbarkeit und Leben her, passen aber ebenso zur christlichen Weihnachtsbotschaft.

Ein Leben im Schoß der Kirche

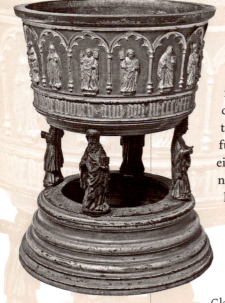

Taufbecken, 1430. Halle a. d. Saale, Marktkirche.

Das gesamte Leben des mittelalterlichen Menschen war geprägt vom Christentum. Neben den Hochfesten wie Ostern, Pfingsten und Weihnachten gaben zahllose Heiligenfeste und Kirchweihen dem Jahr einen festen Rhythmus und waren für die hart arbeitenden Menschen willkommene Ruhepausen. Schon mit dem Sakrament der Taufe wurde der junge Mensch in die Gemeinschaft der Kirche aufgenommen. Hatte die Urkirche nur die Erwachsenentaufe nach einer Zeit der reiflichen Überlegung und Vorbereitung gekannt, so ordnete die Kirche im 5. Jahrhundert die Taufe von Säuglingen sofort nach der Geburt an, »um sie der Gefahr der Verdammnis zu entreißen, die ihnen droht, falls sie ungetauft sterben«. Besonders Karl der Große setzte sich für die Einführung eines einheitlichen Taufritus im Frankenreich ein. »Bei einem Glauben tut ein verschiedenartiger Brauch der Kirche keinen Abbruch«, hatte Papst Gregor der Große († 604) noch gelehrt. Im Gefolge der angelsächsischen Mission hatte jedoch eine formstrenge Liturgie Einzug ins Frankenreich gehalten. Gottes Ohr drohte durch fehlerhaft vorgetragene Gebete oder Formeln beleidigt zu werden! Daher war Karl der Große äußerst bedacht darauf, dass das Taufgelöbnis fehlerfrei abgeleistet wurde und auch Paten und Eltern des Täuflings das Glaubensbekenntnis und das Vaterunser als Minimum an Glaubenswissen aufsagen konnten.

Fortan lebte der Getaufte ein Leben im Schoß der Kirche. Die einst lockeren Gemeinden der Urkirche hatten sich schon im Hochmittelalter zu einer hierarchisch organisierten Institution gewandelt, deren einzelne Glieder streng über die Einhaltung ihrer Gebote wachten. Religiöse Vorschriften bestimmten, wie oft und wann ein Gläubiger zur Beichte und zur Messe gehen musste, wann er welche Fastenvorschriften einzuhalten hatte und wann er sexuell enthaltsam sein sollte. Am Ende seines Lebens angelangt, war es das Ziel eines jeden Christen, gut vorbereitet und mit den Sterbesakramenten versehen zu sterben und frei von Sünden vor den Schöpfer zu treten. Nichts war mehr gefürchtet als der plötzliche, unvorbereitete Tod, der dem Gläubigen keine Zeit mehr ließ zu Buße und Reue. In der Stunde seines Todes feierte der gläubige Christ nach mittelalterlichem Verständnis seinen eigentlichen Geburtstag. Hatte er ein gottesfürchtiges Leben nach den Geboten der Kirche gelebt, so konnte er nun auf das ewige Leben in der Herrlichkeit Gottes hoffen.

Heilige und Reliquien

Auch für den gläubigen Christen war die Welt des Mittelalters voller Gefahren. Ständig drohten Hunger, Seuchen und Kriege, überall lauerten Dämonen und drohte das Böse. Das Glück des einen Tages konnte sich schon am nächsten Tag zum Unglück wenden. Die Menschen fühlten sich der launischen Schicksalsgöttin Fortuna hilflos ausgeliefert. Sicherheit und Zuversicht gaben da der Glaube und die Gewissheit, in den Heiligen Fürsprecher bei Gott für alle Sorgen und Nöte zu haben. Die Gottesmutter Maria gehörte zu allen Zeiten zu den beliebtesten Heiligen des Mittelalters. Unzählige Kirchen sind ihr geweiht, Kaiser wie Heinrich II., Konrad II. und Heinrich III. vertrauten ihr das Wohlergehen des gesamten Reiches an. Das *Ave Maria* zählte schon im Hochmittelalter zu den bekanntesten Gebeten. Die Menschen vertrauten sich gerne dem Schutz von »Unserer lieben Frau« an, die sich in ihrer Güte den Bitten von Arm und Reich gleichermaßen annahm.

Maria zur Seite standen seit den schweren Jahren der Pest die vierzehn Nothelfer. So half der hl. Achatius in Todesangst und Momenten des Zweifels, und der hl. Ägidius zur Ablegung einer guten Beichte. Die hl. Barbara war Patronin der Sterbenden, der hl. Blasius half bei Halsleiden. Wer keines unvorbereiteten Todes sterben wollte, betete zum hl. Christophorus,

Engel und Teufel kämpfen um die Seele eines Verstorbenen. Buchmalerei aus Hildegard von Bingen, Scivias, 12. Jh.

während der hl. Cyriacus gegen Anfechtungen in der Todesstunde angerufen wurde. Der hl. Dionysius half bei Kopfschmerzen, der hl. Erasmus hingegen bei Leibschmerzen. In allen schwierigen Lebenslagen war es ratsam, zum hl. Eustachius zu beten. Der hl. Georg half bei Seuchen der Haustiere, und bei Leiden der Zunge und schwerer Sprache versprach die heilige Katharina Linderung. Die hl. Margareta war Patronin der Gebärenden, der hl. Pantaleon der Patron der Ärzte. Der hl. Veit schließlich half bei Epilepsie.

Die Reliquien von Heiligen wurden in kostbaren Behältnissen (Reliquiaren) aufbewahrt. Hier das sog. Servatiusreliquiar, um 870, Quedlinburg, Domschatz.

Daneben gab es unzählige Heilige und Bekenner, die häufig nur lokal bekannt waren und verehrt wurden. Sie alle waren aufgrund ihres entsagenden Lebens und der Wunder, die sie zu Lebzeiten oder nach ihrem Tod gewirkt hatten, zur Ehre der Altäre erhoben worden. In ihren Reliquien, ihren sterblichen Überresten oder Dingen, die sie berührt hatten, schlummerte nach Überzeugung der Zeit noch immer die göttliche Kraft *(virtus)*, die auch auf die Gläubigen übergehen und Wunder wirken konnte. Nicht nur Karl der Große soll der Überlieferung nach ein Glasgefäß mit einigen Haaren Marias um den Hals getragen haben, auch der Zisterzienserabt Bernhard von Clairvaux ließ sich zusammen mit den Reliquien des Apostels Taddäus bestatten, um ihm bei der Auferstehung nahe zu sein. Die Orte bekannter und Wunder wirkender Heiliger waren stets Ziel von Wallfahrern, die sich durch die Schau oder gar Berührung der Reliquien oder auch nur durch ein Gebet am Grab des Heiligen eine Heilung von Lähmung, Blindheit oder Wahnsinn oder wenigstens eine Linderung ihrer Leiden erhofften. Der berühmteste Wallfahrtsort des Mittelalters war, von Rom und Jerusalem abgesehen, Santiago de Compostela in Spanien, an dem die Gebeine des Apostels Jakobus aufbewahrt werden.

rechts: Königin Isabella von Portugal pilgert nach Santiago de Compostela, dem bedeutendsten Wallfahrtsort des Mittelalters. Buchmalerei 1500–1525.

Teufel und Dämonen

Fester Bestandteil der christlichen Heilslehre waren das Ende der Welt und das Jüngste Gericht. Der Geheimen Offenbarung des Johannes zufolge beginnt mit der Ankunft des Antichrist, des Teufels, das Ende aller irdischen Zeit. Ihr folgt das Jüngste Gericht, bei dem Christus als Weltenrichter die

DIE INQUISITION

Die Inquisition ist bis heute das Schreckgespenst des Mittelalters und der frühen Neuzeit. Auf immer wird sie verbunden sein mit Folter, Tod und Scheiterhaufen. Dabei waren ihre Anfänge nicht gegen Ketzer, sondern gegen Geistliche der Kirche selbst gerichtet. Im späten 12. Jahrhundert hatte Papst Innozenz III. den Inquisitionsprozess (lat. *inquisitio* = Befragung) eingeführt, um renitente Bischöfe zu disziplinieren und möglicherweise auch aus Amt und Würden zu entfernen. Bei einem Inquisitionsprozess wurde ein Geistlicher mit Anschuldigungen konfrontiert, gegen die er sich zu verteidigen hatte. Kirchenrechtlich fest verankert wurde das Inquisitionsverfahren auf dem 4. Laterankonzil im Jahr 1215. Problematisch bei einem solchen Prozess war allerdings, dass eine Verurteilung nur dann erfolgen konnte, wenn der Angeschuldigte geständig war oder zwei Zeugen ihn überführten. Um nicht Hochverdächtige auf freien Fuß zu setzen, wurde bei schwer wiegenden Indizien in Fällen von Verrat oder einem Kapitalverbrechen die Folter zur Beweisfindung eingesetzt. Dieses Verfahren wurde unter Papst Innozenz IV. in der Mitte des 13. Jahrhunderts erstmals gegen Ketzer angewandt. Seine Entscheidung war folgenschwer. Im Ketzerprozess wurden nämlich die Verteidigungsmöglichkeiten des Beschuldigten immer weiter eingeschränkt. Jetzt erst wurde der Inquisitionsprozess zu einem erfolgreichen Mittel, gegen die sich rasch ausbreitenden Ketzergruppierungen der Katharer oder Waldenser vorzugehen. Allmählich begann die Inquisition, Angst und Schrecken zu verbreiten. Als Inquisitoren taten sich vor allem die Dominikaner hervor. Nicht nur hatte sich ihr Ordensgründer Dominikus besonders für die Bekehrung von Häretikern durch die Predigt eingesetzt, sondern sie waren auch so glänzend theologisch, rhetorisch und juristisch ausgebildet, dass es schwer war, sich bei einer Befragung gegen sie zu behaupten. Zu Ende des Mittelalters war die Inquisition nicht allein in Spanien, wo sie ganz in der Hand der Krone lag, ein Instrument des Terrors geworden.

Der hl. Dominikus wollte die Ketzerei nur mit Worten bekämpfen, doch wurde sein Orden bald zur rechten Hand der Inquisition. Gemälde von Pedro Berruguete, um 1495, Madrid, Museo del Prado.

Gerechten von den Sündern scheiden wird. Auf welcher Seite würde man stehen? Auf der Seite der klugen Jungfrauen, die sich, wie das Matthäusevangelium in einem Gleichnis lehrt, rechtzeitig auf die Ankunft ihres Bräutigams Christus vorbereitet haben? Oder auf Seiten der törichten, verschwenderisch und gottvergessen lebenden Mädchen, denen nur Tränen und Verzweiflung bleiben? In die allgegenwärtige Angst vor der Ankunft des Antichrist, die sich zu bestimmten Zeiten zu einer Naherwartung steigerte, mischte sich die Furcht der Gläubigen, am Tag des Gerichts nicht im Buch des Lebens zu stehen. Die Menschen waren sensibel für ihre eigene Umwelt und lernten, die Zeichen zu deuten. Missernten, Hagel und Hungersnöte konnten bereits auf den großen Weltenbrand hindeuten. Auch richtete sich ihr Blick immer wieder sorgenvoll zum Himmel, ob nicht Erscheinungen die Ankunft des Widersachers Christi ankündigten. Beim Auftreten einer Sonnenfinsternis ergriff die Schlachten erprobten Ritter Ottos I. solche Furcht, dass sie sich unter einem Karren versteckten.

Die Naherwartung des Weltendes, die sich gerade um die Jahrtausendwende spürbar gesteigert hatte, hatte neue Formen der Frömmigkeit hervorgebracht. Mehr als zuvor wurde dem Leiden Christi gedacht und das Kreuz in besonderer Weise verehrt. Die Kirche schöpfte Kraft in dieser Zeit. »Es war, als wollte die Welt ihr Alter abschütteln, um sich mit dem leuchtenden Gewand von Kirchen zu bekleiden«, resümierte ein beeindruckter Chronist des 11. Jahrhunderts.

Auch wenn der Antichrist nicht über die Welt hereinbrach, die Furcht vor ihm und dem Wirken des Bösen blieb. In jeder Seuche und Naturkatastrophe schien sich das Treiben böser Geister und Dämonen zu offenbaren. Von den Portalen der großen Kathedralen grinsten Dämonen mit scheußlichen Fratzen und verbreiteten Furcht. In Zeiten großer Not, in denen Gebet, Reliquienverehrung, Wallfahrten und Bittprozessionen das Böse nicht mehr abzuwenden schienen und der Glaube keine Sicherheit mehr bot, brach sich schnell alter Aberglaube Bahn. Unbegreifliche Vorgänge wie Viehsterben, Hagel oder Missgeburten begann man, dem dämonischen Treiben von Hexen und Zauberern und anderen finsteren Wesen der Luft zuzuschreiben. Selbst die theologisch gebildeten Vertreter der Kirche waren Kinder ihrer Zeit und

> Abt **Odo von Cluny** († 942) über das Ende der Welt: »Gesetzt, unser Leben währet tausend Jahre, wir gelangten doch zum Jüngsten Tag des ganzen Zeitalters. Wenn also die letzte Stunde gekommen ist, was nützt dann die Frucht unentwegter Lust, die kaum, dass sie endet, schon nicht gewesen zu sein scheint. Was nützen jetzt dem in der Hölle Brennenden das tägliche Vergnügen, der Batist und der Purpur! Dir Sünder aber, der du nach dem Gesetz, nach den Propheten, nach dem Evangelium, nach den Aposteln lebst, wie dir, wenn du sündigen willst, vergeben werden könnte, das weiß ich nicht.«

Die **Hoffnung auf den Himmel** und die **Angst vor der Hölle** waren für die Menschen des Mittelalters allgegenwärtig. Raoul de Praelles, »Translation et Exposition de la Cité de Dieu de Saint Augustin« 1371/75.

glaubten an die Existenz finsterer Mächte, die im Verbund mit dem Teufel standen. In der »Hexenbulle« Papst Innozenz' VIII. und im fast gleichzeitig gedruckten »Hexenhammer« wurde das Treiben des Bösen als alltägliche Wirklichkeit zementiert und dem Aberglauben neue Nahrung gegeben. Dem Hexenwahn der frühen Neuzeit war damit der Weg geebnet worden.

Vom Nachfolger Petri zum Stellvertreter Christi: Das Papsttum im Mittelalter

»Papst ist ein kurzer Laut, aber die Wirkkraft des Wortes umfasst Himmel und Erde«, sprach ehrfürchtig der Würzburger Stiftsherr Heinrich der Poet im ausgehenden 13. Jahrhundert. In der Tat ist keine Institution der Welt älter als das Papsttum. Von der Spätantike bis in die Gegenwart saßen 265 Männer auf dem Stuhl Petri. An ihrem Amt scheiden sich die Geister. Zum einen üben die Beständigkeit und die Organisation des Papsttums bis heute eine starke Faszination aus. Gleichzeitig kulminieren viele Negativurteile über das Mittelalter in den Nachfolgern Petri. Das Bild von machthungrigen, skrupellosen Päpsten, von erbitterten Widersachern vieler Könige und Kaiser haftet den Inhabern des apostolischen Stuhles bis heute an. Dabei waren die Anfänge des Papsttums sehr bescheiden. Dass die Päpste des Spätmittelalters den Rang der höchsten Autorität auf Erden für sich beanspruchen konnten, hätte in der Spätantike niemand vermutet. Am Anfang der Papstgeschichte war der Bischof von Rom nur einer unter vielen Seelenhirten. Nur ein Anspruch hob ihn aus der Reihe seiner Amtsbrüder hervor: Er war Nachfolger des Apostelfürsten Petrus, der in Rom sein Martyrium erlitten hatte.

»Du bist Petrus, der Fels ...

... und auf diesem Felsen werde ich meine Kirche bauen, und die Pforten der Hölle werden sie nicht überwältigen. Dir gebe ich die Schlüssel des Himmelreiches, und alles was du auf Erden binden wirst, soll auch im Himmel gebunden sein, und alles, was du auf Erden lösen wirst, soll auch im Himmel gelöst sein«, sprach Jesus zu seinem Jünger Petrus (Matthäus 16, 16–18), der im ersten Jahrhundert in Rom sein Martyrium erlitt. Über dem Petrusgrab, das auch heute tatsächlich in der Nähe des Petersdomes vermutet wird, errichtete Kaiser Konstantin die erste Petrusbasilika auf dem Vatikanhügel, der sich damals noch außerhalb der Stadtmauern befand. Der Bischof von Rom konnte also tatsächlich den Anspruch erheben, Nachfolger des Petrus zu sein. Sein Amtssitz war allerdings nicht die Peterskirche, sondern San Giovanni in Laterano, die Bischofskirche von Rom. Doch noch gab es viele Päpste in jener Zeit. Denn der Titel *papa* war ursprünglich eine in der frühen Kirche übliche Anrede für Bischöfe. Erst seit dem 5. Jahrhundert bezeichnete er fast ausschließlich den Bischof von Rom, bis er seit dem späten 11. Jahrhundert vom Papsttum exklusiv für sich beansprucht wurde.

Der Aufstieg des römischen Bischofs begann mit dem weltlichen Niedergang Roms. Bis ins 5. Jahrhundert hatte der Papst im Schatten jener Kaiser gestanden, die sich als große Förderer des Christentums erwiesen. Seit der christliche Kaiser Konstantin († 337) seine Religion im Römischen Reich nicht nur tolerierte, sondern auch nach Kräften förderte, nahm das Christentum einen rasanten Aufschwung. 395 wurde das Christentum Staatsreligion im Imperium Romanum. Längst hatte es sich nach Rom orientiert, wo neben Petrus nun auch dem zweiten Apostelfürsten Paulus immer größere Verehrung zuteil wurde. Latein hatte sich als Sprache der Kirche etabliert. Die römische Welt jedoch wurde bis in ihre Grundfesten erschüttert, als die Westgoten 410 plündernd in die Ewige Stadt einfielen. Dass Kaiser Honorius II. hilflos in Ravenna ausharrte, zeigte den verzweifelten Zeitgenossen, dass die weltliche Herrschaftsgewalt nicht mehr in der Lage war, Rom zu schützen. Diese Aufgabe übernahm nun der Bischof von Rom. Die Stadt begann sich immer mehr mit dem Papsttum zu verbinden. Selbstbewusst konnte alsbald Leo I. (440–461) den römischen Bischof über alle anderen Bischöfe stellen: Die Vollgewalt *(plenitudo potestatis)* besitze allein der Nachfolger des Petrus in Rom, der durch die Verdienste des Petrus heilig sei. Jeder Bischof von Rom wurde so zum vollgültigen Erben Petri erklärt.

Papst Gregor der Große († 604) schließlich öffnete durch Predigten und eine umfangreiche karitative Tätigkeit das Christentum nicht nur dem einfachen Volk, er verhalf auch dem Primat des Papstes zu einem neuen Höhepunkt. Durch die Entsendung von Missionaren nach England beanspruchte er die Verbreitung des Glaubens als Aufgabe des höchsten kirchlichen Würdenträgers. Zudem versuchte er, sein Amt aus der Kontrollgewalt des oströmischen Kaisers zu lösen. Der Papst war bald kein byzantinischer Amtsträger mehr, sondern das selbstbewusste Oberhaupt der immer weiter erstarkenden westlichen Kirche.

> Der **anonyme Verfasser** der Schrift »Über die Papstwahl« von 1047 über die Einflussnahme Kaiser Heinrichs III.: »Wo steht denn geschrieben, dass die Kaiser die Stellvertretung Christi haben? (...) Dieser gottverhasste Kaiser [Heinrich III.] zögerte nicht, den abzusetzen, den er noch nicht einmal wählen durfte.«

Die Erhebung des Papstes in Spätantike und Frühmittelalter

Während heute ein Papst durch ein schriftlich fixiertes und genau geregeltes Wahlverfahren erhoben wird, waren in der Frühzeit des Papsttums hauptsächlich persönliche Bindungen und Empfehlungen ausschlaggebend dafür, wer den Platz auf dem Stuhl Petri einnahm. Auch wenn nach alter Formel Klerus und Volk von Rom den neuen Papst erhoben, so wurden doch zunächst viele Nachfolger Petri durch Designation ihrer Vorgänger oder durch Einflussnahme der römischen Kaiser zum Papst. Bis ins 8. Jahrhundert musste jeder Neubesetzung des apostolischen Stuhles darüber hinaus die Genehmigung aus Ostrom vorausgehen. 769 wurde hinsichtlich des zu Wählenden erstmals eine Bestimmung erlassen, der zufolge fortan kein Laie mehr den römischen Stuhl besetzen sollte, sondern nur noch Priester und Diakone der römischen Titelkirchen. Je mehr allerdings die Papsterhebung zum Streitobjekt zwischen konkurrierenden stadtrömischen Adelsfamilien wurde, desto weniger konnte man auf solche Gebote Rücksicht nehmen. Im 9. Jahrhundert drohten Rom und das Papsttum im Chaos der streitenden Adelsclans zu versinken. Papst Johannes VIII.

Die Päpste sind die Nachfolger des Apostelfürsten Petrus. Hier Petrus und Paulus auf einer frühchristlichen Steinplatte nach 313.

(872–882) wurde zuerst vergiftet und zur Sicherheit noch mit einem Hammer erschlagen, während Johannes XI. (931–936) als zwanzigjähriger Laie von seiner Geliebten, der Stadtherrin Marozia eingesetzt wurde. Deren Bruder Alberich war es, der einige Zeit lang über die Papstwahl bestimmte. So wundert es nicht, dass sein Sohn Johannes XII. (955–964), ebenfalls ein Laie, die Papstwürde und zugleich die römische Stadtherrschaft innehatte. Dass er 962 den ostfränkischen König Otto I. zum Kaiser krönte, erwies sich als folgenschwer. Otto und seine Nachfolger auf dem Kaiserthron steigerten die Sakralität ihrer Würde in solche Höhen, dass auch das Papsttum immer mehr in ihre Abhängigkeit geriet. Otto forderte einen entscheidenden Einfluss auf die Papstwahl und hatte den Anspruch erhoben, dass nur der kaiserliche Kandidat den Stuhl Petri besteigen könne. Bis zur Mitte des 11. Jahrhunderts setzten Ottos Nachfolger auf dem Kaiserthron wie selbstverständlich Päpste ein und ab. Immer mehr wuchs in Kreisen der Reformkirche das Bewusstsein, wie sehr die Papstwahl vom Kaiser abhängig war.

1059 erließ daher Papst Nikolaus II. ein Dekret, demzufolge sich die Kardinalbischöfe und Kardinalpriester bei Papstwahlen auf einen Kandidaten festlegten, bevor Klerus und Volk zustimmten. Damit war der kaiserliche Einfluss zurückgedrängt und der Kreis der Wähler festgelegt. Zu einem festen Wahlverfahren fanden jedoch erst spätere Jahrhunderte in mehreren Etappen.

Zweidrittelmehrheit und Konklave

Nach mehreren zwiespältigen Papstwahlen des ausgehenden 11. und 12. Jahrhunderts, von denen vor allem das Alexandrinische Schisma (1159–1177) das Abendland in eine schwere Krise gestürzt hatte, wurde der Ruf nach einer verbindlichen Regelung der Papstwahl immer lauter. 1179 legte daher Papst Alexander III. fest, dass nur noch derjenige Papst sein konnte, der eine Zweidrittelmehrheit auf sich vereinigen konnte. Ein solches Mehrheitsverfahren war im Mittelalter bis dato ein völliges Novum. Eine Wahl, aus der ja der Wille Gottes sprach, musste stets einhellig getroffen sein oder sich als einmütig durchsetzen. So verlief die Papstwahl seit 1179 wesentlich weltlicher als die Wahl eines Königs, der durch das Sakrament der Salbung gleichsam »ein neuer Mensch« wurde und nach seinem Tod als Mitregent in den Himmel aufstieg. Bis zur Einführung der Goldenen Bulle 1356 war er dem irdischen Prinzip von Zahlen weit entrückt. Der Papst hingegen besaß nur eine Amtsheiligkeit, die mit seinem Tod erlosch. Eine Salbung, die sie legitimiert hätte, kannten die Päpste nicht. Der pragmatische Griff zur Zweidrittelmehrheit erwies sich in der Tat als zukunftsweisend. Bis zum Ausbruch des Abendländischen Schismas im Jahr 1378 kam es nur noch selten zu einer zwiespältigen Papstwahl. Doch nun waren es andere Fragen, die einer Klärung bedurften: Wann sollte die Wahlversammlung zusammentreten, und wo?

Die erste Frage wurde 1274 auf dem Konzil von Lyon beantwortet, als der 10. Tag nach dem Ableben eines Papstes als Beginn einer Papstwahl bestimmt wurde. Um die sich oft lange hinziehende Entscheidungsfindung der Kardinäle etwas zu beschleunigen, hatte die Wahlversammlung bereits 1241 im *Konklave* (lat. »mit dem Schlüssel« = eingesperrt) stattgefunden. Vor allem dem Stadtherrn Mattheo Rossi war damals in einer politisch äußerst angespannten Lage sehr viel an einer schnellen Entscheidung des Wahlgremiums gelegen. Er sperrte die in Rom anwesenden Kardinäle kurzerhand in einen verfallenen antiken Palast. In der kerkerähnlichen Gefangenschaft verstarb einer der Kardinäle, alle anderen wurden krank. Nach zwei Monaten wählten sie mit Coelestin IV. schließlich den ältesten und

In den Calixtus-Katakomben an der Via Appia außerhalb Roms fanden neun Päpste und acht Bischöfe des 3. Jhs. ihre Grablege.

schwächsten unter ihnen, und tatsächlich starb der neue Papst schon siebzehn Tage später, während seine Wähler größtenteils aus der Stadt geflohen waren. Dennoch machte das Beispiel Schule. Das längste Konklave der Kirchengeschichte dauerte zwei Jahre und acht Monate und fand von Dezember 1268 bis September 1271 in Viterbo statt. Weder die Einmauerung im Bischofspalast, das Abdecken des Daches oder Nahrungsentzug hatten die Kardinäle zu einer gültigen Wahlentscheidung bewegen können. Dennoch galt seit 1294 die Regelung, dass nach drei Tagen Konklave ohne Entscheidung ein Essensentzug beginnen sollte. Mit der Festlegung des Kardinalkollegiums als Wahlgremium 1059, der Einführung der Zweidrittelmehrheit 1179 und der Einführung des Konklaves 1241 hatten sich im Mittelalter die drei wesentlichen Elemente der Papstwahl ausgebildet, die heute noch Gültigkeit besitzen.

Sinnbild für die Unterordnung des Kaisers unter den Papst: Kaiser Konstantin führt die Zügel beim Einzug des Papstes Silvester I. in Rom. Fresko, 1246. Rom, SS. Quattro Coronati.

Der tote Papst

Wer zum Papst gewählt wurde, ging davon aus, dass er dieses Amt bis zu seinem Tod ausüben würde. Coelestin V. ist der einzige Papst der Kirchengeschichte, der 1294 nach nur wenigen Monaten sein Amt freiwillig niederlegte. Doch gab es eine Reihe von Stellvertretern Petri, die ihres Amtes enthoben wurden, auch wenn zumindest auf dem Pergament der Grundsatz galt, der Papst dürfe von niemandem gerichtet werden.

Gleichwohl war der Tod das normale Ende eines Pontifikats. Doch irrt, wer glaubt, der Nachfolger Petri und Stellvertreter Christi auf Erden sei in großem Pomp bestattet worden. So berichtet Jakob von Akkon, der tote Innozenz III., zweifellos einer der mächtigsten Päpste des Mittelalters, sei bereits halb verwest, nackt und aller Würden beraubt, völlig alleine in einer Kirche gelegen. Der Bericht wurde in seinem Wahrheitsgehalt stark angezweifelt. Doch nur wenige Jahrzehnte später schreibt Salimbene von Parma, auch der tote Innozenz IV. sei nackt auf Stroh aufgebahrt worden, wie es üblich sei bei Päpsten. Noch schlimmer erging es Papst Formosus (891–896), dessen Leiche vor eine Synode gestellt, verurteilt, verstümmelt und auf einem Pilgerfriedhof verscharrt wurde, bevor man sie dann doch in den Tiber warf. Nicht einmal Totenwachen für den Verstorbenen schienen zu jeder Zeit üblich gewesen zu sein. Die Leiche Clemens' V. etwa ging fast in Flammen auf, als in der Nacht die neben ihm brennenden Kerzen umfielen. Und immer wieder wurden tote Päpste ausgeraubt. Schon 898 waren auf einem Konzil solche Plünderungen streng verurteilt worden. Dennoch waren die Bewohner Roms 1054 kaum davon abzuhalten, sich auf den Sarg Leos IX. zu stürzen und ihn auszurauben, wie es den Quellen zufolge üblich gewesen sei. Dabei berief man sich auf das *Spolienrecht*, wonach aller Besitz des toten Papstes an die Kleriker falle. Ohnehin könne man einen Toten gar nicht berauben. War der Papst während seiner Amtszeit zum Stellvertreter Christi und zur höchsten Autorität auf Erden überhöht worden, stürzte er nach seinem Tod in die Tiefe und war Schimpf und Schande ausgesetzt.

Ihre letzte Ruhe hatten die Päpste in der Spätantike zunächst in der Calixtus-Katakombe an der Via Appia außerhalb Roms gefunden. Diese erste Nekropole wurde seit dem 5. Jahrhundert von der Petersbasilika abgelöst. Anhaltende Spannungen mit Ostrom hatten zu einer immer stärkeren Betonung der Peterstradition und dem bewussten Verweis auf die Ursprünge des Papsttums geführt. Erst im frühen 12. Jahrhundert wurde die Lateranbasilika als Bischofskirche von Rom und Amtssitz des Papstes zur neuen päpstlichen Grablege. Der Lateran war ein Geschenk von Kaiser Konstantin an Papst Silvester I. Besonders in Zeiten des Streites mit dem weltlichen Herrscher half diese Tradition, den kaiserlichen Rang des Papstes und seine Überordnung über den weltlichen Herrscher zu demonstrieren. Je mehr die Päpste allerdings ihre Allgewalt auch dadurch

Canossa, Stammburg der Markgrafen von Canossa südwestl. von Reggio nell' Emilia, Kupferstich 17. Jh.

Papst Bonifaz VIII. formulierte so kühn wie keiner seiner Vorgänger und Nachfolger den umfassenden Machtanspruch des Papsttums. Porträtbüste. Skulptur von Arnolfo di Cambio (um 1240/45–1302). Rom, Grotten des Vatikan.

zeigten, dass sie nun häufig außerhalb Roms auf Reisen waren, desto häufiger fanden sie ihr Grab auch an fremden Stätten. Erst seit Urban VI. (1378–1389) den Sitz des Papsttums, das zu Beginn des 14. Jahrhunderts in die »Gefangenschaft« der Könige von Frankreich geraten war, von Avignon wieder zurück nach Rom verlegte, ist auch die Peterskirche wieder kontinuierliche Grablege der Stellvertreter Christi. Die Wahl ihres Begräbnisortes war nie dem Zufall überlassen, sondern diente stets der Legitimation der päpstlichen Würde in ideellen, theologischen oder politischen Krisen.

Papst und Kaiser

Die schwerste Auseinandersetzung, die das mittelalterliche Papsttum zu bewältigen hatte, war der seit dem 11. Jahrhundert ausgetragene Streit um den ersten Rang in der Ordnung der Welt. #56 Während die Kaiser ihren Anspruch auf die Vorrangstellung vor dem Papsttum mit der Sakralität begründeten, die ihnen mit der Königssalbung zuteil geworden sei, verwiesen die Päpste auf die Bibel: »Sie sprachen aber: Herr, siehe, hier sind zwei Schwerter. Er aber sprach zu ihnen: Es ist genug« (Lukas 22, 38). Zwei Schwerter also, ein weltliches und ein geistliches hatte nach Auffassung insbesondere des Reformpapsttums des 11. Jahrhunderts Christus dem Papst übergeben, der das weltliche Schwert sodann an den Fürsten als weltlichen Arm der Kirche weiterreichte. Der Kaiser war dem Papst in dieser Vorstellung untergeordnet. Das neue Selbstbewusstsein, das die Reformpäpste entwickelt hatten, sollte sich unter Papst Gregor VII. durchsetzen. In seinem privaten Briefregister formulierte er 27 grundlegende Lehrsätze zum Verhältnis zwischen Papst und Kaiser (*Dictatus papae*). Wären diese Thesen seinen Zeitgenossen bekannt geworden, die Welt hätte aufgeschrieen. »Nur der Papst darf kaiserliche Insignien tragen«, heißt

UNIVERSITÄTEN IM MITTELALTER

Viele Päpste wie Alexander III. oder Innozenz III., die seit dem 12. Jahrhundert in erbittertem Streit mit dem Kaiser lagen, besaßen einen messerscharfen Verstand, der im Studium des weltlichen und geistlichen Rechts und der Theologie geschliffen worden war. Ein solches Studium ermöglichten Bildungseinrichtungen in Bologna und Paris, die die ältesten, wenn auch noch recht einfachen Universitäten des Mittelalters darstellten. Im 13. Jahrhundert entstanden, häufig auf Initiative der Lernenden und Lehrenden und mit Unterstützung geistlicher wie weltlicher Würdenträger in rascher Folge weitere Universitäten unter anderem in Oxford, Montpellier, Padua, Toulouse und Salamanca. Die Organisation dieser frühen Universitäten war unterschiedlich. In Paris oder Oxford bildeten Lehrer und Schüler eine »Genossenschaft der Magister und Scholaren«, während in Bologna oder Salamanca die Universität eine autonome Korporation der Studenten war, in der die Magister nur in einer vertraglichen Bindung zur Lehreinrichtung standen. Nach streng dialektischer Methode wurden beim Studium die Werke anerkannter antiker Autoritäten wie Priscian, Donatus und Aristoteles vorgelesen und aus dem Gedächtnis diskutiert und kommentiert. Der Prestigesucht der Territorialfürsten, aber auch der Notwendigkeit ausreichend gebildeten Personals für die Landesverwaltung ist im 14. und 15. Jahrhundert eine ganze Welle von Universitätsgründungen zu verdanken. Prag war 1347 die erste Universität, die auf dem Boden des römisch-deutschen Reiches nördlich der Alpen entstand. Ihr folgten bald Heidelberg und Wien. 13 Universitäten wurden allein zwischen 1378 und 1500 in Deutschland gegründet. An vielen von ihnen bildeten sich nun allmählich die vier »klassischen« Fakultäten der Philosophie (Artes), der Jurisprudenz, der Medizin und Theologie heraus. Zweifellos erhöhten die Universitäten das kulturelle Niveau der Führungsschicht und ermöglichten manchem Emporkömmling akademische Weihen und sozialen Aufstieg. Auch wenn es zu keiner allgemeinen Akademisierung der Gesellschaft kam und Satireschriften dem Scholaren Karrieren als Zuhälter, Narr oder Henker verhießen, wurden intellektuelle Fähigkeiten an Fürstenhöfen und in Städten zunehmend als positiv bewertet.

Universitätsvorlesung im Mittelalter. Initiale einer medizinischen Handschrift von 1306. Paris, Bibliotheque Nationale.

es dort. »Alle Fürsten sollen nur des Papstes Füße küssen« und: »Der Papst darf Kaiser absetzen.« Dass Gregor VII. mit Leib und Seele hinter jedem Satz des *Dictatus papae* stand, bewies er, als er 1076 Kaiser Heinrich IV. mit dem Kirchenbann belegte und ihn erst nach dreitägiger Buße in Canossa wieder in die Gemeinschaft der Gläubigen aufnahm. Die Ordnung der Welt war erschüttert. Zwar empfingen Kaiser auch nach diesem einschneidenden Ereignis die Königssalbung, doch konnten sie den Titel eines Stellvertreters Christi nicht mehr für sich in Anspruch nehmen. Im römisch-deutschen Reich besann man sich darauf, andere Traditionen zu stärken, die der Mitwirkung des Papstes nicht mehr bedurften. Aus dem »Reich« wurde nun ein »Heiliges Reich«, das von dem von Gott von Anbeginn der Geschichte auserwählten Kaisergeschlecht der Staufer regiert wurde. Die Lösung des Alexandrinischen Schismas hätte dem Kaiser Gelegenheit geboten, der Welt vor Augen zu führen, dass doch der Kaiser das wahre Oberhaupt der Christenheit war. Doch als sich Kaiser Friedrich Barbarossa 1177 in Venedig Papst Alexander III. zu Füßen werfen und ihm Füße und Knie küssen musste, besiegelte er seine Niederlage und bestätigte den Anspruch, den sein Gegner vertrat: Nicht mehr der Kaiser, sondern der Papst war Stellvertreter Christi und höchste Macht auf Erden.

Zwei Kronreife trug nun die päpstliche Tiara: Einer symbolisierte die weltliche, und einer die geistliche Macht, die beide in der Hand des Papstes lagen. Selbstbewusst forderten die Päpste des 13. und 14. Jahrhunderts für sich das Recht der Prüfung des zukünftigen Königs oder Kaisers. Dieses Approbationsrecht erreichte unter Papst Bonifaz VIII. (1294–1303) seinen Höhepunkt, als er Ludwig den Bayern, der 1303 zusammen mit Philipp dem Schönen zum König gewählt worden war, die Zustimmung verweigerte. Ein Jahr zuvor hatte er die Bulle *Unam sanctam* erlassen, die ein letztes Mal die Zweischwerterlehre aufgriff und die Oberherrschaft des Papstes über alle weltlichen und geistlichen Würdenträger in bislang nie formulierter Weise unterstrich: »Nun aber erklären wir, sagen wir, setzen wir fest und verkünden wir: Es ist zum Heile für jegliches menschliche Wesen durchaus unerlässlich, dem römischen Papst unterworfen zu sein.«

> **Papst Innozenz III.** zum Verhältnis zwischen geistlicher und weltlicher Gewalt: »So wie Gott, der Schöpfer der Welt, zwei große Lichter am Firmament des Himmels befestigt hat, ein großes, auf dass es den Tag erleuchte, und ein kleines, auf dass es die Nacht erhelle, so sind am Firmament der universalen Kirche, die auch Himmel genannt wird, zwei große Würden angebracht: Eine größere, die bei Tage gleichsam den Seelen, und eine kleinere, die bei Nacht den Körpern voransteht: Diese sind die päpstliche Würde und die kaiserliche Macht. Und so wie der Mond sein Licht von der Sonne erhält (...), so erhält auch die kaiserliche Macht ihren Glanz von der Autorität des Papstes.«

Der Kaiser sollte nie mehr die überragende Stellung einnehmen, die ihn im 10. und 11. Jahrhundert zum Oberhaupt des Abendlandes gemacht hatte. Doch auch der Stern des Papstes war im Sinken begriffen. Durch die »Gefangenschaft« des Papsttums in Avignon und das Abendländische Schisma hatte seine Autorität gelitten. Die höchste Universalgewalt auf Erden hatte sich an der Wende zur Neuzeit dem Urteilsspruch des Konzils zu beugen.

■ Krieg im Namen Gottes: Die Kreuzzüge

Dem mittelalterlichen Weltbild zufolge lag Jerusalem im Zentrum der Erde. Betrachtet man historische Weltkarten, so gruppieren sich um die Heilige Stadt meist die vom Ozean umflossenen drei bekannten Erdteile Europa, Asien und Afrika. Nicht geografisch exakt wollten die Karten sein, sondern die von Gott geschaffene Ordnung des Kosmos wiedergeben. Jerusalem als Stätte von Leiden und Auferstehung Jesu Christi war dabei Anfang und Ende des Erdkreises und Ziel der Sehnsüchte tausender Pilger. Umso besorgter registrierten Papst und geistliche Gelehrte im Abendland seit dem 8. Jahrhundert den Vorstoß des Islam ins Heilige Land. Immer häufiger bedrohten türkische Eroberungen in Klein-asien nicht nur das Byzantinische Reich, sondern schnitten auch die Pilgerwege zu den heiligen Stätten ab. Unter Papst Gregor VII. schließlich wurde 1074 erstmals der Ruf nach einer bewaffneten Befreiung der heiligen Stätten laut. Die Kreuzzugsidee nahm Gestalt an. Dass aber Christen im Namen Gottes das Schwert gegen Andersgläubige erhoben, ruft beim modernen Menschen Unverständnis und Kopfzerbrechen gleichermaßen hervor.

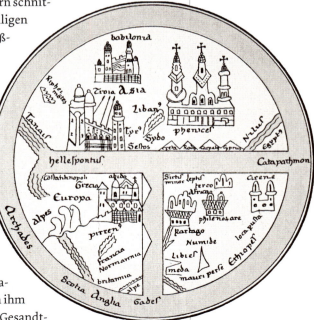

Eine Weltkarte des 11. Jahrhunderts. Aus einem Leipziger Codex des 11. Jahrhunderts.

»Gott will es!«

Im November 1095 hielt Papst Urban II. ein Konzil im französischen Clermont ab. Ursprünglich wollte er dort über Fragen der Kirchenreform beraten. Nachdem ihm aber Monate zuvor eine byzantinische Gesandtschaft Kunde vom weiteren Vordringen der muslimischen Türken gebracht hatte und ihn um seine Hilfe bat, nutzte er die Gelegenheit, vor den in Clermont versammelten 13 Erzbischöfen, über 200 Bischöfen, 90 Äbten, zahlreichen Klerikern niedrigen Standes und einer großen Schar von Laien zu einem Kreuzzug aufzurufen. Unter Tränen und lauten Seufzern schilderte er den gebannten Zuhörern in einer Predigt die Leiden, die die Christen im Osten zu erdulden hätten. Energisch ermahnte er die Fürsten und Ritter, ihre Schwerter nicht mehr im Kampf gegeneinander zu missbrauchen, sondern gegen die Feinde des Christentums einzusetzen. Jedem Teilnehmer an dem Kreuzzug versprach er einen vollständigen Ablass der Sündenstrafen. »Gott will es!« erschallte es sogleich aus den Kehlen der Anwesenden, die sich um den Papst scharten, der ihnen ein weißes Kreuz als Zeichen ihrer Teilnahme am Kreuzzug ans Gewand heftete.

Papst Urban II. ruft die Kreuzzugsteilnehmer zum Martyrium auf: »Brüder, ihr werdet viel für den Namen Christi leiden müssen: Leid, Armut, Nacktheit, Verfolgungen, Entbehrungen, Krankheiten, Hunger, Durst und Ähnliches mehr, denn Christus hat zu seinen Anhängern gesagt: ›Ihr müsst viel in meinem Namen leiden‹.«

Die Vorstellung, im Namen Gottes Krieg zu führen, erforderte einen theologisch fragwürdigen Spagat. Niemand, der zu Waffen greife, werde den Weg in den Himmel finden, so wurde lange Zeit argumentiert. Doch der Kreuzzugsidee war schon in der Spätantike von keinem Geringeren als dem Kirchenvater Augustinus der Boden bereitet worden. Er hatte das Modell eines »gerechten Krieges« *(bellum iustum)* entworfen, der zur Verteidigung, zur Bestrafung von Unrecht oder zur Wiedererlangung geraubten Gutes geführt werden dürfe. Das Handeln des Kämpfenden wurde dabei von seiner inneren Einstellung getrennt. Ein Krieg, der aus gerechtfertigtem Grund erfolgte und in angemessener Form geführt wurde, war nach der Lehre des Augustinus für einen Christen kein Unrecht, sondern, da er der Wiederherstellung des Friedens galt, sogar ein Akt der Nächstenliebe. Das Gedankengebäude vom »gerechten Krieg« schlummerte über viele Jahrhunderte, floss aber im 11. Jahrhundert, in dem die augustinischen Schriften vermehrt rezipiert wurden, in den Kreuzzugsgedanken mit ein. »Nun werden zu Rittern Christi, die bisher Räuber waren!« Urbans emphatische Worte verhießen den bewaffneten Adligen und aufstrebenden Ministerialen die von der Kirche sanktionierte Aufwertung des weltlichen Waffendienstes und trugen ganz entscheidend zur Ausbildung eines christlichen Ritterethos bei. Der Totschlag im Namen Gottes war keine Sünde mehr. »Selig sind die, die um der Gerechtigkeit willen Verfolgung ausüben«, konnte Bonizo von Sutri daher in Verkehrung der Seligpreisungen

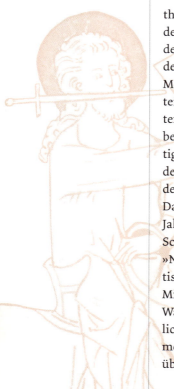

der Bergpredigt schreiben. Die Stimmen derer, die an die Botschaft des Friedens in der Lehre Jesu erinnerten, gingen unter im Kriegsgeschrei, das umso lauter wurde, je mehr der Gegner entmenschlicht wurde, wie es im 12. Jahrhundert der hl. Bernhard von Clairvaux tat: »Wenn er den Übeltäter erschlägt, ist er gewiss kein Menschentöter, sondern, wie ich es nennen möchte, ein Übeltöter. Und er wird in jeder Hinsicht ein Rächer im Auftrag Christi«.

Der erste Kreuzzug

Während Urban II. mit seiner Predigt vor allem ein kleines südfranzösisches Ritterheer zur Unterstützung Ostroms und vielleicht auch zur Befreiung Jerusalems ausheben wollte, berührten seine Worte auch viele kleine Leute, die sich an der Befreiung der heiligen Stätten beteiligten wollten. Deren Kreuzzugseifer entlud sich allerdings schnell auf die zahlreichen Judengemeinden in den Städten Frankreichs und des römisch-deutschen Reiches. Während unter anderem in den rheinischen Städten Kreuzfahrerhaufen unter der Führung eines Grafen namens Emicho die Judenviertel stürmten und in den grausamsten Pogromen des Mittelalters wahllos

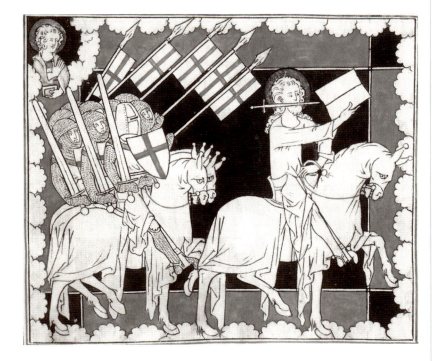

Christus reitet den Kreuzrittern voran. Französische Buchmalerei, um 1310–1325. British Library.

Männer, Frauen und Kinder töteten, zog eine andere Kreuzfahrerschar, angeführt vom Kreuzzugsprediger Peter der Einsiedler, schlecht organisiert und plündernd über den Balkan bis vor Konstantinopel. Bei Nicäa endete ihr Abenteuer, ohne dass sie das Heilige Land betreten hätten: Im Oktober 1096 wurde die undisziplinierte Schar von Seldschuken vollständig aufgerieben.

Als der Volkskreuzzug in Kleinasien sein schmähliches Ende fand, waren die ersten Ritter des »offiziellen« Kreuzfahrerheers, an dessen Spitze hauptsächlich französische Adlige ritten, gerade aufgebrochen. Dass sich daneben viele Angehörige kleiner Ritterfamilien dem Heer anschlossen, lag unter anderem daran, dass sie von ihrem oft kleinen Grundbesitz nicht mehr standesgemäß leben konnten. Die Teilnahme am Kreuzzug verhieß also nicht nur den Ablass der Sündenstrafen und eine Aufwertung des Ritterdaseins, sondern auch Landbesitz im Orient.

Im Mai 1097 erreichten die Truppen Konstantinopel und zogen von dort weiter nach Kleinasien. 1098 eroberten sie nach monatelanger Belagerung Antiochia, 1099 schließlich standen sie mit gut 20.000 Mann vor Jerusalem. Die Eroberung der Heiligen Stadt geriet zum Massaker. Obgleich viele der in den christlichen und muslimischen Quellen geschilderten Gräuel den

Die Befreiung Jerusalems und der heiligen Stätten von den Muslimen war das Ziel der Kreuzfahrer.

Gepflogenheiten der Zeit entsprachen und mancherlei Angabe zur Zahl der Getöteten sicherlich übertrieben war, statuierten die christlichen Ritter ein Exempel an Grausamkeit, »bis ihnen das Blut der Erschlagenen bis an die Brust reichte«.

Konsolidierung und zweiter Kreuzzug

Mit der Eroberung Jerusalems endete der erste Kreuzzug in einem Triumph. Doch der Erfolg konnte nur von Dauer sein, wenn das Eroberte auch militärisch gesichert und verwaltet wurde. Schon seit 1098 hatten die christlichen Eroberer damit begonnen, Kreuzfahrerstaaten zu errichten, die ihre Herrschaft im Orient festigen sollten. Zunächst entstanden die Grafschaft Edessa und das Fürstentum Antiochia. 1099 schließlich folgte das Königreich Jerusalem und 1104 die Grafschaft Tripolis. In Jerusalem hatte Herzog Gottfried von Bouillon den Titel »Vogt des Heiligen Grabes« angenommen. Seine Nachfolger allerdings nannten sich König von Jerusalem. Um vor allem nicht vom Nachschub aus Europa abgeschnitten zu werden, eroberten die Kreuzfahrer zwischen 1100 und 1110 strategisch günstige Städte an den Küsten Syriens, Libanons und Palästinas. Im Landesinneren wurden die Grenzen des Heiligen Landes so weit nach Norden und Osten vorgeschoben, dass die Kreuzfahrer wichtige islamische Verkehrsadern zwischen Damaskus, Ägypten, Mekka und Medina kontrollieren konnten.

> **Wilhelm von Tyrus** über die Eroberung Jerusalems: »Im Tempelbezirk sollen an die zehntausend Feinde umgekommen sein, wobei also die, welche da und dort in der Stadt niedergemacht wurden und deren Leichen in den Straßen und auf den Plätzen umherlagen, noch nicht gerechnet sind, denn ihre Zahl soll nicht geringer gewesen sein. Der übrige Teil des Heeres zerstreute sich in der Stadt, zog diejenigen, welche sich in engen und verborgenen Gassen versteckt hatten, um dem Tode zu entrinnen, wie das Vieh hervor und stieß sie nieder. (...) Jetzt, da der Kampf (...) geendet hatte, zeigten sich die schonungslosen Kämpfer als fromme und demütige Christen, deren Inneres tief ergriffen war vom Erlebnis der Eroberung des Heiligen Jerusalem.«

Die Festigung und Konsolidierung der eroberten Gebiete sollte die Christen viele Mühen und Auseinandersetzungen kosten, war doch deren Rückeroberung erklärtes Ziel der Muslime. Weitere Kreuzzüge zeichneten sich bereits ab.

Als der Emir von Mosul (nördlich von Bagdad) im Dezember 1144 die Grafschaft Edessa eroberte, konnten sich die Christen im Heiligen Land aufgrund interner Streitigkeiten nicht gegen die Muslime durchsetzen. Ein knappes Jahr danach rief Papst Eugen III. zum zweiten Kreuzzug auf. Doch hatte der Nachfolger Petri nicht alleine die Rückeroberung Edessas und die militärische Unterstützung der Kreuzfahrer im Orient im Sinn. Der Kreuzzug sollte sich auch gegen die Muslime auf der Iberischen Halbinsel und gegen die Heiden nordöstlich der Reichsgrenzen richten. »Jede Provinz (...) erhielt den Befehl, jenen Teil der barbarischen Welt, der ihr am nächsten lag, anzugreifen«, notierte der dänische Chronist Saxo Grammaticus. Allmählich wurde die Kreuzzugsidee ausgeweitet und auf sämtliche militärische Unternehmungen gegen Heiden, Andersgläubige und schließlich auch gegen Ketzer angewandt. Auch wenn sich der einflussreiche Zisterzienserabt Bernhard von Clairvaux besonders als Kreuzzugsprediger hervortat und sich in wortgewaltigen Predigten gegen die Muslime ereiferte, und obwohl diesmal sowohl der französische König Ludwig VII. als auch der römisch-deutsche König Konrad III. jeweils ein großes Kontingent von Kreuzrittern anführten, war der Unternehmung kein Erfolg beschieden. Der Staufer Konrad erlitt bei Doryläum in Kleinasien schon frühzeitig eine Niederlage gegen die Türken. Er machte kehrt und nahm von Konstantinopel aus den Seeweg nach Palästina. Das Heer Ludwigs VII. wurde 1148 auf dem Weg nach Antiochia zwar vollständig aufgerieben, er und seine Gemahlin Eleonore von Aquitanien aber zogen weiter bis nach Jerusalem. Dort stieß er auf die wenigen Verbliebenen des deutschen Kreuzfahrerkontingentes. Das Heer, das sich dort zusammenstellen ließ, war zu klein, um Edessa zurückzuerobern. Die Entscheidung, stattdessen das benachbarte Damaskus anzugreifen, war nicht nur in militärischer Hinsicht ein Fehlschlag. Mit dem Angriff auf Damaskus, das bisher in friedlichem Verhältnis zu seinen christlichen Nachbarn stand, hatten die Kreuzfahrer ihre eigene Stellung im Vorderen Orient geschwächt. Bis 1187 sollte es außer einigen kleinen Unternehmungen zu keinem umfassenden Kreuzzugsaufruf in den Orient mehr kommen.

Die Ritterorden

Trotz des schmachvollen Ausgangs des zweiten Kreuzzugs insbesondere für die gekrönten Häupter Konrad III. und Ludwig VII. brachte die erste Hälfte des 12. Jahrhunderts einen Erfolg für die Kreuzzugsbewegung: Es war die Zeit des Aufstiegs der geistlichen Ritterorden. Bewaffnete Krieger Christi, die die Mönchsgelübde von Armut, Keuschheit und Gehorsam abgelegt hatten, stellten gleichsam die Symbiose aus Mönchsleben und Rittertum und aus der Sicht der Kirche die Vollendung des neuen christlich verklärten Kriegerethos dar.

Der erste Ritterorden wurde um 1120 von dem französischen Adligen Hugo von Payens mit nur acht weiteren Ordensbrüdern in Jerusalem gegründet. Er hatte sich vor allem den Schutz von Pilgern zur Aufgabe gemacht, die die heiligen Stätten besuchen wollten. König Balduin II. wies

Die mächtige Kreuzritterburg Krak des Chevaliers in Syrien wurde um 1140 von den Johannitern ausgebaut.

den Ordensrittern einen Flügel seines Palastes auf dem Tempelberg in Jerusalem zu, der auf den Grundmauern des Tempels Salomons erbaut wurde – heute erhebt sich dort die Al-Aqsa-Moschee. Diese neu gegründete Ordensgemeinschaft nannte sich »Arme Ritter Christi und des Tempels von Salomon zu Jerusalem«, kurz Templer. 1128 erhielt Großmeister Hugo von Payens auf einem Konzil in Troyes die Anerkennung seiner Ordensgründung durch einen päpstlichen Legaten, bevor diese 1139 durch den Papst selbst erneut bestätigt und dem Heiligen Stuhl direkt unterstellt wurde. Zu diesem Zeitpunkt waren den Templern bereits zahlreiche Mitglieder beigetreten oder hatten Schenkungen an den Orden veranlasst, der sich unter der eifrigen Förderung Bernhards von Clairvaux fast explosionsartig ausbreitete und sein Einflussgebiet immer weiter über Palästina und die anderen Kreuzfahrerstaaten ausdehnen konnte. Die Ritter des Templerordens trugen einen weißen Mantel über der Rüstung, der mit einem roten (Tatzen-) Kreuz versehen war.

Älter als die Templer waren eigentlich die Johanniter. Amalfische Kaufleute hatten nämlich bereits um 1080 in Jerusalem unter dem Patrozinium Johannes des Täufers ein Hospital eingerichtet, in dem nicht allein Arme und Pilger aufgenommen, sondern insbesondere auch Kranke gepflegt wurden. 1113 erkannte der Papst das Hospital als eigenständige Einrichtung an, doch folgte die Anerkennung des »Ordens vom Spital des heiligen Johannes zu Jerusalem« erst 1154. Obgleich die Johanniter, die häufig auch als Hospitaliter bezeichnet werden, auch mit militärischen Aufgaben betraut waren, waren sie im Unterschied zu den anderen großen Ritterorden viel stärker dem Hospitalwesen und der Betreuung von Pilgern und Kranken verpflichtet. Um 1170 konnte das Johanniterhospital in Jerusalem bis zu 2000 Patienten gleichzeitig versorgen. Für jede Abteilung standen vier Ärzte und vier Wundärzte sowie neun Pfleger zur Verfügung. Es gab sogar eine eigene Abteilung für Geburtshilfe, in der, sonst ganz und gar unüblich, Einzelbetten und sogar Wiegen zur Verfügung standen. Die Ordensritter der Johanniter trugen zunächst einen schwarzen Mantel mit einem weißen, in acht Spitzen endenden Kreuz. Seit der Mitte des 13. Jahrhunderts wurde der schwarze Mantel in Kriegszeiten durch einen roten ersetzt.

Der jüngste der großen Ritterorden ist der Deutsche Orden. Er geht auf solvente Kaufleute aus Bremen und Lübeck zurück, die 1189 mit elf Großkoggen zu einer bewaffneten Pilgerfahrt ins Heilige Land aufbrachen und 1190 bei Akkon ein Zelthospital einrichteten. Schnell entstand eine Krankenpflegebruderschaft, die 1198 feierlich in einen wirklichen Ritterorden umgewandelt wurde, dessen Grundpfeiler Ritterdienst und Krankenpflege waren und der nur deutsche Adlige aufnahm. Die Deutschordensritter trugen einen weißen Mantel mit einem schwarzen Kreuz.

Wurde der reiche und mächtige Templerorden zu Beginn des 14. Jahrhunderts auf Druck des französischen Königs von Papst Clemens V. zerschlagen, so hatte der Deutsche Orden länger Bestand. 1231 gründete er im Nordosten des Reiches jenseits der Weichsel den Deutschordensstaat, der bis 1525 bestehen sollte. Die Organisation der Johanniter gibt es noch heute. Nach dem Zusammenbruch der Kreuzfahrerreiche 1291 ließen sich die Johanniter zunächst auf Zypern und Rhodos, dann aber auf Malta nieder. Diese Insel gab dem Malteserorden, der heute seinen Sitz in Rom hat, seinen neuen Namen.

Der Fall Jerusalems und Konstantinopels

Nach dem gescheiterten zweiten Kreuzzug spitzte sich die Lage der Kreuzfahrerstaaten im Orient zu, als der kurdische Feldherr Saladin 1171 in Ägypten die Macht ergriff und anschließend Syrien eroberte. Mutig stellten sich ihm die Kreuzritter bei Hattin westlich des Sees Genezareth entgegen, doch wurden sie vernichtend geschlagen. Am 9. Oktober desselben Jahres fiel

Saladin Jerusalem in die Hände. Die Nachricht vom Fall der Heiligen Stadt schockierte die lateinische Christenheit. Diesmal war es der römische Kaiser Friedrich Barbarossa selbst, der gemeinsam mit dem Papst zum Kreuzzug aufrief. Neben dem Staufer nahmen auch die Könige von Frankreich und England das Kreuz. Doch stand die Unternehmung unter keinem guten Stern: Der unglückliche Tod Kaiser Friedrichs, der 1190 im Fluss Saleph ertrank, machte das deutsche Heer handlungsunfähig. Doch gelang unter der Führung des englischen Königs Richard Löwenherz die Rückeroberung der wichtigen Hafenstadt Akkon. Nach weiteren militärischen Erfolgen handelte er einen dreijährigen Waffenstillstand mit Saladin aus. Jerusalem aber blieb in der Hand der Muslime.

Die Rückeroberung der Heiligen Stadt war ein Ziel, das Papst Innozenz III. vor Augen hatte, sobald er den Stuhl Petri bestiegen hatte. Vor allem hatte er sich vorgenommen, die Kreuzzugsidee wieder zur Sache des Papsttums machen. Zunächst wollte er die Muslime in Ägypten angreifen und dann weiter ins Heilige Land ziehen. Der 96-jährige blinde Doge von Venedig, Enrico Dandolo, sicherte dem Kreuzfahrerheer bei der Überfahrt über das Mittelmeer zwar die Unterstützung Venedigs zu, doch konnten die Kreuzritter die hohen Summen, die der Doge dafür verlangte, nicht aufbringen. Dandolo aber ersann einen Plan, die Ritter für seine eigenen Interessen zu nutzen. Gegen einen Zahlungsaufschub ließen sie sich gegen den ausdrücklichen Wunsch des Papstes von ihm gewinnen, zunächst die dalmatinische Stadt Zara (heute Zadar) zu erobern. Enrico Dandolo jedoch gab ihnen auch danach nicht das Zeichen zum Aufbruch ins Heilige Land. Sein neues Ziel war nun Konstantinopel. Unter dem Banner des hl. Markus und unter der Führung des greisen Enrico Dandolo und des Markgrafen Bonifaz von Montferrat erstürmten die Kreuzfahrer am 17. Juli 1203 und nochmals 1204 die Stadt am Bosporus und errichteten das nur eine kurze Zeit überdauernde lateinische Kaiserreich von Konstantinopel. An die Rückeroberung der heiligen Stätten dachte für die nächsten Jahre niemand mehr.

Der kurdische Sultan Saladin. Buchmalerei des Spätmittelalters.

Sieg ohne Waffen

Schließlich sollte dem Stauferkaiser Friedrich II. gelingen, wofür seine Vorgänger vergeblich gekämpft hatten: Kampflos, nur durch Verhandlungen mit dem Sultan al-Kamil, brachte Friedrich einen Kompromiss zustande, der den Christen für die nächsten zehn Jahre große Teile Jerusalems sowie Nazareth und Bethlehem zugestand, während dem Sultan der Felsendom und die Al-Aqsa-Moschee verblieben. Friedrich war zufrieden. Papst Gregor IX. jedoch war außer sich vor Wut. Nicht nur mag ihn die diplomatische Lösung, die der Kaiser erreicht hatte, reichlich irritiert haben. Der Kaiser war 1228 als Gebannter auf Kreuzzug gegangen. Gleich nach seiner Kaiserkrönung 1220 hatte der Papst ihn zum wiederholten Mal ermahnt, endlich sein Kreuzzugsgelübde einzulösen, das er bereits 1215 gegeben hatte. Als er 1227 seine Abfahrt wegen Krankheit in letzter Minute doch noch einmal verschieben musste, hatte ihn der Bannstrahl des Papstes getroffen. Friedrich rückte dennoch nicht von seinem Ziel ab. Nun stand er im März 1229 in der Grabeskirche und krönte sich selbst zum König von Jerusalem. Den Anspruch auf seine neue Würde verdankte er dabei seiner verstorbenen zweiten Gattin Isabella von Brienne, die Königin von Jerusalem gewesen war.

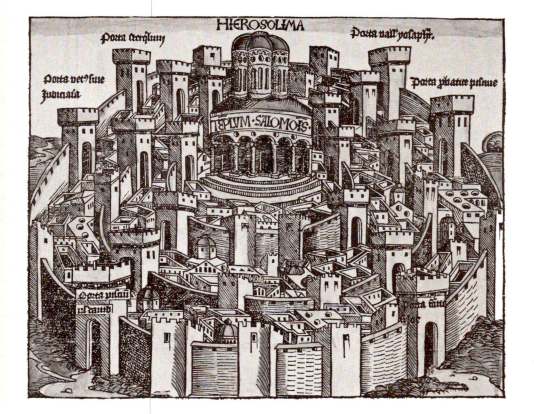

Jerusalem war für die Christen des Mittelalters das Zentrum der Welt. Holzschnitt aus Hartmann Schedel, Weltchronik, Nürnberg 1493.

DER KINDERKREUZZUG VON 1212

Die Predigten zum vierten Kreuzzug, denen zufolge nur unschuldige und waffenlose Kinder Jerusalem zurückerobern könnten, erwiesen sich als fatal. Im Jahr 1212 scharte ein junger Mann namens Nikolaus von Köln vornehmlich Kinder um sich und verhieß ihnen, das Meer werde sich den Nachfolgern Christi öffnen und ihnen den Weg nach Palästina freimachen. 20.000 Kinder sollen ihm über die Alpen gefolgt sein. Auch bei Orléans soll ein junger Schäfer namens Stephan aufgetreten sein, der behauptete, er sei bestimmt, Christen ins Heilige Land zu führen. 30.000 Kinder sollen unter seiner Führung bis nach Marseille gelangt und viele von ihnen schließlich in Ägypten als Sklaven verkauft worden sein. Auch den meisten Anhängern des Nikolaus erging es wohl kaum besser. In Italien angekommen, wollte sie der Bischof von Brindisi zwar von der Abreise in den Osten abhalten, doch zerstreute sich die Menge. Viele Kinder wurden wohl von den Landbewohnern als Mägde und Knechte zurückbehalten. Als auch Papst Innozenz III. keine Initiative ergriff, kehrten die meisten von ihnen um: »So traten sie also getäuscht und beschämt den Rückweg an, und diejenigen, welche vorher geschart und in Streithaufen im Takt singend das Land zu durchziehen pflegten, kehrten jetzt einzeln und im Stillen, barfuß und hungernd zurück und wurden allen zum Gelächter, weil sehr viele Jungfrauen geraubt waren und die Blüte ihrer Jungfrauschaft verloren hatten«, berichten die Marbacher Annalen zum Jahr 1212.

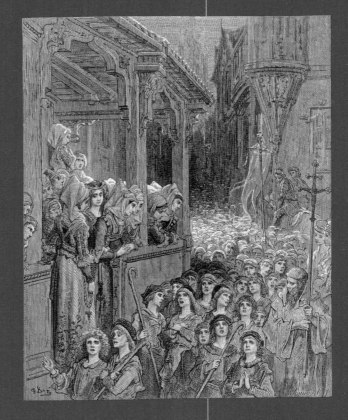

Der Kinderkreuzzug von 1212. Holzstich nach Gustave Doré.

Inwieweit den zeitgenössischen Quellen Glauben zu schenken ist, überhaupt was die Zahl der mitziehenden und verschleppten Kinder betrifft, ist schwer zu klären. Auch mangelt es an Motiven: Die Quellen attestieren ihnen einerseits Abenteuerlust, andererseits tiefe Frömmigkeit. Der vom Papst weder geplante noch sanktionierte und völlig unorganisierte »Kinderkreuzzug« mag eine Reaktion auf die »offizielle« Kreuzzugsbewegung gewesen sein, deren von blinder Habgier geleitete Anführer 1203/04 über das christliche Konstantinopel herfielen.

Nach Ablauf des zehnjährigen Waffenstillstandes versuchten die Christen zwar, Jerusalem und die heiligen Stätten in ihrer Hand zu behalten. Doch ging die Stadt 1244 endgültig verloren. 1291 schließlich wurde Akkon als letzte Bastion der Kreuzfahrer im Heiligen Land von den Muslimen erobert und der Zusammenbruch der Kreuzfahrerstaaten damit auf immer besiegelt. Zwar gab es auch im 14. und 15. Jahrhundert immer wieder Versuche, das Heilige Land zu erobern, während daneben auch zahlreiche Unternehmungen gegen Ketzergruppierungen wie die Katharer (= Albigenser) als Kreuzzüge etikettiert wurden. Doch war die Kreuzzugsbegeisterung als Massenbewegung längst im Sande verlaufen.

■ Die fremden Anderen: Muslime und Byzantiner

Nicht erst mit den Kreuzzügen kamen die Christen des Abendlandes in Berührung mit den fremden Kulturen der Muslime und Byzantiner im Orient. Schon lange bevor Kreuzritter erstmals Kleinasien und das Heilige Land betraten, war es durch Handelsbeziehungen zwischen Orient und Abendland vor allem zu einem Austausch von Waren gekommen. Besonders auf Sizilien oder in Spanien, wo Araber, Christen und Byzantiner auf besonders engem Raum zusammenlebten, funktionierte die Annäherung zwischen den verschiedenen Kulturkreisen besser als andernorts. Die gewaltsamen Kreuzzüge leisteten dazu einen vergleichsweise geringen Anteil.

Annäherung an eine fremde Kultur

Obgleich sich der Islam nach dem Tod Mohammeds fast explosionsartig über den Orient ausgebreitet hatte und seit dem 8. und 9. Jahrhundert Spanien und Sizilien unter arabischer Herrschaft standen, waren die Kenntnisse im Zentrum der westlichen Christenheit über die neue Religion merkwürdig dünn. Nur vereinzelt hatten sich abendländische Gelehrte für die Kultur und Wissenschaft der misstrauisch beäugten Muslime interessiert. So wundert es nicht, dass Papst Silvester II. († 1003), der fasziniert war von den Wissenschaften und vom Zahlensystem der Araber, bald im Ruf stand, mit schwarzer Magie im Bund zu stehen. Die Sarazenen galten lange Zeit lediglich als feindliche Eindringlinge ohne genauere religiös-kulturelle Konturen. Erst ein Bericht des Mönchs Radulfus Glaber aus dem 11. Jahrhundert liefert einige Informationen zum Islam und seinem Gründer: Die Sarazenen, so schreibt er, läsen die prophetischen Schriften der Christen und Juden. Deren Voraussagen hätten sich einem Mann namens *Mahomed* offenbart. Mit den Kreuzzügen und der beginnenden *Reconquista*, der Rückeroberung muslimisch besetzter Gebiete durch die Christen in Spanien, nahmen jedoch die Schriften über die vielerorts noch unbekannte Religion des Islam zu. Während das aus Spanien überlieferte Bild Mohammeds im Wesentlichen der muslimischen Tradition folgt, gelangten aus den Kreuzfahrerstaaten altbekannte Stereotype über den Religionsgründer in den Westen. So heißt es, dieser sei ein falscher Prophet gewesen und auch der Koran stelle nichts weiter dar als eine entstellte Pseudo-Bibel.

Wer nämlich wie Mohammed seine Lehre mit dem Schwert verbreite und sich sexuellen Ausschweifungen hingebe, der könne kein Gesandter Gottes sein. Legenden, die den Propheten als Zauberer und Verbündeten des Teufels brandmarken, verraten, dass den Kreuzfahrern, die sich im Heiligen Land niederließen, wenig an einem echten Verständnis der fremden Religion und ihrer Riten gelegen war. Das verdeutlicht ein Bericht des Usama ibn Munqidh, Emir von Saizar in Nordsyrien, aus der Mitte des 12. Jahr-

Der hl. Franziskus predigt vor Muslimen. Auf Holz. Florenz, S. Croce (Bardi-Kapelle).

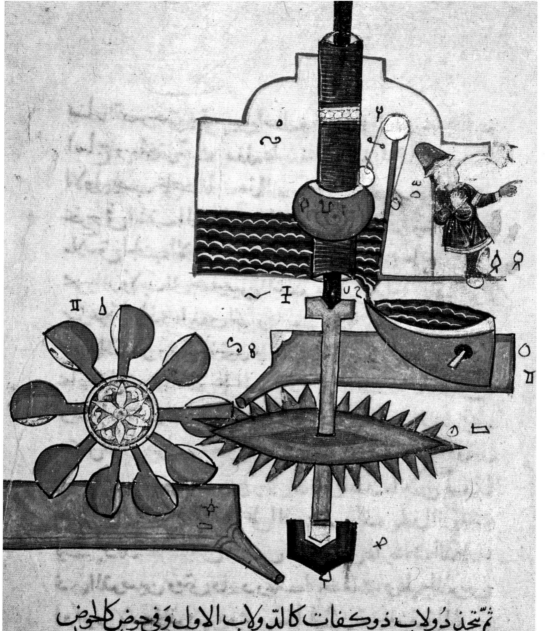

ثم تتخذ دولاب ذو كفات كالدولاب الاول وفي حوض كالحوض الاول ويتخذ على طرف هذا المحور من الدولاب قرص قطره طول الاصبع وعلى محيطه دندانجات بعد ما بينهن بعد سواء

hunderts. Bei einem Besuch Jerusalems habe er die al-Aqsa-Moschee aufgesucht und sich zum Gebet hingestellt. Da »stürzte ein Franke [= westlicher Kreuzritter] auf mich zu, packte mich, drehte mir mein Gesicht nach Osten und rief: ›So wird gebetet!‹« Zweimal wurde er auf diese Weise von dem Christen attackiert, bis ibn Munqidh die Moschee verließ, »verwundert darüber, wie sich das Gesicht dieses Teufels verfärbt hatte, wie er zitterte und sich benahm beim Anblick eines Menschen, der sein Gebet in der Richtung nach Mekka verrichtet«. Er kommt zu dem Urteil: »Die Franken sind ein verfluchtes Geschlecht und gewöhnen sich an keine Fremden.« Dem Bericht aus der Kreuzzugschronik des Fulcher von Chartres, demzufolge viele der Kreuzritter sich gut in der neuen Heimat assimiliert, Syrerinnen oder gar Sarazeninnen geheiratet und Häuser und Weingüter besessen hätten und sich überhaupt gut untereinander verständigen konnten, konnten sich die Muslime in den eroberten Gebieten nicht mit anschließen. »Die Franken sprechen nur ihre fränkische Sprache und wir verstehen nicht, was sie sagen«, klagt einmal mehr ibn Munqidh. Zu einer wirklichen Verschmelzung zwischen abendländischer und islamisch-arabischer Kultur, die über die Annahme von Kleidungsgewohnheiten aus klimatischen Gründen oder die Verwendung feiner orientalischer Stoffe durch die christlichen Eroberer hinausgegangen wäre, kam es daher nicht. Der Austausch zwischen Ost und West beschränkte sich im Wesentlichen auf einen intensiveren Handel mit Sachgütern wie Gewürzen, Zucker, Wachs oder Öl, die dem Abendland freilich schon länger bekannt waren. Zu einer wirklich neuartigen Annäherung zwischen den beiden Kulturen war es also auch dort, wo die Waffen schwiegen, nicht gekommen.

Multikulturelle Gesellschaften in Spanien und auf Sizilien

In Spanien jedoch kam es teilweise zu einer recht fruchtbaren Verschmelzung verschiedener religiöser und kultureller Traditionen. Dort lebten seit der islamischen Eroberung des Westgotenreiches Anfang des 8. Jahrhunderts arabisierte Christen (Mozaraber) neben Juden, den Nachkommen der muslimischen Eroberer, und Berbern, die neu aus Afrika in das fruchtbare Land kamen. Ein wirkliches Zusammenleben dieser verschiedenen ethnischen Gruppen (*convivencia*) scheiterte zwar mit Beginn der Rückeroberung der arabisch besetzten Gebiete (*Reconquista*) im 11. Jahrhundert an schweren Spannungen zwischen streng religiösen Muslimen und Christen, doch hatten sich schon im Vorfeld vielfältige Kontakte ergeben. Mehr als ihre Glaubensbrüder anderswo rezipierten die spanischen Christen die Werke arabischer Gelehrsamkeit. Wer neue Erkenntnisse in Medizin,

Arabische Gelehrte waren dem Westen u. a. in den Naturwissenschaften überlegen: Hier eine Konstruktionszeichnung einer mechanischen Wasseruhr aus dem Automatenbuch des Al-Jaziri.

Astronomie und Mathematik aus den anspruchsvollen Schriften der Muslime gewinnen wollte, der begab sich seit dem 12. Jahrhundert vor allem nach Toledo, das zum Anziehungspunkt für zahlreiche Gelehrte des Abendlandes wurde. Dort befand sich die berühmteste Übersetzerschule der lateinischen Christenheit. Dem Gelehrten Gerhard von Cremona († 1187) verdankt die westliche Welt über 70 Übersetzungen aus dem Arabischen ins Lateinische, darunter Avicennas »Kanon der Medizin«, Euklids »Elemente« und die »Physik« und »Meteorologie« des Aristoteles. Überdies sorgte seine Übersetzung des Rechenbuches des al-Hwarizmi für die allmähliche Durchsetzung der arabischen Ziffern im Abendland.

Der muslimische Gelehrte Al-Idrisi schuf im 12. Jh. eine metallene Weltkarte, die in ihrer geografischen Genauigkeit nicht nur die Zeitgenossen verblüffte.

Die fremden Anderen: Muslime und Byzantiner

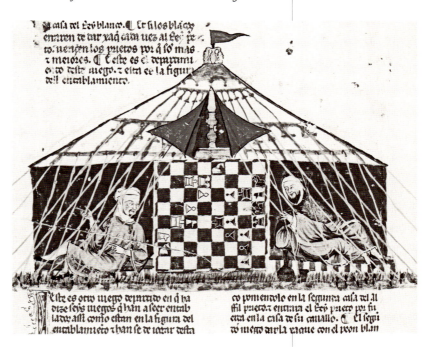

Ein Mönch und maurischer Araber beim gemeinsamen Schachspiel. Spanische Buchmalerei, 1283, aus : »Buch der Spiele« (Libros de Acedrex, Dados e Tablas) des Königs von Kastilien, Alfons X.

Auch in Sizilien und Unteritalien kam es zu fruchtbaren Begegnungen westlicher und östlicher Kultur. Als sich die Normannen im 11. Jahrhundert der Insel bemächtigt hatten, stießen sie nicht nur auf Reste byzantinischer Kultur, sondern begegneten auch den Kulturtechniken der Araber, die Sizilien und Unteritalien im 9. Jahrhundert beherrscht hatten. Das Land war reich durch den Anbau von Baumwolle, Zuckerrohr oder Datteln. Auch Seide und Färbestoffe wie Indigo gehörten zu den Luxusgütern, die Sizilien zu einem wichtigen Handelsknotenpunkt zwischen lateinischer und arabischer Welt machten. Doch wie in Spanien und später in den Kreuzfahrerstaaten ist auch in Sizilien zu beobachten, dass die Christen den weiteren Ausbau des in Sizilien vorgefundenen wirtschaftlichen Potenzials wenig nutzten. Dafür zeigten sie sich tolerant, was die weitere Religionsausübung der Muslime und Griechen auf der Insel betraf. Diese fanden auch Aufnahme ins normannische Heer und den »Beamtenapparat«. Urkunden wurden im 12. Jahrhundert nicht nur, wie im Abendland allgemein üblich, in lateinischer Sprache ausgefertigt, sondern auch auf griechisch und arabisch. Obgleich der arabische Teil der sizilischen Bevölkerung im 12. und 13. Jahrhundert immer mehr ins Landesinnere gedrängt und nicht selten auch zum Christentum zwangsbekehrt wurde, entwickelte sich am

Hof der normannischen Könige in Palermo eine Lebenswelt, die die arabisch-islamische und byzantinische Kultur gleichermaßen aufsog. Unter den Normannenkönigen Roger II. († 1154), Wilhelm I. († 1166) und Wilhelm II. († 1189) versammelten sich dort arabische und griechische, aber auch abendländisch-christliche Gelehrte und Künstler. Eine silberne Erdkarte, die der arabische Geograf und Botaniker Al-Idrisi für König Roger II. fertigte, gehörte zu den Meisterwerken nicht nur damaliger Gelehrsamkeit. Zwar wurde die Silbertafel bei einem Aufstand in Stücke geschlagen, doch hatte der Gelehrte eine überraschend genaue und lebendige Beschreibung seiner Weltkarte in seiner geografischen Abhandlung »das Buch der Erholung für den, der sehnsüchtig den Horizont überschreitet« *(Kitab nuzhat al-mustaq fi'khtiraq al-afaq)* niedergeschrieben.

Viele Erkenntnisse der arabischen Wissenschaft gelangten so von Spanien und Sizilien aus in den abendländischen Westen. So manches deutsche Lehnwort arabischer Herkunft ist genau wie Baumwolle oder Seide diesen Weg gegangen: *sarab* (Trank) bezeichnete eine zur besseren Haltbarmachung mit Zucker gekochte Arznei und ist uns heute als »Sirup« bekannt. *Matrah* hingegen nannten die Araber einen Platz oder eine Matte zum Schlafen und schenkten uns damit die »Matratze«. Im Arabischen kannte man auch den »Alkohol«. Doch bedeutete *al-kol* »trockenes feines Pulver« oder, in der Pharmazie, »fein verteilt«, bevor der Begriff auch für Destillate verwendet wurde.

Das rege Interesse der Christen an den Gütern des Orients sowie an den wissenschaftlichen Leistungen der Araber am Normannenhof in Sizilien und in Spanien können dennoch nicht darüber hinwegtäuschen, dass sich beide Kulturkreise letztendlich fremd blieben.

Eine vorurteilsfreie Annäherung an eine fremde Kultur funktionierte noch nicht einmal innerhalb des Christentums zwischen Ostrom und Westrom.

Abendland und Byzanz

Byzanz hatte sich immer als einzig legitimes weiterbestehendes römisches Kaiserreich betrachtet. Es hatte Karl den Großen einige Mühe und Drohungen gekostet, die Anerkennung seines weströmischen Kaisertitels aus Byzanz zu erlangen. Im Byzantinischen Reich verschmolzen das hellenistische Erbe, die Überreste des römischen Staatswesens und das Christentum zu einer glanzvollen Hochkultur. In der Hauptstadt Konstantinopel erhob sich seit 537, wie um lächelnd auf Rom und den Westen herabzublicken, kühn die atemberaubende Kuppel der Hagia Sophia, der größten

Kirche der Christenheit. Während das Abendland nach dem Fall des Römischen Reiches im Chaos der Völkerwanderung versank, hatte das Oströmische Reich nicht nur antikes Wissen, wenn auch häufig vom Christentum überformt, bewahrt und weitergegeben, sondern noch auf einen weitgehend intakten römisch-griechischen Beamtenapparat und ein stehendes Heer zurückgreifen können. Der Kaiser herrschte de facto uneingeschränkt über die Kirche und ein Reich, das sich im Lauf der Jahrhunderte vom Mittelmeer bis zum östlichen Schwarzen Meer und von Rhodos und Zypern bis zur Donau ausdehnen sollte.

Nicht nur die Konkurrenz zwischen oströmischem und weströmischen Kaisertum sowie das Erstarken des Papsttums, sondern auch immer wieder neu aufbrechende theologische Konflikte ließen die Christenheit im Morgen- und Abendland immer weiter auseinanderdriften. Die wachsende Entfremdung gipfelte im Jahr 1054 in der gegenseitigen Exkommunizierung des römischen Papstes Leo IX. und Michael Kerullarios', des Patriar-

Die Hagia Sophia wurde nach nur 5 Jahren Bauzeit 537 geweiht. Sie war die größte Kirche der Christenheit.

chen von Konstantinopel. Das »Morgenländische Schisma« hob die Einheit der Christenheit auf und dauert bis heute an.

Die lateinischen Christen standen in einem eher zwiespältigen Verhältnis zu ihren byzantinischen Glaubensbrüdern. Die Kultur des Orients, der übersteigerte Kaiserkult in Konstantinopel und nicht zuletzt auch die ihnen noch vielfach ungeläufige griechische Sprache bereiteten ihnen das Gefühl der Fremde, des Unbehagens und der Unterlegenheit. Während man in Byzanz die Völker des Westens unverhohlen als Barbaren betrachtete, galt der Hof des oströmischen Kaisers im Abendland als Stätte der Bildung und des geschliffenen Umgangs. So wundert es nicht, dass Kaiser Otto I. seinen gleichnamigen Sohn mit einer byzantinischen Prinzessin verheiraten wollte – nicht zuletzt auch, um das abendländische Kaisertum aufzuwerten.

Am byzantinischen Hof

Als Brautwerber um die Kaisertochter Anna entsandte Otto den Bischof Liutprand von Cremona, der einen ausführlichen Bericht über seine Erlebnisse am byzantinischen Hof niedergeschrieben hat. Ausführlich klagt er über die elende Behausung, in der er die drei Monate seines Aufenthaltes in Konstantinopel verbringen musste. Auch die ungewohnte Nahrung bereitete ihm Schwierigkeiten. Der Wein der Griechen sei ungenießbar, da man ihm Pech, Harz und Gips beimische. Und selbst am Kaiserhof habe ihn nur eine »eklige und widerwärtige Mahlzeit« erwartet, »die wie bei Betrunkenen von Öl triefte und mit einer anderen sehr schlechten Fischlake getränkt war«. Keinerlei Anlass glaubte unser Berichterstatter darüber hinaus zu haben, sich lobend über den oströmischen Kaiser Nikephoros zu äußern. Geradezu albern und abstoßend fand er das überzogene Herrscherlob, mit dem der Mann »von ganz eigenartiger Gestalt, zwergenhaft, mit dickem Kopf und Äuglein wie ein Maulwurf, entstellt durch einen kurzen, breiten, dichten, halbgrauen Bart, garstig durch einen zolllangen Hals« bedacht wurde. »Langes, dichtes Haar gab ihm ein Schweinsgesicht, der Hautfarbe nach war er ein Äthiopier. Einer, dem man um Mitternacht nicht begegnen möchte! Dazu hatte er einen aufgeschwemmten Bauch, mageren Steiß, Schenkel, die für seine Gestalt sehr lang waren, kurze Beine und entsprechende Fersen und Füße. Er war angetan mit einem Prachtkleid, das aber recht alt und von langem Gebrauch übel riechend und verblichen war«, fährt er in seiner Beschreibung fort. Liutprands recht einseitiger und subjektiver Bericht verrät, mit welch großen Ressentiments Lateiner und Griechen schon im 10. Jahrhundert einander begegneten, besonders wenn es darum ging, den einen Kaiser über den anderen zu stellen. Der Autor hatte seine sichtliche Freude daran, das im Abendland weit verbreitete positive Bild vom Glanz Konstantinopels entscheidend zu revidieren. So manches seiner harten Urteile über den byzantinischen Kaiser und seinen Hof hätte er freilich sicher nicht gefällt, wenn seine Mission erfolgreich gewesen wäre und er am Ende seiner Legation die erwünschte Braut für Otto II. erhalten hätte.

Der junge Kaiser allerdings heiratete doch noch eine byzantinische Prinzessin, auch wenn diese nur »zweite Wahl« war. Alles an Theophanu empfand man im Ostfrankenreich als aufregend: ihren exotischen Namen, ihre außergewöhnliche Schönheit, ihre kostbare Kleidung und ihren goldglänzenden Schmuck. Mit Theophanu zog byzantinisches Flair ins Reich ein. Verstärkt wurden im Westen nun griechische Heilige wie Nikolaus verehrt, außerdem rückte die griechische Sprache in den Schreibstuben der Mönche wieder ins Blickfeld des Interesses. Kaiserin Theophanu hingegen muss sich im kalten Ostfrankenreich sehr fremd vorgekommen sein. Ihr Sohn Otto III., der in beiden Kulturen gleichermaßen beheimatet war, wurde von seinem Erzieher und Mentor Gerbert von Aurillac, dem späteren Papst Silvester II. aufgefordert, seine »sächsische Ungeschlachtheit« abzustreifen und sich mehr der »griechischen Feinheit« zuzuwenden. Doch je mehr der junge Kaiser begann, byzantinische Elemente wie den Brauch, alleine an einer erhöhten Tafel zu speisen, an seinem Hof einzuführen, desto mehr begann man im Reich, die fremdartigen Gebräuche abzulehnen.

Byzanz und der Westen

Die Kreuzzüge halfen schließlich, das Bild, das Ost und West voneinander hatten, zu zementieren. Die abendländischen Kreuzfahrer waren für die Menschen in Konstantinopel in erster Linie derbe Haudegen. Zwar wusste man Tapferkeit, Kampfesmut und technisches Können der Ritter zu würdigen, doch gab mancherlei Benehmen der Fremden Anlass zu Kritik. Vor allem dass Frauen nach Männerart mit gespreizten Beinen im Sattel säßen, wurde am byzantinischen Hof in der Mitte des 12. Jahrhunderts mit sehr großer Empörung wahrgenommen. Die oberpfälzische Grafentochter Bertha von Sulzbach, die 1146 den byzantinischen Kaiser Manuel I. Komnenos heiratete,

> Kaiser **Manuel I. von Byzanz** († 1180) über die Deutschen: »Der dreiste Deutsche, der seine Augenbrauen höher als die Schläfen hebt, der leeres Zeug träumt, der sich auf diese leeren Gebilde stützt und der nur nichtige Ideen im Kopf hat. Wenn er aber Tapferkeit und Edelmut unseres weithin siegenden Kaisers kennen gelernt hat, erzittert er, Kaiser, vor deinen durchdachten Plänen, vor der Höhe und Kühnheit deiner Gedanken. Er hält ein mit seiner Aggressivität und bezähmt seine Dreistigkeit.«

DIE REISE DES MARCO POLO

Einer der faszinierendsten Einblicke in die fremden Kulturen des fernen Ostens im 13. Jahrhundert ist der legendäre Reisebericht des Marco Polo. Der venezianische Kaufmannssohn war als Siebzehnjähriger zusammen mit seinem Vater Nicolo und seinem Vater Maffeo zu einer Reise aufgebrochen, die ihn über Jerusalem bis nach Indien und schließlich ins ferne China führte. Die Erinnerungen und Eindrücke seiner abenteuerlichen Fahrt ließ Marco Polo 1268 von Rustichello da Pisa, einem italienischen Dichter, in farbigen Schilderungen aufzeichnen. In »Die Wunder der Welt« ist zu lesen, wie Marco in Schangdu das erste Mal auf den Mongolenherrscher Kublai Khan getroffen sei, den Enkel Dschingis Khans. Dieser habe sich so angetan von dem europäischen Fremden gezeigt, dass er ihn zu seinem Präfekten gemacht habe. Während der Jahre, in denen der Venezianer in Diensten des Herrschers gestanden sei, habe er die Mongolei und China durchstreift und die faszinierende Kultur dort kennen lernen dürfen. So schwärmt Marco von den Warmbädern und prächtigen Palästen im heutigen Hangzhou und wundert sich über die Sitte der Chinesen, rohes Schweinefleisch mit Chili, Knoblauch und Sojasoße zu essen. Erst nach 17 Jahren, so wird dem Leser berichtet, habe der Kublai Khan den Venezianer und seine Verwandten wieder in die Heimat ziehen lassen. Dort glaubte man wenig von dem, was Marco Polo zu berichten hatte und mahnte ihn bis zum Ende seines Lebens, doch endlich mit den Lügen aufzuhören. Auch heute noch stößt Marco Polos Bericht auf große Skepsis, verschweigt er doch auffällige Dinge, denen er, sofern er wirklich in China war, hätte begegnen müssen: Marco kennt weder die Chinesische Mauer noch weiß er, dass Chinesen auch schon im 13. Jahrhundert mit Stäbchen aßen. Manche Unstimmigkeit in Marco Polos Buch mag indes der Feder Rustichellos entsprungen sein. Und vielleicht hat auch ein Buch nicht gereicht, all das zu erzählen, was er erlebt hat. Auf dem Sterbebett soll er gesagt haben: »Ich habe nicht die Hälfte dessen erzählt, was ich gesehen habe.«

Niemand wollte Marco Polos Erzählungen glauben: Aufzug des Kublai Khan in einer Pferdesänfte mit großem Gefolge. Buchmalerei, Paris, um 1412.

gab mit ihren ungewohnten Vorlieben Anlass zu heftigem Getuschel innerhalb der Palastmauern. Ihre Weigerung, es den Damen am Hof gleichzutun und sich zu schminken und Duftwässer zu gebrauchen, wurde schnell als Indikator der »Unbeugsamkeit und Starrsinnigkeit ihres Volkes« abqualifiziert. Die Byzantiner wiederum galten als Feiglinge im Kampf und wirkten in Aussehen und Gebaren überaus weibisch – hatte nicht schon Liutprand von Cremona vermerkt, Kaiser Nikephoros' Füße hätten Schuhe geziert, die sonst nur Frauen tragen? Auch Hinterlist und Treulosigkeit gehören zu den Attributen, mit denen die Griechen immer wieder bedacht wurden. Und vor allem galten sie als arrogant, und das nicht nur bei den lateinischen Christen. »Die Arroganz zerfällt in zehn Teile, neun davon kommen auf die Byzantiner, einer auf die übrige Welt«, hatte ein arabischer Autor bereits im 7. Jahrhundert notiert. Hochmut war allerdings eine Eigenschaft, die Byzanz gerne dem Westen, insbesondere den Deutschen bescheinigte.

Konstantinopel, die größte Stadt des europäischen Mittelalters, war glänzende Hauptstadt des byzantinischen Reiches. Holzschnitt, um 1520, von Giovanni Andrea Vavassore, gen. Vadagnino.

Welche negative Charaktereigenschaft nun dem jeweils einzelnen Volk zu Eigen war, der Westen musste zweifellos anerkennen, dass Konstantinopel die reichste und schönste Stadt der Christenheit war. »Der Palast, hoch und weit, aus Gold und Silber, scheint gar wundervoll, die Treppen verziert mit wertvollen Steinen, und es sagte einer zum anderen: ,Ein armes Land ist doch Frankreich'«, ist in einem französischen Epos des 12. Jahrhunderts zu lesen.

Der vierte Kreuzzug, bei dem christliche Kreuzfahrer 1203/04 das Schwert gegen andere Christen erhoben und sich gierig des Reichtums Konstantinopels bemächtigten, stellt sicherlich den Tiefpunkt der byzantinisch-westlichen Beziehungen dar. Erst Jahrhunderte später, als die Stadt am Bosporus 1453 von den Türken erobert wurde und das Byzantinische Reich sein Ende erlebte, zeigte sich der geschockte lateinische Westen solidarisch mit den Besiegten und verwies darauf, dass Christen die Opfer muslimischer Eroberungswut geworden waren.

EIN PANORAMA DES MITTELALTERS

■ Die eigenen Anderen: Randgruppen im Mittelalter

Obgleich das Gesellschaftsmodell, das Adalbero von Laon im 11. Jahrhundert entwarf, suggeriert, dass jeder den ihm zukommenden Platz in den Reihen der Betenden, Kämpfenden oder Arbeitenden fand, gab es nicht wenige Menschen, die unterhalb der gesellschaftlichen Ordnung standen, weil sie einen »unehrlichen Beruf« ausübten oder einer anderen Religion angehörten. Es waren unter anderem die Juden, Gaukler, Bader, Henker, Abdecker, Dirnen, Buckligen, Aussätzigen und Ketzer, die nicht recht in die göttliche Ordnung zu passen schienen.

Süßkind von Trimberg, der einzige bekannte jüdische Dichter der deutschen Literatur des Mittelalters, mit Judenhut. Große Heidelberger Liederhandschrift (Codex Manesse). Heidelberg, Universitätsbibliothek.

Die Juden

Die meisten spätantiken jüdischen Siedlungen auf dem Reichsgebiet haben den Sturm der Germanenstämme in der Zeit der Völkerwanderung nicht überstanden. Während jüdisches Leben auf der Iberischen Halbinsel und an der nördlichen Mittelmeerküste sich weiter entfalten konnte (*sephardisches Judentum*), siedelte sich das so genannte aschkenasische Judentum im Zentrum des Reiches erst wieder seit dem 9. und 10. Jahrhundert an. Von Anfang an bevorzugten die Juden größere Siedlungen und bald bildeten sich jüdische Gemeinden insbesondere in den Städten des Rheinlandes, in Regensburg, in der Champagne, der Normandie und in London. Während die jüdische Bevölkerung trotz der verheerenden Pogrome im Zuge der Kreuzzugshysterie des späten 11. und frühen 12. Jahrhunderts vor allem im Reich zunahm, war es in England und Frankreich seit dem 12. Jahrhundert zu blutigen Verfolgungen und seit dem 13. Jahrhundert sogar zu Ausweisungen jüdischer Bewohner gekommen. Immer mehr flüchtende Juden siedelten sich daher im Spätmittelalter in Deutschland sowie in Böhmen und Mähren an. Anders als bei ihren sephardischen Glaubensbrüdern auf der Iberischen Halbinsel besaßen Handwerk

und Landwirtschaft bei den aschkenasischen Juden wenig Tradition. Sie waren in der Mehrheit Händler, die nicht nur mit Waffen, Pelzen und Stoffen aus dem Osten Handel trieben, sondern vermutlich auch lange Zeit vom Sklavenhandel profitierten. Das Zinsverbot für Christen, das seit dem 12. Jahrhundert verschärft durchgesetzt wurde, machte viele Juden zu Geldverleihern. Einerseits wurden sie so zu hoch geschätzten Handelspartnern, die den Städten viel Geld brachten. Andererseits verschärften Neid auf ihren Wohlstand sowie ihr Ruf als »Wucherer« die Abneigung der Christen gegen ihre jüdischen Mitbewohner. Die Vorurteile, mit denen man sie bedachte, spiegeln sich auch in der bildlichen Darstellung von Juden in der christlichen Ikonografie wider. Ursprünglich wurden Juden seit dem Hochmittelalter nur mit dem typischen spitz zulaufenden Judenhut und den charakteristischen Schläfenlocken als Angehörige einer fremden ethnischen Gruppe gekennzeichnet. Dazu traten allerdings immer mehr Merkmale, die besonders auf das vermeintlich betrügerische Wesen der Juden und ihre Tätigkeit als Geldverleiher abhoben. So wurden sie im Bild wahlweise mit Hakennase, einem Geldsäckel, einem Schächtmesser oder einer Binde über den Augen dargestellt, die die Blindheit des Alten Bundes gegenüber der Botschaft des Christentums symbolisieren sollte.

So sehr städtische Obrigkeit und Patriziat die Juden nicht nur als Gelehrte und Handelspartner, sondern auch wegen der hohen Abgaben schätzten, die sie um ihres Schutzes willen in die Stadtkasse einzahlten, so erlangten sie dennoch nie das Bürgerrecht einer Stadt. Gab es in der mittelalterlichen Stadt für die verschiedenen Gewerbe eigene Gassen und Viertel, so lebten auch die Juden als Händler zunächst vielfach in »Judengassen«. Das Wachstum der Gemeinden führte sodann zur Entstehung von Judenvierteln meist am Rande der Stadt. Obgleich die Juden schon seit dem 11. Jahrhundert unter dem besonderen Schutz des römisch-deutschen Kaisers standen, kam es immer wieder zu schwer wiegenden Übergriffen durch die christliche Bevölkerung, und dies nicht nur in Zeiten der Kreuzzüge. Neben »Christusmördern« galten die Juden vor allem zu Zeiten der Pest als »Brunnenvergifter« und Hostienfrevler, die mit ihrem Treiben Unheil über die Menschheit gebracht hätten. Dass Kaiser Karl IV. im 14. Jahrhundert den Judenschutz gar an mehrere Städte selbst verkaufte und aus politischen und ökonomischen Interessen vielfach nicht zu Gunsten seiner Schutzbefohlenen eingriff, brachte für viele jüdische Gemeinden das Aus: Sie wurden vertrieben und ihr Besitz beschlagnahmt. Immer mehr Juden suchten daher ihre neue Heimat in Osteuropa.

Henker, Bader und Prostituierte

Angehörige verachteter Berufe galten als »unehrlich« im Sinne von »ohne Ehre« und ohne Ansehen. Wer persönlichen Umgang mit einer solchen Person pflegte oder auch nur sein Arbeitsgerät berührte, galt fortan auch als ehrlos. Unehrliche Leute waren von allen Gerichtsfunktionen ausgeschlossen und konnten weder Richter noch Zeugen für eine rechtliche Handlung sein, nicht als Vormund fungieren und auch nicht in städtische Ehrenämter gewählt werden. Vor allem durften sie keine Zünfte bilden.

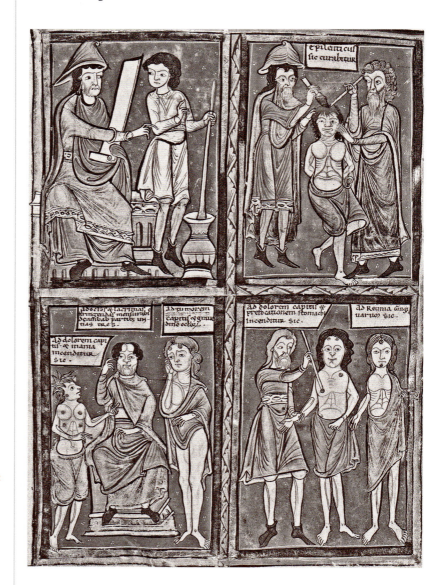

Medizinische Prozeduren: Anrühren von Salben und Tinkturen, Stillen von Blutungen, ca. 1190–1200.

Kindern unehrlicher Eltern blieb zumeist nur die Möglichkeit, selbst einen unehrlichen Beruf zu ergreifen und in eine unehrliche Familie einzuheiraten. Welche Berufe dieser gesellschaftlichen Ächtung anheim fielen, unterschied sich regional und zeitlich bisweilen stark. Während nämlich im Westen und Süden des Reiches die Barbiere durchaus eine eigene, wenn auch rangniedere Zunft bilden durften, so war dies in Hamburg ausgeschlossen. Die ehrlosesten unter den unehrlichen Berufen waren jedoch überall die gleichen. Es waren in erster Linie Tätigkeiten, die unangenehm, schmutzig und moralisch verwerflich waren. Scharfrichter, Abdecker (Schinder), Totengräber und Prostituierte waren in allen Regionen des mittelalterlichen Reiches zweifelsohne unehrliche Leute.

Kein Beruf war im Mittelalter so tabuisiert wie der des Henkers. Das lag weniger am Umstand, dass er sein Geld damit verdiente, andere zu töten. Das taten Angehörige des Kriegerstandes auch, ohne als unehrlich zu gelten. Doch haftete dem Handeln des Henkers so viel Angst, Abscheu und Entsetzen an, dass er und seine Gehilfen geradezu von einer Aura des Grauens umgeben waren. Zu den Aufgaben des Henkers gehörten nicht nur Folter und Hinrichtung, sondern häufig auch die Reinigung von Kloaken und das Abschneiden von Selbstmördern. Zudem galten sie mitunter als Helfer bei magischen Praktiken und engagierten sich vielerorts als Bordellbetreiber. Die Beseitigung von Tierkadavern, sofern dies nicht ein Abdecker tat, brachte dem Henker ein willkommenes Zubrot ein.

Der gesellschaftlichen Ächtung des Henkers zum Trotz wussten viele Menschen von den besonderen anatomischen und medizinischen Kenntnissen, die sich die Scharfrichter aufgrund ihrer Tätigkeit auf dem Richtplatz und im Folterkeller angeeignet hatten. Viele von ihnen betätigten sich als Bader oder Zahnreißer, was auch diesen Berufen schnell den Ruf der Unehrlichkeit einbrachte.

Zum Bader begab sich, wer einen schmerzenden Zahn hatte oder eines Aderlasses bedurfte. Auch für die Rasur und das Haareschneiden war der

Badestuben waren beliebte Orte nicht nur zur Körperpflege, sondern auch zum geselligen Zeitvertreib. Bisweilen übten dort aber auch Prostituierte ihr Gewerbe aus. Holzstich nach französischer Buchmalerei um 1450.

Bader zuständig. Daneben konnte er aber auch die berüchtigten Badestuben betreiben, die schon im Mittelalter im Ruf unzüchtigen Treibens standen, obwohl sie im Allgemeinen wohl besser als ihr Ruf waren. So manches Badehaus aber diente tatsächlich nicht allein der körperlichen Reinigung oder dem bloßen geselligen Beisammensein mit Spiel, Wein und Gesang. Im dampfigen Ambiente gingen bisweilen auch Prostituierte ihrem Gewerbe nach. Die meisten Städte kannten daneben richtige Bordelle, die der Aufsicht durch den städtischen Rat unterstanden. Nur unverheirateten Männern war der Besuch eines solchen gestattet, auf keinen Fall aber einem Ehemann, einem Geistlichen oder Juden. Obgleich viele Theologen schon seit der Spätantike zähneknirschend den Nutzen der Dirnen als notwendiges Übel anerkannten, unterlagen die Prostituierten in der städtischen Gesellschaft des Mittelalters strengen Reglementierungen. So war ihnen das Berühren von Speisen verboten. Auch hatten sie bunte Bänder sowie Schuhe und Schleier in den Schandfarben rot, gelb und grün zu tragen.

Die massive Ausbreitung der Syphilis, mehr aber noch die gewandelten Moralvorstellungen der Reformationszeit führten in vielen Städten zur Eindämmung der Prostitution und zur Schließung der Bordelle.

> Aus der **Reichspolizeiordnung** von 1530:
> »XXI. Von den Scharfrichtern. Es soll auch jede Obrigkeit ein fleißig Einsehens thun, dass sich die Züchtiger, Nachrichter und Feldmeister oder Abdecker, mit ihrer Kleidung tragen, damit sie vor andern erkannt werden mögen.«

Fahrendes Volk und Bettler

Gaukler, Musikanten und Spielmänner waren beim Volk eigentlich beliebt. Was sie zu einer Randgruppe des Mittelalters machte, war das Urteil, das die Kirche schon früh über sie gefällt hatte. Diener des Satans seien sie, und wollten die Menschen zu verwerflichem Tun anleiten. Deshalb waren sie vom Abendmahl ausgeschlossen und rechtlich stark eingeschränkt. Außerdem fehlte ihrem ruhelosen Dasein als Herumziehende der Schutz von Familie, Sippe oder Grundherren. Nicht selten haftete ihnen der Ruf von Schmarotzern an. Gaukler und Taschenspieler wurden oftmals in die Nähe magischer Künste, des Hellsehens oder unheiligen Zaubers gerückt. Das Publikum war ihnen dennoch sicher. Waren sie ursprünglich von Burg zu Burg gezogen, um die edle höfische Gesellschaft mit Spiel und Tanz zu erfreuen, so bildeten zunehmend die Märkte der Städte die Bühne für das fahrende Volk. Die Menschen waren begierig nach Sensationen. Hochseilakte fanden naturgemäß mehr Aufmerksamkeit als Hunde- oder Affendressuren. Lieder, Spiel und Tanz schienen aber sogar dem sonst so gestrengen

Thomas von Aquin zugesagt zu haben, der das Tun der Spielleute entgegen der kirchlichen Verdammung der Gaukler als Erleichterung seiner Erdenqualen begrüßte.

Bettler waren noch im Früh- und Hochmittelalter mitunter hoch angesehen und willkommene Almosenempfänger. Der Wohltäter konnte sicher sein, dass er den Lohn für seine Gaben christlicher Mildtätigkeit in Form frommer Fürbitten zurückerhalten würde. Auch die freiwillige Armut, in der Angehörige der Bettelorden lebten, war außerordentlich geschätzt. Doch der massive Arbeitskräftemangel als eine Folge der Pest führte zu einer gesellschaftlichen Neubewertung der Armut. Dass Kranke und Sieche weiter um ihren Lebensunterhalt bettelten, galt als normal. Dass sich aber Gesunde als Berufsbettler betätigten, wurde nun streng kritisiert. Wer mit seinen gesunden Händen keiner Arbeit nachging, sondern auf eine milde Gabe freigebiger Spender hoffte, der war ein Tagedieb, der sich der Sünde des Müßiggangs schuldig machte. Während sich vor allem die Kirchen den zahllosen »ehrbaren« Bettlern annahmen, versuchten die Städte im ausgehenden Mittelalter, sie gleichsam zu verstecken: Bettlerplätze wurden ebenso beschränkt wie die Zeit des Aufenthaltes dort. Berufsbettler wiederum wurden zu hohen Geldstrafen verurteilt, zur Arbeit verpflichtet oder aus der Stadt gewiesen.

Aussätzige und andere Kranke

Die Lepra (Aussatz) war eine Infektionskrankheit, die schon seit der Antike bekannt und auch im Mittelalter über ganz Europa verbreitet war. Während sie in vielen Fällen ohne Symptome verlief, führte sie bei einigen Unglücklichen unter anderem zum Zerfall von Nerven- und Hautgewebe, zur knotigen Verdickung von Nervenenden oder zu offenen Geschwüren an den Schleimhäuten sowie zu einem Befall der inneren Organe. Die symptomatischen Verlaufsformen konnten mit dem Verlust von Gliedmaßen und Erblindung einhergehen. Mediziner sahen die Ursache der Lepra im Verzehr von verdorbenem Fleisch oder Wein sowie dem Einatmen fauliger Luft. Außerdem nahm man an, dass die Krankheit durch genitale Übertragung im Rahmen außerehelichen Geschlechtsverkehrs weitergegeben werde. Damit galt die Lepra auch als Strafe für be-

Ein als Bischof verkleideter Gaukler bei einer Hundedressur. Aus dem Luttrell Psalter, 1300–1340. British Library.

gangene Sünden und als äußeres Zeichen eines liederlichen Lebenswandels. Arzneimittel, die die durch ein Bakterium hervorgerufene Lepra hätten heilen oder die Symptome hätten lindern können, gab es nicht. Einzig die Absonderung der Kranken half, die Infektionsgefahr einzudämmen.

Leprakranken wird der Zugang zur Stadt verwehrt. Holzstich nach einer französischen Buchillustration des 13. Jahrhunderts.

Regelungen zum Umgang mit den Erkrankten zu treffen, fiel gewöhnlich in den Aufgabenbereich der Kirche. So wurden schon im Frühmittelalter Bettelverbote für Aussätzige an stark frequentierten Plätzen ausgesprochen, »damit sie sich nicht mit dem Volk vermischten«. Im 12. Jahrhundert befand schließlich das 3. Laterankonzil, »Aussätzige können mit Gesunden nicht zusammenleben«. War die Krankheit zweifelsfrei festgestellt, wurde vielerorts die Totenmesse für den Aussätzigen gelesen, bevor er die Gemeinschaft der Lebenden verlassen musste. In manchen Städten nahm ihn nun ein Leprosen- oder Sondersiechenhaus auf. Dort verbrachte er sein künftiges Leben als lebender Toter in einer Art Genossenschaft mit anderen Aussätzigen und hatte sich einer Leprosenordnung, die ihm unter anderem ein graues Gewand vorschrieb, unterzuordnen.

Wo das Verständnis für die Ursache und das genaue Wesen von Krankheiten fehlte, kam es zwangsläufig zu Ausgrenzung und Fehlurteilen. Zu den Außenseitern der mittelalterlichen Gesellschaft gehörten daher auch Menschen mit besonderen körperlichen Merkmalen wie Missbildungen oder Deformitäten. Das Ungewöhnliche, ein Buckel oder Klumpfuß, konnte in Zeiten besonderer religiöser Verunsicherung schnell zu einem Merkmal einer Hexe oder eines Zauberers stilisiert werden.

Besonders schwer aber hatten es Menschen mit Geisteskrankheiten, die »Narren«, »Toren« oder »Irren«. Gemütskrankheiten wurden im Mittelalter pauschal mit *melancholia* bezeichnet, die aus einem Ungleichgewicht der Körpersäfte, besonders der schwarzen Galle, herrühre. Die Epilepsie hingegen, die fälschlich auch zu den Geisteskrankheiten gezählt wurde, werde, so einige Gelehrte, durch eine im Gehirn kreisende Flüssigkeit verursacht. Eine Therapie musste daher zum Ziel haben, die schädlichen

KETZER

Paradiesvögel, die kirchliche Irrlehren verbreiteten, hatte es schon immer gegeben. Da war etwa Leutard, ein um die Jahrtausendwende in der Champagne lebender Bauer, der berichtete, ein Schwarm Bienen habe ihn dazu veranlasst, seine Frau zu verlassen und das Holzkreuz in der Dorfkirche zu zerbrechen. Seiner wachsenden Zahl von Anhängern predigte er unter anderem, der Zehnt sei überflüssig und nicht alles, was in der Bibel stünde, hätte Gewicht. Leutard endete, vom Bischof der Häresie überführt, indem er sich selbst in den Dorfbrunnen stürzte. Das 12. und 13. Jahrhundert brachte jedoch einen qualitativen Wandel. Die zunehmende Verweltlichung der Kirche, die Macht des Papstes und die allmähliche Zunahme religiöser Laienbildung hatten bei immer mehr Menschen eine große religiöse Verunsicherung und Zweifel an der kirchlichen Lehrautorität ausgelöst. So scharte der Lyoner Kaufmann Petrus Waldes um 1170 Anhänger um sich, die sich mit ihm der freiwilligen Armut verschrieben, die Bibelpredigt durch Laien forderten, und den Ablass und die Kindstaufe ablehnten. 1184 wurden die Waldenser, wie sie sich nannten, von Papst Lucius III. als Ketzer verurteilt. Ähnlich erging es der Bewegung der Katharer (griech. *katharos* = rein), die im Süden Frankreichs ihren Ursprung nahm. Nach der Katharer-Hochburg Albi werden sie häufig auch als Albigenser bezeichnet. Nur durch Aufnahme in ihre asketisch lebende Gemeinschaft, so predigten sie, konnte die Vergebung der Sünden erlangt werden. Selbst Frauen konnten in dieser Laienbewegung durch enthaltsamen Lebenswandel die höchste Rangstufe der *perfecti* erklimmen. Die römische Kirche und ihre Lehrautorität wurden durch den Zulauf und die Zustimmung, die diese und andere religiöse Gemeinschaften erhielten, massiv erschüttert. Papst Innozenz III. und sein Nachfolger Honorius III. reagierten, indem sie zwei weitere Armutsbewegungen, die sich in erstaunlich vielen Punkten mit den Lehren der Häretiker deckten, in den Schoß der Kirche aufnahmen: Franziskaner und Dominikaner sollten fortan jenen Gläubigen eine Heimat bieten, die ein Leben in apostolischer Armut führen mochten. Die Kirche rüstete außerdem zum Kampf gegen die Ketzer: Vor allem die Dominikaner versuchten, mit der Waffe der Predigt die Katharer zur Rückkehr in die Kirche zu bewegen. Der Papst freilich setzte auf das Schwert: Wo nach den drei Albigenserkreuzzügen zwischen 1208 und 1244 noch Ketzer übrig waren, sollte die Inquisition sie aufspüren. Die Marschrichtung der Kirche war klar: Die Ketzer waren weit mehr als religiöse Abweichler, sondern galten als verdammenswerte Vertreter der Welt des Teufels.

Vertreibung der Katharer (= Albigenser) aus Carcassone im Jahr 1209. Les Chroniques de France, 14. Jh.

Säfte aus dem Körper zu vertreiben oder zu regulieren. Wo sanftes Einreden auf den Patienten, Bäder oder Musik nichts halfen, versprach bisweilen ein chirurgischer Eingriff die Wiederherstellung des seelischen Gleichgewichts: Eine Schocktherapie sah vor, dem Kranken Brandwunden am Kopf beizubringen, um den Fluss der Körpersäfte wieder zu harmonisieren.

Das »**Lorscher Arzneibuch**« (8. Jh.) zur Entstehung von Krankheiten: »Denn aus drei Ursachen wird der Leib von Krankheiten befallen: aus einer Sünde, aus einer Bewährungsprobe und aus einer Leidensanfälligkeit. Nur dieser Letzteren kann menschliche Heilkunst abhelfen, jenen aber einzig und allein die Liebe der göttlichen Barmherzigkeit.«

Versorgt wurden die Kranken häufig in »Irrenhäusern«, die sich im Abendland schon seit dem 11. Jahrhundert nachweisen lassen. Auch der Islam kannte die Einrichtung solcher Häuser, in denen die Kranken im Vergleich zu abendländischen Einrichtungen geradezu üppig versorgt wurden und mit Arbeitstherapien auf ihre Entlassung und Wiedereingliederung in die Gesellschaft vorbereitet wurden.

Psychische Erkrankungen galten in der mittelalterlichen Gesellschaft nicht zwangsläufig als Besessenheit. Ärzte neigten vielmehr dazu, Symptome wie Abneigung gegen kirchliche Rituale, Fluchen, Verstehen fremder Sprachen und Ausrufen von Dämonennamen als Geisteskrankheit einzustufen, während Theologen den Unterschied zwar wahrnahmen, die Besessenheit aber dennoch auf das Wirken von Dämonen zurückführten.

Gebannte und Geächtete

Während Henker, Fahrende und Prostituierte am unteren Rand der Gesellschaft angesiedelt wurden, gab es auch Menschen, die völlig außerhalb der menschlichen Gesellschaft lebten. Es waren die Gebannten und Geächteten, die aus der Gemeinschaft ausgestoßen waren und ein völlig rechtloses Dasein fristeten. Die Acht wurde von einem weltlichen Gericht wegen schwerer Verbrechen wie Mord, Totschlag oder Brandstiftung verhängt. Seit dem 13. Jahrhundert war die Acht automatisch an den Kirchenbann gekoppelt. War ein Exkommunizierter, wie Augustinus lehrt, auch nicht völlig aus der Kirche auszuschließen, da die Taufe nicht mehr rückgängig zu machen sei, so war ihm doch der Zugang zu den Sakramenten verwehrt und er durfte keinen Umgang mehr mit Gläubigen pflegen. Traf ihn noch die Acht, war er fortan vermögensunfähig. Sein Besitz wurde an die Hinterbliebenen des Geschädigten ausbezahlt oder zugunsten des Königs eingezogen. Frau und Kinder des Übeltäters waren von nun an Witwen und Waisen, er selbst war aus seiner Sippe und der schützenden Gemeinschaft des Dorfes ausgeschlossen. Es war niemandem gestattet, einen Geächteten aufzunehmen, zu speisen oder anderen Umgang mit ihm zu pflegen. Wer einen Gesetzlosen erschlug, brauchte deshalb mit keiner Strafe oder Buße zu rechnen.

Schon früh begannen sich Legenden um berühmte Outlaws zu ranken, die das Bild der harten sozialen Realität der Ausgestoßenen verzerrten. Der Angelsachse Hereward der Wächter etwa, der den normannischen Eroberern unter König Wilhelm I. lange erbitterten Widerstand leistete, wurde von seinen Landsleuten posthum als Nationalheld verehrt, bevor er im 13. Jahrhundert von der Gestalt des Robin Hood abgelöst wurde. Den modernen Leser sollten die abenteuerlichen Geschichten über den prominentesten, wenn auch wohl fiktiven, Geächteten des Mittelalters nicht darüber hinwegtäuschen, dass der Verlust von Familie, Sippe und Dorfgemeinschaft in der Realität ein grausames Schicksal war. Die mittelalterliche Gesellschaft funktionierte allein über persönliche Bindungen. Sippe und Genossenschaften gaben Sicherheit und lieferten den Platz, wo man hingehörte. Selbst die Aussätzigen und Bettler begannen sich seit dem 14. Jahrhundert in Genossenschaften und mancherorts sogar in einer Zunft zu organisieren. Der Geächtete aber blieb ganz auf sich allein gestellt.

■ Aufbruch und Kontinuität

Der »Herbst des Mittelalters« – vor allem mit dem 14. und 15. Jahrhundert verband man lange Zeit ein Bild des Verfalls und der Auflösung alter Ordnungen. Inzwischen hat sich dieses Bild gewandelt: Mehr und mehr sieht man in der Zeit, nachdem Pest und Naturkatastrophen über Europa hinweggefegt waren, eine Epoche des fruchtbaren Neubeginns. Die Menschen des 15. Jahrhunderts scheinen mehr als in den Jahrhunderten zuvor von Neugier getrieben worden zu sein. Während Seefahrer nach neuen Routen in immer entferntere Regionen der Erde suchten, stellte Leonardo da Vinci in Italien anatomische Untersuchungen an und bastelte an Fluggeräten. Auch wenn große, drängende Fragen der Zeit unbeantwortet blieben und vor allem die Kirche unbeirrt auf die Reformation zumarschierte, sind es die kulturellen Leistungen und Entdeckungen, die diese Epoche an der Schwelle zur Neuzeit zu prägen scheinen.

Die italienische Renaissance

Der Aufbruch, der vor allem im Italien des späten 14. und 15. Jahrhunderts zu großen Meisterwerken in Kunst und Literatur geführt hat, wurde als Renaissance, als »Wiedergeburt der Antike« gefeiert. Autoren des Altertums,

Leonardo da Vinci (1452–1519), Konstruktionszeichnungen von Flugmaschinen und einem Fallschirm. Aus: Codex Atlanticus, Mailand, Biblioteca Ambrosiana.

ihre Schriften, Bauten und Kunstwerke wurden intensiver als je zuvor rezipiert und beflügelten zu eigenem künstlerischem und literarischem Schaffen. Den Begriff der Renaissance kannte bereits der Maler Giorgio Vasari, der im 16. Jahrhundert Biografien bedeutender Renaissance-Künstler verfasste. Schon die im 13. Jahrhundert wirkenden Künstler Niccolò Pisano und Giotto hatte Vasari zu denjenigen gezählt, die »in dunkelsten Zeiten den Meistern, die nach ihnen kamen, den Weg gewiesen, der zur Vollkommenheit führt«. Gerade in der Malerei bemühte man sich, Dinge nicht nur so naturgetreu wie möglich darzustellen, sondern die Natur in ihrer Schönheit sogar noch zu übertreffen. Für den menschlichen Körper wurden ideale Proportionen gesucht, räumliche Tiefe in der mathematisch exakten

Zentralperspektive wiedergegeben. Dank der großzügigen Förderung durch die Mächtigen des Landes erblühte Italien zum Zentrum der neuen Kunstrichtung. Vor allem in Florenz und Rom entstanden immer kühnere, immer atemberaubendere Kunstwerke: Bis zum Ende des 15. Jahrhunderts hatte Donatello viel bewunderte Skulpturen wie den Evangelisten Johannes hervorgebracht. Die Fresken von Masaccio zierten die Kirchen von Florenz. Weithin sichtbar ragte die von Filippo Brunelleschi geschaffene Kuppel des Florentiner Doms Santa Maria del Fiore über die Dächer der Stadt. Und dabei sollten die wahren Meister der Renaissance, unter ihnen Leonardo da Vinci, Raffael und Michelangelo, erst noch kommen.

Außerhalb Italiens tat sich die Renaissancekunst allerdings schwer. Erst im 16. Jahrhundert gelangten erste Einflüsse allmählich nach Frankreich, Deutschland, aber auch in die Niederlande und nach England. Weitaus früher begann jedoch auch dort die Rezeption antiker Schriften und Gelehrsamkeit.

Grundlage der Renaissance war eine Geisteshaltung, die sich auf die Suche nach einem neuen Menschenbild und einem neuen Selbstverständnis des Menschen als Individuum machte und Jahrhunderte später deshalb mit dem Ausdruck »Humanismus« bedacht wurde.

Der Humanismus

Den Vertretern des italienischen Humanismus des 14. und 15. Jahrhunderts ist das Bemühen um eine intensive Beschäftigung mit der lateinischen und griechischen Sprache gemeinsam. Bei der Beschäftigung mit den Werken ihrer antiken Vorbilder, denen sie es in eigenen Dichtungen gleichtun wollten, lehnten sie die scholastische Methode, wie sie das Mittelalter gelehrt hatte, strikt ab. Nicht mehr das, was frühere Autoritäten zu einem Werk niedergelegt hatten, sondern die eigenen Gedanken des Humanisten wurden zum Maßstab für die Beurteilung antiker Meisterwerke.

Die Aristotelesrezeption, die der Scholastik über Jahrhunderte Nahrung gegeben hatte, brach abrupt ab zugunsten einer Beschäftigung mit den Werken Platons, die das Denken der Humanisten beflügelten. Einen entscheidenden Anstoß zur Auseinandersetzung mit der antiken Vergangenheit in Schrift und Bild hatten dabei nicht zuletzt byzantinische Gelehrte gegeben, die nach dem Fall Konstanti-

Der Niederländer **Erasmus von Rotterdam** (1466–1536) war einer der bedeutendsten **Vertreter des Humanismus**. Gemälde von Hans Holbein d. J.

Rekonstruktion von Johannes Gutenbergs erster Druckerpresse. Mainz, Gutenberg Museum.

nopels 1453 nach Italien geflohen waren. Sie erst brachten die westlichen Dichter und Gelehrten in intensive Berührung mit den literarischen Schätzen des griechischen Altertums. Dichter wie Petrarca und Giovanni Boccaccio griffen die neuen Impulse auf, die sich rasch in andere europäische Länder verbreiteten. Im Deutschen Reich zählen vor allem Conrad Celtis, Nikolaus von Kues und Erasmus von Rotterdam zu den bedeutendsten Humanisten der Renaissance. Konrad Celtis gehörte auch einem Kreis von Künstlern und Gelehrten an, die sich in der blühenden Handelsstadt Nürnberg zusammengefunden hatten. Zu ihnen gehörten auch Willibald Pirkheimer, Sebald Schreyer und Hartmann Schedel. Den gelehrten Treffen der angesehenen Nürnberger Persönlichkeiten entsprang wohl auch die Idee zu einer Weltchronik, die Schedel 1493 herausgab. Das Buch ist mit 1804 Holzschnitten und Illustrationen ausgestattet und stellt einen Höhepunkt der erst wenige Jahre zuvor erfundenen Buchdruckerkunst dar. Die große topografische Exaktheit, mit der viele der darin enthaltenen Stadtansichten wiedergegeben sind, stehen mitunter in einem Missverhältnis zu beinahe absonderlichen mittelalterlichen Mirakelerzählungen. Die Weltchronik des Hartmann Schedel symbolisiert daher recht anschaulich den schwierigen Spagat seiner Epoche, die einerseits tief in mittelalterlichen Vorstellungen verhaftet war und andererseits nach den Sternen antiker Philosophie und Naturwissenschaft greifen wollte.

Auf zu neuen Ufern!

Zu den am weitesten verbreiteten Vorurteilen, die dem Mittelalter anhaften, gehört die Annahme, die Menschen hätten die Erde für eine Scheibe gehalten. Tatsächlich aber hatte sich dieses einst vom Griechen Ptolemäus vertretene Weltbild nie durchsetzen können. Im Mittelalter wusste man: Die Erde ist rund. Nikolaus von Kues beschrieb sie Ende des 15. Jahrhunderts sogar korrekt als Rotationsellipse.

> **Berthold von Regensburg** predigt über die Gestalt der Erde: »Warum die Erde wie eine Kugel beschaffen ist. Am Firmament, das ist der Himmel, den wir da sehen, sind die Sterne befestigt. Was darunter ist, ist beschaffen wie ein Ei. Die äußere Schale ist der Himmel, den wir sehen. Das weiße um den Eidotter sind die Lüfte. Und der Dotter in der Mitte, das ist die Erde.«

Beste Voraussetzungen also für den Genuesen Christoph Kolumbus, in See zu stechen und den westlichen Seeweg nach Indien zu suchen. Die Muslime nämlich hatten mit der Eroberung Konstantinopels auch die Landwege nach Asien blockiert. Das Abendland war abgeschnitten von wertvollen Gütern wie Gewürzen oder Seide. Die Portugiesen hatten schon seit 1418 mit der Erschließung der »Gewürzstraße« über das Kap der Guten Hoffnung, Ostafrika und das Arabische Meer bis nach Westindien begonnen, einem Unternehmen, das Vasco da Gama 1498 abschloss. Ehrgeizig beharrte Christoph Kolumbus auf der Existenz eines westlichen Seewegs. Dem spanischen Königspaar Ferdinand II. von Aragon und Isabella II. von Kastilien versprach er Gold und Reichtümer in Hülle und Fülle und erhielt so das ersehnte »Ja« und vor allem die nötigen Finanzmittel zu seinem gewagten Unternehmen. Dass Kolumbus nicht in Indien landete, sondern auf der dem amerikanischen Festland vorgelagerten Insel namens Guanahani (San Salvador), ist heute Allgemeinwissen, blieb dem Entdecker jedoch zeitlebens unbekannt. Der offizielle Entdecker Amerikas war Kolumbus trotzdem

Kolumbus erreicht Amerika. Titelholzschnitt einer 1493 in Florenz gedruckten Flugschrift.

Der Globus des Martin Behaim (1459–1507), hergestellt 1490–1492 in Nürnberg. Paris, Bibliotheque Nationale.

nicht. Die Wikinger unter Leif Eriksson hatten schon 500 Jahre vor ihm den Boden der neuen Welt betreten. Benannt wurde der Kontinent auch nicht nach Kolumbus, sondern nach seinem Seefahrerkollegen Amerigo Vespucci. 1507 war der deutsche Kartograf Martin Waldseemüller auf die Idee gekommen, zu dessen Ehren auf einer Weltkarte das neue Land »Amerika« zu nennen.

Auch wenn Kolumbus der erhoffte Ruhm versagt blieb und Spaniens Königin Isabella sich enttäuscht zeigte über die magere Ausbeute des Unternehmens, begründete die Entdeckung Amerikas ein neues Zeitalter. Fortan existierte eine Alte Welt und eine Neue Welt und damit entstanden neue Herausforderungen, denen sich die abendländischen Königreiche stellen mussten.

Doch auch wenn gewichtige Ereignisse wie die Entdeckung Amerikas oder der Fall Konstantinopels gerne als Wendemarken vom Mittelalter zur Neuzeit bemüht werden und Kunst und Philosophie bereit waren, Überkommenes abzuwerfen und sich Neues anzueignen, lässt sich das traditionelle Denken des Mittelalters nicht so einfach abstreifen wie ein alter Mantel, der nicht mehr passen mag. Das Mittelalter, diese fremde und faszinierende Epoche, hat bis in die Gegenwart tiefe Spuren hinterlassen, die nur entschlüsselt werden müssen.

Das Mittelalter lebt weiter: Alltägliches aus ferner Zeit

Dass im Mittelalter Buchdruck erfunden und erstmals Universitäten gegründet wurden, ist weithin bekannt und oft gewürdigt worden. Wer aber denkt schon ans Mittelalter, wenn er sich Hemd oder Hose zuknöpft? Oder sich die Brille zurechtrückt? In der Tat haben unsere Altvorderen, deren Zeitalter gewöhnlich als statisch und innovationsfeindlich gebrandmarkt wird, einige nützliche Dinge erfunden, die uns bis heute den Alltag erleichtern.

Der Knopf ist eines davon. Bis ins 13. und 14. Jahrhundert mussten Kleidungsstücke, um nicht zu rutschen, mittels Bändern umständlich aneinander genestelt werden. Knöpfe versprachen da

Abhilfe. Doch waren sie, zumal aus Korallen oder Edelmetall, zunächst nur Zierrat und gingen auf die Prunksucht der Reichen zurück. Sie wurden zumeist von Frauen ohne das zugehörige Knopfloch aufs Kleid genäht. Doch traten mit dem Aufkommen modischer Schnitte immer mehr die praktischen Vorzüge des Knopfes in den Vordergrund. Erst der Knopf ermöglichte es den Frauen, die eng anliegenden Kleider zu tragen, für die die höfische Welt eine solche Vorliebe hatte, da sie die Figur der Dame voll zur Geltung brachten. Schnell verbreitete sich der Knopf, der alsbald auch aus Messing, Kupfer oder Glas hergestellt wurde, in allen Schichten. Auch Unterhosen, Handschuhe und Socken haben ihren Ursprung im Mittelalter und gehören zu den Utensilien, die noch heute unseren Kleiderschrank bereichern.

Die Gabel, selbstverständliches Instrumentarium moderner Esskultur, war im Mittelalter zwar bekannt, wurde aber auch an vornehmen Höfen lediglich zum Vorschneiden von Speisen verwendet. Darüber hinaus aber war die Gabel vor allem für den Klerus Ausdruck verweichlichter Sitten. Überhaupt erinnerte sie äußerlich an den Dreizack des Teufels.

> **Petrarca** über sein Aussehen: »Mein Aussehen [war] nicht besonders schön, aber so, dass ich in jungen Jahren gefallen konnte. Meine Hautfarbe war frisch, vom Weißen ins Bräunliche spielend; meine Augen lebhaft und lange Zeit von größter Sehkraft, die mich aber gegen alle Hoffnung nach meinem sechzigsten Jahre verließ, so dass ich leider zur Brille greifen musste.«

Bahnbrechender war die Einführung der arabischen Ziffern mitsamt der bislang unbekannten Null, mit denen sich nun auch komplexe Multiplikationen und Divisionen einfach durchführen ließen. Vor allem Kaufleute waren die ersten, die das neue System zu schätzen wussten. Sie erfanden auch die doppelte Buchführung, bei der die zwei Spalten von Soll und Haben schnell Auskunft über den Kontostand gaben. Die Einführung von Wechseln führte daneben zur zukunftsweisenden Einrichtung erster Banken. Wer sein Geld nicht in barer Münze mit sich herumtragen wollte, trug es zur Wechselbank und erhielt eine Quittung über die einbezahlte Summe, die er in einer anderen Filiale desselben Geldhauses wieder in Edelmetall verwandeln konnte.

Von ebenso großer Bedeutung war die Erfindung der Brille (lat. *berillum* = Kristallglas) im späten 13. Jahrhundert. Petrarca gab zu, seit seinem 60. Lebensjahr eine Brille getragen zu haben. Wer die Augengläser erfunden hat, die lange Zeit ohne Bügel nur wie ein Zwickel auf der Nase getragen wurden und deren bikonvexe Gläser ausschließlich Weitsichtigkeit korrigierten, ist nicht mehr exakt zu rekonstruieren. Aber die Brille war ein Segen für viele Gelehrte, die aufgrund von Sehschwäche im Alter zur Untätigkeit verdammt gewesen wären.

EIN PANORAMA DES MITTELALTERS

Die Liste der Erfindungen aus dem Mittelalter lässt sich neben vielen anderen noch um die Schubkarre, das Schach- und Kartenspiel, den Kompass und das Steuerruder erweitern, aber auch um kulturelle Entdeckungen wie den Kleiderschnitt, die moderne Koch- und Braukunst, die Post und Musiknoten. Die Menschen der Vergangenheit waren nicht weniger erfinderisch als spätere Generationen, wenn es darum ging, den Arbeitsalltag zu erleichtern oder sich dem Vergnügen hinzugeben.

Gesten, Grüße, Ortsnamen und Redensarten

Eine der geläufigsten Gesten des Alltags hat eine lange Geschichte hinter sich. Dem anderen die Hand zu geben, bedeutete schlicht, ihm zu zeigen, dass man unbewaffnet war. Wer aber heute den Hut zieht, zeigt eigentlich, dass er sich seinem Gegenüber sozial unterordnet. Das Ziehen des Hutes gehört zu den Gesten, mit denen im Mittelalter die soziale Ordnung sichtbar gemacht wurde. Von Herzog Karl dem Kühnen von Burgund und Kaiser Friedrich III. ist belegt, dass sie stundenlang voreinander die Hüte zogen, weil keiner sich im Rang unterordnen wollte. Das allzu lässige Ziehen eines Hutes konnte hingegen zum sofortigen Abbruch diplomatischer Beziehungen führen. Auch die Anrufung Gottes bei einem simplen »Grüß Gott« oder »Adieu« verweist zurück ins Mittelalter, als der andere mit dem frommen Wunsch »Gott grüße Dich« bedacht wurde. Diese Grußformel war jedoch bald genauso sinnentleert wie das »Gott schenke Dir einen guten Morgen und einen guten Tag«, das zum simplen »Guten Morgen« oder »Guten Tag« zusammenschrumpfte.

Gerade die Welt der Ritter hat der Nachwelt ein reiches Erbe hinterlassen. Die gängigen Tischsitten gehen im Wesentlichen auf höfische Benimmregeln zurück. Vieles hat sich daneben

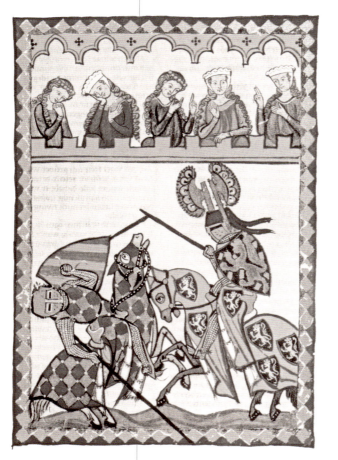

Ritterlicher Zweikampf im Turnier aus dem Codex Manesse (um 1310–1340).

aber auch in Redensarten niedergeschlagen. Wer »jemanden im Stich ließ«, erwies sich als wenig ritterlich, denn er verweigerte seinem beim Turnier in schwerer Rüstung vom Pferd gefallenen Herrn die Hilfe zurück in den Sattel und gab ihn dem vielleicht tödlichen Stich des Gegners preis. »In die Schranken gewiesen« wurde der Ritter ebenfalls beim Turnier, wo man ihn beim Zweikampf in die richtige Kampfbahn führte, wo er für seine Dame im sportlichen Wettkampf »eine Lanze brach«.

Wer »auf keinen grünen Zweig kam«, besaß kein Land. Lehnsgüter wurden dem Lehnsmann in der Regel mit einem Stück Ackerscholle und einem grünen Zweig darin übergeben. Und wem »aufs Dach gestiegen« wurde, der hatte wohl eine Straftat begangen, die nun mit dem Abdecken seines Hausdaches geahndet wurde.

Auch ein Blick auf Straßen- und Ortsschilder kann viel über die mittelalterlichen Ursprünge der Heimatstadt verraten. Dörfer und Siedlungen, die durch Rodung angelegt wurden, tragen häufig die Endung -ried, -hagen, -rode oder -reuth, so etwa Martinsried bei München und Gernrode in Sachsen-Anhalt. Orte, denen die Endung -lohe gemeinsam ist, sind wahrscheinlich durch Brandrodung entstanden. Gehen Siedlungen auf die Gründung eines Grundherrn zurück, so verraten dies noch heute Ortsnamen, die auf -sal, -heim, -hausen, -hofen, -dorf, -stadt, im Französischen auch -ville oder -court enden.

So begegnet uns das Mittelalter noch heute und oft gerade da, wo man es nicht vermutet. In einer kleinen Endsilbe, im Brillenetui, in der Knopfschachtel, im Kleiderschrank, in steinernen Burgen, Kirchen und Kathedralen, in kostbaren Handschriften, in Sprichwörtern und Redensarten erzählt es vom Alltag und vom Wohl und Wehe der Menschen vor tausend Jahren.

Weiterführende Literatur

Überblicksdarstellungen

Althoff, Gerd/Goetz, Hans Werner/Schubert, Ernst (Hg.), Menschen im Schatten der Kathedrale. Neuigkeiten aus dem Mittelalter, Darmstadt 1998.
Bühler, Arnold u. a., Das Mittelalter, Stuttgart 2004.
Rexroth, Frank, Deutsche Geschichte im Mittelalter, München 2005.
Lexikon des Mittelalters, 9 Bände, München 2002.

Eine dynamische Zeit: 1000 Jahre Mittelalter

Unruhige Zeiten und wandernde Völker: Das Abendland im Umbruch

Angenendt, Arnold, Das Frühmittelalter. Die abendländische Christenheit von 400 bis 900, Stuttgart u. a. ^{2}1995.
Hartmann, Martina, Aufbruch ins Mittelalter. Die Zeit der Merowinger, Darmstadt 2003.
Giese, Wolfgang, Die Goten, Stuttgart 2004.
Pohl, Walter, Die Völkerwanderung, Stuttgart 2002.
Zum Exkurs: Halm Heinz, Der Islam. Geschichte und Gegenwart, München ^{6}2005.

Das Reich der Karolinger

Brühl, Carlrichard, Deutschland – Frankreich. Die Geburt zweier Völker, Köln u. a. ^{2}1995.
Becher, Matthias, Karl der Große, München ^{4}2004.
Becher, Matthias u.a. (Hg.), Karl Martell und seine Zeit, Stuttgart 2001.
Schieffer, Rudolf, Die Karolinger, Stuttgart u. a. ^{3}2000.
Zum Exkurs: Trost, Vera, Skriptorium. Die Buchherstellung im Mittelalter, Stuttgart 1991.

Der Griff nach der Kaiserkrone unter den Ottonen

Fried, Johannes, Der Weg in die Geschichte. Die Ursprünge Deutschlands bis 1024, Berlin 2002.
Keller, Hagen, Die Ottonen, München 2001.
Schneidmüller, Bernd/Weinfurter, Stefan (Hg.), Ottonische Neuanfänge, Mainz 2001.
Weinfurter, Stefan, Heinrich II. (1002–1024), Regensburg ^{3}2002.
Zum Exkurs: Keller, Hagen, Ottonische Königsherrschaft. Organisation und Legitimation, Darmstadt 2002.

Krisen und Wandel in der Zeit der Salier und Staufer

van Eickels, Klaus/Brüsch, Tanja, Kaiser Friedrich II., Leben und Persönlichkeit in Quellen des Mittelalters, Darmstadt 2000.
Keller, Hagen, Zwischen regionaler Begrenzung und universalem Horizont. Deutschland im Imperium der Salier und Staufer 1024–1250, Berlin 1990.
Weinfurter, Stefan, Das Jahrhundert der Salier (1024–1125), Ostfildern 2004.

Weinfurter, Stefan (Hg.), Stauferreich im Wandel. Ordnungsvorstellungen und Politik in der Zeit Friedrich Barbarossas, Stuttgart 2002.

Zum Exkurs: Sarnowsky, Jürgen, England im Mittelalter, Darmstadt 2002.

■ Krisen und neuer Aufbruch im Spätmittelalter

Bergolt, Klaus, Der schwarze Tod in Europa. Die große Pest und das Ende des Mittelalters, München 2002.

Brandmüller, Walter, Papst und Konzil im Großen Schisma. Studien und Quellen, Paderborn u.a. 1990.

Krieger, Karl-Friedrich, König, Reich und Reichsreform im Spätmittelalter, München 2005.

Moraw, Peter, Von offener Verfassung zu gestalteter Verdichtung. Das Reich im späten Mittelalter 1250 bis 1490, Berlin 1989.

Zum Exkurs: Curry, Anne Elizabeth, The Hundred Years' War, 1337–1453, Oxford 2002.

Ein Panorama des Mittelalters

■ Die mittelalterliche Gesellschaft

Brunner, Otto, Sozialgeschichte Europas im Mittelalter (Kleine Vandenhock-Reihe 1442), ²1984.

Ennen, Edith, Frauen im Mittelalter, München ⁵1994.

Goetz, Hans-Werner, Leben im Mittelalter. Vom 7. bis zum 13. Jahrhundert, München ⁵1994.

Ullmann, Walter, Individuum und Gesellschaft im Mittelalter. Aus dem Englischen, Göttingen 1974.

Zum Exkurs: Spieß, Karl-Heinz, Das Lehnswesen in Deutschland im hohen und späten Mittelalter (Historisches Seminar, Neue Folge 13), Idstein 2002.

■ Burgen, Ritter und höfisches Leben

Bumke, Joachim, Höfische Kultur. Literatur und Gesellschaft im hohen Mittelalter, München ⁷1994.

Hechberger, Werner, Adel, Ministerialität und Rittertum im Mittelalter (Enzyklopädie deutscher Geschichte 72), München 2004.

Reitz, Manfred, Das Leben auf der Burg. Alltag, Fehden und Turniere, Ostfildern 2004.

Zum Exkurs: Althoff, Gerd, Spielregeln der Politik im Mittelalter. Kommunikation in Frieden und Fehde, Darmstadt 1997.

■ Bauern und Landleben

Epperlein, Siegfried, Bäuerliches Leben im Mittelalter. Schriftquellen und Bildzeugnisse, Köln 2003.

Meier, Dirk, Bauer, Bürger, Edelmann. Stadt und Land im Mittelalter, Stuttgart 2003.

Rösener, Werner, Agrarwirtschaft, Agrarverfassung und ländliche Gesellschaft im Mittelalter (Enzyklopädie deutscher Geschichte 13), München 1992.

Rösener, Werner, Bauern im Mittelalter, München ⁴1991.

Zum Exkurs: Rösener, Werner (Hg.), Grundherrschaft und bäuerliche Gesellschaft im Hochmittelalter (Veröffentlichungen des Max-Planck-Instituts für Geschichte 115), Göttingen 1995.

Mönche, Orden, Klöster

Frank, K. Suso, Geschichte des christlichen Mönchtums, Darmstadt ^{5}1996.

Gleba, Gudrun, Klosterleben im Mittelalter, Darmstadt 2004.

Schweiger, Georg (Hg.), Mönchtum, Orden, Klöster. Von den Anfängen bis zur Gegenwart, ein Lexikon (Beck'sche Reihe 1554) München 2003.

Schweiger, Georg/Heim, Manfred, Orden und Klöster. Das christliche Mönchtum in der Geschichte (Beck'sche Reihe 2196), München ^{2}2004.

Zum Exkurs: Die Benediktusregel. Lateinisch-deutsch, hg. im Auftrag der Salzburger Äbtekonferenz, Beuron ^{2}1996.

Aufstieg der Städte und des Handels

Boockmann, Hartmut, Die Stadt im späten Mittelalter, München 1986.

Engel, Evamaria, Die deutsche Stadt des Mittelalters, München 1993.

Ennen, Edith, Die europäische Stadt des Mittelalters, Göttingen ^{4}1987.

Spufford, Peter, Handel, Macht und Reichtum. Kaufleute im Mittelalter, Darmstadt 2004.

Zum Exkurs: Dollinger, Philippe, Die Hanse (Kröner Taschenbuch 371) 5. erw. Aufl. Stuttgart 1998.

Christentum und Religiosität

Angenendt, Arnold, Geschichte der Religiosität im Mittelalter, Darmstadt 1997.

Angenendt, Arnold, Heilige und Reliquien. Die Geschichte ihres Kultes vom frühen Christentum bis zur Gegenwart, München 1994.

Heim, Manfred, Einführung in die Kirchengeschichte, München 2000.

Vogtherr, Thomas, Kirche im Mittelalter (UTB für Wissenschaft 2361), Köln u. a. 2004

Zum Exkurs: Segl, Peter (Hg.), Die Anfänge der Inquisition im Mittelalter (Bayreuther historische Kolloquien 7), Köln u. a. 1993.

Das Papsttum im Mittelalter

Fink, Karl August, Papsttum und Kirche im abendländischen Mittelalter (dtv 1994), München 1981.

Fuhrmann, Horst, Die Päpste. Von Petrus zu Benedikt XVI. (Beck'sche Reihe 1590), München ^{3}2005.

Schimmelpfennig, Bernhard, Das Papsttum. Grundzüge seiner Geschichte von der Antike bis zur Renaissance, Darmstadt ^{4}1996.

Zimmermann, Harald, Das Papsttum im Mittelalter. Eine Papstgeschichte im Spiegel der Historiographie (UTB 1151), Stuttgart 1981.

Zum Exkurs: Kintzinger, Martin, Wissen wird Macht. Bildung im Mittelalter, Ostfildern 2003.

■ Die Kreuzzüge

Jaspert, Nikolas, Die Kreuzzüge, Darmstadt 2003.

Kotzur, Hans-Jürgen (Hg.), Die Kreuzzüge, Kein Krieg ist heilig. Katalog-Handbuch zur Ausstellung im Diözesanmuseum Mainz 2.4.–30.7.2004, Mainz 2004.

Mayer, Hans Eberhardt: Geschichte der Kreuzzüge, Stuttgart ^{9}2000.

Riley-Smith, Jonathan/Simon, Christopher (Hg.), Illustrierte Geschichte der Kreuzzüge, Frankfurt 1999.

■ Die fremden Anderen, Muslime und Byzantiner

Beck, Hans-Georg: Das byzantinische Jahrtausend, München ^{2}1994. Hundsbichler, Helmut (Hg.), Kommunikation zwischen Orient und Okzident. Alltag und Sachkultur, Wien 1994.

Schreiner, Peter: Byzanz, München ^{2}1994.

Vernet, Juan: Die spanisch-arabische Kultur in Orient und Okzident, München 1984.

Zum Exkurs: Münkler, Marina, Marco Polo. Leben und Legende, München 1998. Marco Polo, Il Millione. Die Wunder der Welt, übersetzt von Elise Guignard, o. O., 7 1983.

■ Die eigenen Anderen, Randgruppen im Mittelalter

Cohen, Mark R., Unter Kreuz und Halbmond. Die Juden im Mittelalter, München 2005.

Hergemöller, Bernd-Ulrich (Hg.), Randgruppen der spätmittelalterlichen Gesellschaft. Ein Hand- und Studienbuch, Warendorf 2001.

Irsigler, Franz, Bettler und Gaukler, Dirnen und Henker. Randgruppen und Außenseiter in Köln 1300–1600, Köln 1984.

Rexroth, Frank, Das Milieu der Nacht. Obrigkeit und Randgruppen im spätmittelalterlichen London, Göttingen 1999.

Zum Exkurs: Auffarth, Christoph, Die Ketzer, München 2005.

■ Aufbruch und Kontinuität

Reinhardt, Volker, Die Renaissance in Italien, München 2002.

Augusteijn, Cornelis, Humanismus, Göttingen 2003.

Frugoni, Chiara, Das Mittelalter auf der Nase. Brillen, Bücher, Bankgeschäfte und andere Erfindungen des Mittelalters, München 2003.

Glossar

Acht weltliche Strafe der Rechtlosigkeit, mit der ein Täter bei ehrlosen Verbrechen (u. a. Totschlag, nächtlicher Diebstahl, nächtliche Brandstiftung) belegt und aus der Friedensgemeinschaft seines Dorfes oder Stammes ausgestoßen wurde.

Annalen (Jahrbücher) Aufzeichnung wichtiger Ereignisse in Jahresfolge, die zumeist in Klöstern des Mittelalters geführt wurden. Wahrscheinlich entstanden Annalen aus der Kombination von Ostertafeln, die die jährlich wechselnden Termine der kirchlichen Festtage enthielten, mit historischen Ereignissen.

Bulle Siegelkapsel aus Blei oder Gold an päpstlichen und kaiserlichen Urkunden, später dann auch die Bezeichnung für die Urkunde selbst (z. B. 1356 Goldene Bulle).

Chronik zumeist breit angelegtes Werk eines Geschichtsschreibers, das häufig das eigene Zeitgeschehen in übergeordnete heilsgeschichtliche Zusammenhänge einordnet. Die Gattungsgrenze zwischen einer Chronik und einem Annalenwerk kann in Einzelfällen mitunter verschwimmen.

Flurzwang Von der Dorfgemeinschaft vereinbarte oder vom Grundherrn erlassene Vorschrift für das Bearbeiten der Felder innerhalb der Dreifelderwirtschaft. Da hierbei alle Bauern verpflichtet waren, ihre Felder einheitlich zu bebauen, und man überdies Schäden durch Betreten und Befahren einzelner Flurstücke verhindern wollte, musste zur selben Zeit gepflügt, gesät und geerntet werden.

Foederaten Volksstämme der Spätantike, die mit dem Römischen Reich durch einen Vertrag verbündet waren. Sie dienten der Sicherung der Grenzen des Imperiums.

Fürsten die oberste Schicht des Adels, aus der der König gewählt wurde. Zu den weltlichen Fürsten zählten Herzöge, Markgrafen und diejenigen Grafen, die über mehrere Grafentitel verfügten, zu den geistlichen Fürsten Erzbischöfe und Bischöfe.

Graf (lat. comes) ursprünglich in karolingischer Zeit ein vom König mit Gerichtsaufgaben betrauter Verwalter des Königsgutes und Organisator des Heeresaufgebots, der mit einer Grafschaft ausgestattet wurde. Das in karolingischer Zeit vom König verliehene Amt wurde im Verlauf des Hochmittelalters zunehmend als erblicher Besitz innerhalb der Familien weitergegeben und konnte so zum Ausgangspunkt landesherrlicher Bestrebungen werden.

»die Großen« Umschreibung für die adlige Führungsschicht im Karolinger- Ottonen- und Salierreich. Der Begriff »Fürsten« ist erst seit dem 12. Jahrhundert zutreffend.

Häretiker Christen, die von den Lehren der Kirche abwichen.

Hagiografie Heiligenliteratur. Zur Hagiografie gehören Berichte vom Leben, Martyrium und der Wundertätigkeit von Heiligen.

Hausmachtpolitik gezielter Ausbau der eigenen Territorien der Könige des Spätmittelalters, die sich nur mit eigenen Ressourcen gegen die Reichsfürsten durchsetzen konnten.

Hausmeier der ursprünglich unfreie Vorsteher des Hausgesindes in der Merowingerzeit. Am Königshof stiegen die Hausmeier als Verwalter des Königsgutes an die Spitze der Politik auf und begannen seit dem 7. Jahrhundert, die Könige faktisch zu entmachten.

Herzog (lat. *dux*) ursprünglich der militärische Anführer eines Stammes (Stammesherzogtum). In karolingischer Zeit ist ein Herzog sodann ein Verwalter eines umfangreichen Territoriums (Amtsherzog). Seit dem 10. Jahrhundert ist »Herzog« der vom König vergebene Fürstentitel für die Träger des jüngeren Stammesherzogtums der Bayern, Franken, Schwaben und Sachsen. Der Titel konnte auch ohne Stammesgrundlage verliehen werden (Titelherzogtum, z. B. Zähringen).

Investiturstreit bezeichnet traditionell die Auseinandersetzung zwischen Papsttum und Kaisertum um die Einsetzung von Bischöfen (Investitur) zwischen 1075 und 1122. Nachdem aber die jüngere Forschung (Rudolf Schieffer) schlüssig nachweisen konnte, dass die Frage nach der Investitur frühestens nach 1078 und im vollen Umfang sogar erst nach 1100 zum Streitgegenstand wurde, während davor ein Kampf um die höchste Autorität auf Erden zwischen geistlicher und weltlicher Gewalt ausgefochten wurde, hat sich der Begriff vom »so genannten Investiturstreit« etabliert.

Königspfalz Gebäudekomplexe, die zur Aufnahme des ständig herumreisenden Königshofes bestimmt waren. Neben einem großen Wirtschaftshof, der den König und sein Gefolge ernährte, stand im Zentrum der Pfalz der Palas mit den Wohngebäuden, die Aula mit dem Thron des Königs sowie die Pfalzkapelle. Wichtige Pfalzen des Hochmittelalters waren u. a. Goslar und Tribur.

König als sakral legitimierte Spitze der weltlichen Rangordnung war der König oberste Instanz der Friedens- und Rechtswahrung. Seine konkrete Durchsetzungsfähigkeit hängt wesentlich vom Konsens der Fürsten ab.

Kurfürsten der sich seit dem 13. Jahrhundert aus der Gesamtheit der Fürsten herausbildende Kreis der Königswähler im römisch-deutschen Reich. In der Goldenen Bulle von 1356 wurde ihre Zahl auf sieben festgesetzt. Den König wählten fortan nur noch die Erzbischöfe von Mainz, Köln und Trier, der Pfalzgraf bei Rhein, der Herzog von Sachsen, der Markgraf von Brandenburg und der König von Böhmen.

Lehen Grundstück oder Territorium (z. B. ein Herzogtum), das einem Vasallen (Lehnsmann) vom Lehnsherrn zur Nutzung überlassen wird. An den feierlichen Akt der Belehnung knüpfte sich ein Eid auf gegenseitige Treue, Schutz und Unterhalt gegen Rat und Hilfe.

Ministerialen unfreie Amtsträger, die seit dem 11. Jahrhundert am Königshof oder von weltlichen und geistlichen Fürsten zum Kriegs- oder Verwaltungsdienst herangezogen wurden. Dazu wurden sie zumeist mit einem Dienstlehen, in der Regel Ländereien, ausgestattet. Nicht wenige Ministeriale brachten es zu hohem Ansehen und Einfluss.

Reconquista wörtl. »Rückeroberung« der seit dem 8. Jahrhundert von den Muslimen eroberten Gebiete auf der Iberischen Halbinsel durch die Christen. Ihr Ende fand die Reconquista erst zum Ende des 15. Jahrhunderts, als es Ferdinand II. und Isabella I. gelang, den Großteil der Iberischen Halbinsel unter ihrer gemeinsamen christlichen Herrschaft zu vereinen.

Sachsenspiegel eine Niederschrift des sächsischen Land- und Lehnrechts durch den Ministerialen Eike von Repgow zwischen 1220 und 1230. Im Abschnitt »Landrecht« wurden u. a. Grundstücks- und Nachbarschaftsangelegenheiten, aber auch der Ehestand und das Erbrecht von Freien geregelt. Der Abschnitt »Lehnrecht« hingegen befasste sich mit dem Verhältnis zwischen Lehnsmann und Vasall sowie dem Verhältnis der Stände untereinander. Auch die Wahl des Königs im römisch-deutschen Reich wurde dort behandelt. Der in niederdeutscher Sprache abgefasste Sachsenspiegel wurde zum Vorbild aller künftigen Rechtsaufzeichnungen im Reich.

Säulenheiliger seit dem 5. Jh. Bezeichnung für Mönche insbesondere der Ostkirche, die als Ausdruck ihrer besonderen Askese ihr Leben auf einer Säule verbrachten.

Schwabenspiegel ein Rechtsbuch, das nach dem Vorbild des Sachsenspiegels um 1275 von einem unbekannten Augsburger Franziskaner verfasst wurde.

Servitium regis Abgaben in Form von Naturalien, Geld oder Truppenkontingenten, den alle Klöster, Städte oder Dörfer dem König zu leisten hatten, die nicht einem Adligen oder Bischof, sondern direkt dem Herrscher unterstanden.

Schisma die Aufhebung der kirchlichen Einheit, konkret die Trennung der einheitlichen Leitung der Kirche zumeist durch eine doppelte Papstwahl.

Suffraganbistum ein Bistum mit einem eigenständigen Bischof, das als Teil einer Kirchenprovinz einem Erzbischof untergeordnet ist. So gehörten im Mittelalter zur Kirchenprovinz des Erzbistums Salzburg die Suffraganbistümer Freising, Regensburg, Passau und Brixen.

Tafelgüter im römisch-deutschen Reich verstreute Güter verschiedenster Größe, deren Erträge und Abgaben den Unterhalt des königlichen Hofes bereitstellten. Eine Liste der Tafelgüter, über die der König in der Mitte des 12. Jahrhunderts verfügte, ist uns als »Tafelgüterverzeichnis« überliefert.

Wergeld Sühnegeld, das germanischem Rechtsbrauch zufolge der Sippe eines Getöteten vom Täter geleistet werden musste. Die Höhe des Wergeldes richtete sich nach dem sozialen Status des Opfers. Für einen freien Mann konnte es bis zu 200 Schilling, das entsprach 100–120 Kühen, betragen. Unfreie wurden nicht durch Wergeld gesühnt. Seit dem 12. Jahrhundert wurde es allmählich durch peinliche Strafen abgelöst.

Zehnt regelmäßige Naturalabgabe, jeweils ein Zehntel des landwirtschaftlichen Ertrages eines Hörigen.

Bildnachweis

Abb. S. 2, 6, 11, 12, 18, 20, 21, 22, 25, 26, 29, 30, 33, 35, 39, 41, 42, 43, 45, 48, 51, 52, 53, 54, 55, 56, 61, 62, 63, 64, 66, 69, 70, 73, 74, 77, 78, 80, 83, 84, 85, 86 oben, 86 unten, 88, 89, 94, 97, 99, 100, 102/103, 104, 105, 106, 108, 110, 111, 114, 116, 117, 118, 120, 123, 126, 127, 128, 129, 130, 132, 135, 137, 138, 139, 140, 141, 143, 145, 149, 151, 152, 153, 155, 157, 158, 161, 164, 165, 166, 168, 169, 171, 172, 173, 176, 177, 178, 179, 180: DPA-Picture-Alliance, Frankfurt am Main;

Abb. S. 92: Joachim Feist, Pliezhausen;

Abb. S. 146: Wolfgang Korn, Hannover.

Verlag und Autor danken allen Leihgebern für die Bereitschaft Bildmaterial für diese Publikation zur Verfügung zu stellen. Leider war es nicht in allen Fällen möglich, die Inhaber der Urheberrechte zu ermitteln. Etwaige Ansprüche kann der Verlag bei Nachweis entgelten.

Bibliografische Information Der Deutschen Bibliothek
Die Deutsche Bibliothek verzeichnet diese Publikation in der
Deutschen Nationalbibliografie; detaillierte bibliografische
Daten sind im Internet über http://dnb.ddb.de abrufbar.

Umschlaggestaltung: Stefan Schmid, Stuttgart, unter Verwendung von
Abbildungen der picture-alliance, Frankfurt/Main
Kartografie: Peter Palm, Berlin

© Konrad Theiss Verlag GmbH, Stuttgart 2006
Alle Rechte vorbehalten
Die Herausgabe dieses Werkes wurde durch die Vereinsmitglieder der WBG ermöglicht.
Lektorat und Bildredaktion: Ursula Kohaupt, München
Reihen-Gestaltung und Satz: Katrin Kleinschrot, Stuttgart
Reproduktionen: reproteam siefert, Ulm
Druck und Bindung: Uhl, Radolfzell
ISBN-10: 3-8062-1967-2
ISBN-13: 978-3-8062-1967-8

Besuchen Sie uns im Internet: www.theiss.de